国家出版基金项目

20世纪中国科学口述史

涂光炽回忆与回忆涂光炽

TU GUANGCHI:
REMINISCES AND REMINISCED

涂光炽◎口述
涂光群◎访问整理　成忠礼◎编定整理

湖南教育出版社

《20世纪中国科学口述史》丛书编委会

主　编：樊洪业
副主编：王扬宗　聂乐和
编　委（按音序）：
　　樊洪业　李小娜　聂乐和　王扬宗
　　杨　舰　杨虚杰　张大庆　张　藜

涂光炽（摄于2007年）

涂光炽回忆与回忆涂光炽
Tu Guangchi: Reminisces and Reminisced

席泽宗序

正当21世纪开头的时候，湖南教育出版社策划编辑出版一套《20世纪中国科学口述史》丛书，有计划地访问一些当事人，希望他们能将亲历、亲见、亲闻的史实回忆口述，让采访者整理成文字和音像资料，为后人留下一些宝贵的文化财富。这是一件很有意义的事，应该得到各方面的支持。

口述历史很重要。《论语》就不是孔子（前551—前479）的著作，而是口述。这情形与希腊的苏格拉底（约前470—前399）及其以前的哲学家们相似。那个时代学者们还没有自己著书立说的习惯，思想学说都是靠自己口述而由门人弟子记录下来的。正如《汉书·艺文志》所说："《论语》者，孔子应答弟子、时人，及弟子相与言而接闻于夫子之语也。当时弟子各有所记，夫子既卒，门人相与辑而论纂，故谓之《论语》。"《论语》被奉为儒家经典，流传两千多年，一字值千金。我们当代人的所见、所闻、所历，不能与之相比，但"集腋成裘，聚沙成塔"，贡献出来，流传下去，对社会还是有益的。

司马迁著《史记》，上古部分文献太少，主要根据"传说"

席泽宗（1927—2008），天文史学家，中国科学院院士（1991）。

（一代一代"传"下来的"说"，即口述、口述、再口述），准确的年代只能从西周共和元年（前841年）算起，这不仅给年代学留下了一个空当，因而有今日的"夏商周断代工程"，还给后人提供了怀疑的口实。辛亥革命前后，国内外出现了疑古思潮，提出"东周以前无史"论，企图把中国文明史砍去一半。幸而这时在河南安阳殷墟发现了甲骨文，王国维于1917年写了《殷卜辞中所见先公先王考》及《续考》，指出甲骨文中发现的殷商王室的世系，与《史记·殷本纪》中所载相吻合，《殷本纪》中的口述记载只有个别错误。这就把中国有文字可考的历史，由东周上推了近千年。由此，王国维提出"二重证据法"："古书之未得证明者，不能加以否定，而其已得证明者，不能不加以肯定。"他又于1926年在上海《科学》杂志第11卷第6期上发表《最近二三十年中国新发现之学问》一文，指出中国历代出现的新学问大都是由于新的发现。他举了很多例子，最重要的是汉代曲阜孔壁中古文和西晋汲冢竹书的发现，说明新材料对于学术的推动作用。与此同时，胡适于1928年在《新月》第1卷第9期上写了一篇《治学的方法与材料》，进一步指出，我们不仅是要找埋在地下的古书，更重要的是要面向自然界找实物材料。他说："材料可以帮助方法；材料的不够，可以限制做学问的方法；而且材料的不同，又可以使做学问的结果与成绩不同。"他用1600年到1645年间的一段历史，进行中西对比，指出所用材料不同，成绩便有绝大的不同。这一段时间，中国正是顾炎武（1613—1682）、阎若璩（1636—1704）这些大师们活动的时代，他们做学问也走上了新的道路，站在证据上求证明。顾炎武为了证明衣服的"服"字古音读作"逼"，竟然找出了162个例证，真可谓小心求证。但是，他们所用的材料是从书本到书本。和他们同时代的西方学者则大不相同，像开普勒、伽利略、牛顿、列文虎克、哈维、波义耳，他们研究学问所用的材料就不仅仅是书本，更重要的是自然界的东西。哈维在他的《血液循环论·自序》中说："我学解剖学和教授解剖学，都不是从书本上来的，是从实际解剖来的；不是从哲学家的学说上来的，是从自然界的条理上来的。"结果是，他们奠定了近代科学的基础，开辟了一个新的科学世界。而我们呢，只有两部《皇清经解》做我们300年来的学术成绩。

1915年《科学》的创刊和中国科学社的成立，标志着近代科学开始在中国落地、扎根，但成长、壮大、开花和结果，还有待于努力。中央研究院（1928年）、北平研究院（1929年）、中央工业试验所（1929年）、中央农业试验所（1931年）等国家科研机构的相继建立，《大学组织法》（1929年）、《大学规程》（1929年）和《学位授予法》（1934年）等的颁布，都为科学的进一步发展提供了必要条件。至1949年，全国已有700多位科学家在200余所高等院校、60多个科研机构、40多个学术团体中工作。用卢嘉锡半开玩笑的话来说，"这是一支物美价廉、经久耐用的队伍"。李约瑟把他记述抗战时期中国科学家工作的一本书，取名《科学前哨》（*Science Outpost*）。他在序中说："书名似乎应当稍加解释。并不是我们中英科学合作馆的英籍同事远在中国而以科学前哨自居。我所指的是我们全体，不论英国人或中国人，构成中国西部的前哨。""这本书如有任何永久性的价值，一定是因为它提供了一类记录（虽然不甚充分）……看到中国这一代科学家们所具有的创造力、牺牲精神、坚韧、忠诚和希望，我们以和他们在一起为荣，今天的前哨就将成为明天的中心和司令部。"

李约瑟的预言即将实现。1949年中华人民共和国的成立，为科学的发展提供了前所未有的有利条件。1956年制定的《1956—1967年科学技术发展远景规划纲要》,通过十几个重大项目、几十个重点研究任务、几百个中心课题,把第二次世界大战以来的新科学和尖端技术都涵盖于其中,下决心,攀高峰。据杨振宁搜集起来的10项产品的年代比照,我们的赶超速度是很快的。从原子弹到氢弹,我们所花费的时间最少:法国8年,美国7年,英国5年,苏联4年,中国3年,爆炸在法国之前。还要注意一点,别的国家的科学家,是全力以赴搞科学,中国科学家要政治学习、劳动锻炼、下乡"四清",至于"文化大革命"那样的干扰,更是史无前例,就连"中国核弹之父"钱三强也不能幸免。1978年以后,抛弃以"阶级斗争为纲",才把书桌子放稳,安下心来搞科研,然而在市场经济大潮的冲击下,也有新的问题。科学是没有阶级性的,但是科学家是在社会中生活的,科学事业是社会建构的一部分,都有时代的烙印。与过去300年相比,科学在20世纪的中国,特别是后50年,取得了举世瞩目的成就。总结这段历史经验,对于21世纪科学的发展无疑是有借鉴意义的。这项工作国内有许多人在做。

湖南教育出版社邀请有经验的专家组成编委会,派人准备从人物(包括科研组织管理工作者)、学科、事件等方面进行访谈和旧籍整理,这无疑是一种新的形式。口述历史虽然是历史学的最初形态,但那时没有录音、摄像等设备,也没有现在的严密组织准备,效果是不一样的。因此,我相信,这套书一定能成功,故为之序。

2007年10月于北京

涂光炽回忆与回忆涂光炽

韩启德序

20世纪是中国社会巨变的一个世纪，也是中国科学大发展的一个世纪。

中国的现代科学是在西方科学传入之后发展起来的。远在明末清初，西方科学就传到了中国。但从明末到清末，300年的"西学东渐"，其主要成果不过是翻译介绍了一些西方科学著作，传播了一些科学知识。到了20世纪，中国才出现了现代意义的科学事业和科学家。

20世纪之初，在以"新政"为标榜的政治和社会改革风潮中，延续千年的科举制度被废除，近代新学制开始在全国范围内实施，现代科学被纳入我国教育体制，从此科学知识成为中国读书人的必修课程，科学观念逐步深入人心。"赛先生"与"德先生"成为五四新文化运动的两面旗帜。

20世纪二三十年代，特别是国民政府成立之后，国立和私立大学的科学教育和科研水平稳步提高，以中央研究院为代表的专门科研机构逐步建立，一系列专业学会成立起来并开展各种学术活动，奠定了我国现代科学各主要学科的基础。然而，

韩启德（1945—），病理生理学家，中国科学院院士（1997）。现任全国人大常委会副委员长，九三学社中央主席，中国科学技术协会主席。

日本侵华战争使我国刚刚起步的现代科学事业遭到严重摧残。抗战胜利后，内战又使科学事业在短期内无法恢复元气。

中华人民共和国成立之后，在中国共产党的领导下，科学事业受到前所未有的重视。建国后不久，国家就陆续成立了从中央到地方的各级综合性和专业性科研机构，调整和新建了一大批高等院校，组织实施了一系列重大科研计划。在20世纪的50年代末到60年代，以"两弹"（原子弹和导弹）研制、大庆油田的开发和人工合成结晶牛胰岛素等重大成就为标志，我国科学事业实现了跨越式的发展。不幸的是，不断升级的政治运动严重干扰和破坏了科学事业。"文化大革命"十年动乱，使我国科学不进反退，拉大了我们与世界先进水平的差距。

改革开放迎来了中国科学的春天，知识分子终于彻底摘掉了"臭老九"的帽子，我国科技工作者焕发出前所未有的活力。经过科技体制改革的探索，在20世纪末，我国确立了"科教兴国"战略。近年来，国家对科技的投入大幅增长，科研水平稳步提高，我国科学技术全面发展的时代正在到来。

一个世纪之前，中国的现代科学事业几乎还是一张白纸。今天的中国科学已经以崭新的面貌自立于世界。"两弹一星"、杂交水稻、载人航天等一系列成就，标志着我国科学技术事业的空前发展，同时也极大地提升了我国的国际地位。但我们也应清醒地认识到，我们与国际科学技术的先进水平还存在相当差距，我们仍然在探索适合中国国情的科技发展道路，建立完善的现代科研体制的任务还没有完成。

中国现代科学技术的发展既有顺利的坦途，也历经坎坷和曲折。艰苦的物质条件和严酷的政治运动没有动摇中国科技工作者的爱国报国之心和求索创新之志。为中国科学技术事业建立功勋的既有像"两弹元勋"一样的科学英雄，更有许多默默无闻、甘于奉献的科技工作者。他们的名字，他们的事迹，是中国现代历史中的重要篇章。比较令人遗憾的是，我们很少见到中国科学家的自述、自传一类的作品。因此，许多科学家的事迹，他们的奋斗与探索，还不大为社会所了解；许多珍贵的历史资料，随着一些重要当事人的老去而永远消失，铸成无法挽回的损失。

湖南教育出版社出版的这套《20世纪中国科学口述史》丛书，在一定程度上弥补了这个缺憾。口述历史的特点是真实生动、细节丰满、可读性强。这套丛书中，无论是口述自传、个人或专题访谈录，还是科学家自述，都出自科学家、科技管理者、科学普及工作者或科技战线的其他工作者的亲口或亲笔叙述，是中国现代科学事业的参与者回忆亲历、亲见、亲闻的史实，提供了许多鲜为人知、鲜活逼真的历史篇章，可以补充文献记载的缺失，是我们研究中国现代科学发展史的珍贵资料。同时，书中也展现了我国科技工作者爱国敬业、艰苦探索、勇于创新、无怨无悔的精神境界，必将激励后来者为发展我国的科学技术而努力奋斗。

近年来，访谈类节目在电视、电台热播，大受欢迎。我相信，《20世纪中国科学口述史》丛书也一定能赢得读者的喜爱，在我国科学文化建设中发挥应有的作用。故乐为之序。

2007年10月于北京

涂光炽回忆与回忆涂光炽
Tu Guangchi: Reminisces and Reminisced

主编的话

以挖掘和抢救史料为急务

自文艺复兴以来,西方经过宗教改革、世界地理大发现、科学革命和产业革命,建立了资本主义主导的全球市场和近代文明。在此过程中,科学技术为社会发展提供了最强大的动力,其影响至20世纪最为显著。

在从传统社会向近代社会的转型中,国人知识结构的质变,第一代科学家群体的登台,与世界接轨的科学体制的建立,现代科学技术学科体系的形成与发展,乃至以"两弹一星"为标志的一系列重大科技成就的取得,都发生在20世纪。自1895年严复喊出"西学格致救亡",至1995年中共中央、国务院确定"科教兴国"的国策,百年中国,这"科学"是与"国运"紧密关联着的。百年中国的科学,也就有太多太多的行进轨迹需要梳理,有太多太多的经验教训需要总结。

关于20世纪中国历史的研究,可能是格于专业背景方面的条件,治通史的学者较少关注科学事业的发展,专习20世纪科学史者起步较晚,尚未形成气候。无论精治通史的大家学者,或是研习专史的散兵游勇,都共同面临着一个难题——史料的缺乏。

　　史料，是治史的基础。根据20世纪中国科学史研究的特点，搜求新史料的工作主要涉及文字记载、亲历记忆、图像资料和实物遗存这四个方面。

　　20世纪对于我们，望其首已遥不可及，抚其尾则相去未远。亲身经历过这个世纪科学事业发展且做出过重要贡献的科学家和领导干部，大都已是高龄。以80岁左右的老人为例，他们在少年时代亲历抗日战争，大学毕业于共和国诞生之初，而国家科学事业发展的黄金十年时期（1956—1966）则正是他们施展才华、奉献青春、燃烧激情的岁月。这些留存在记忆中的历史，对报刊、档案等文字记载类史料而言，不仅可以大大填补其缺失，增加其佐证，纠正其讹误，而且还可以展示为当年文字所不能记述或难以记述的时代忌讳、人际关系和个人的心路历程。科学研究过程中的失败挫折和灵感顿悟，学术交流中的辩争和启迪，社会环境中非科学因素的激励和干扰等等，许多为论文报告所难以言道者，当事人的记忆却有助于我们还原历史的全景。

　　湖南教育出版社欲以承担挖掘和抢救亲历记忆类史料为己任，于2006年启动了《20世纪中国科学口述史》丛书的工作计划，在学界前辈和同道的支持下，成立了丛书编委会，于科学史界和科学记者群中招兵买马，认真探索采访整理工作规范和成书体例。通过多方精诚合作，在近两年中已出版图书20种，得到了学术界和读者的认可。

　　近年兴起的口述史（Oral History）热潮，强调采访者的责任，强调采访者与受访者之间的互动，强调留下"有声音的历史"。不过，口述史内容的"核心"是"被提取和保存的记忆"（唐纳德·里奇《大家来做口述历史》）。把记忆于头脑中

20世纪中国科学口述史

The Oral History of Science in 20th Century China Series

的信息提取出来,方法上有口述与笔述之差别,但就获取的内容而言,并无实质性的差别。因此,本丛书当前在积极组织从事口述史采访队伍的同时,也积极动员资深科学家撰写回忆文本,作为"笔述系列"纳入本丛书中来。

科学,作为一种社会事业,除科学研究之外,还包括科学教育、科学组织、科学管理、科学出版、科学普及等各个领域,与此相关的人物和专题皆可列入选题。

本丛书根据迄今践行的实际情况,在大致统一编辑规范的基础上,将书稿划分为5种体例:

1. 口述自传——以第一人称主述,由访问者协助整理。
2. 人物访谈录——以问答对话方式成文。
3. 自述——由亲历者笔述成文。
4. 专题访谈录——以重大事件、成果、学科、机构等为主题,做群体访谈。
5. 旧籍整理——选择符合本丛书宗旨的国内外已有文本重新编译出版。

形式服务于内容,还可视实际需要而增加其他体例。

受访者与访问整理者,同为口述史成品的作者。忆述内容应以亲历者的科学生涯和有关活动为主线展开,强调以人带史,以事系史,忆述那些自己亲历亲闻的重要人物、机构和事件,努力挖掘科学事业发展历程中的鲜活细节。

书中开辟"背景资料"栏,列入相关文献,尤其注重未经披露的史料,同时还要求受访者提供有历史价值的图片。这些既是为了有助于读者更好地理解忆述正文的内容,也是为了使全书尽可能地发挥"富集"史料的作用。

有必要指出,每个人都会受到学识、修养、经验、环境的局限,尤其是人生老来在记忆力方面的变化,这些会影响到对史实忆述的客观性，但不能因此而否定口述史的重要价值。书籍、报刊、档案、日记、信函、照片，任何一类史料都有它们各自的局限性。参与口述史工作的受访者和访问者，即便是能百分之百做到"实事求是"，也不能保证因此而成就一部完整的信史。按名家唐德刚先生在《文学与口述历史》一文中的说法，口述史"并不是一个人讲一个人记的历史，而是口述史料"。史学研究自有其学术规范，不仅要用各种史料相互参证，而且面对每种史料都要经历一个"去粗取精，去伪存真"的过程。本丛书捧给大家看的，都是可供研究20世纪中国科学史的史料，囿限于斯，珍贵亦于斯。

受访者口述中出现的历史争议，如果不能在访谈过程中得以澄清或解决，可由访问者视需要而酌情加以必要的注释和说明。若对某些重要史实有不同的说法，则尽可能存异，不强求统一，并可酌情做必要的说明或考证。因此，读者不必视为定论，可以质疑、辨伪和提出新的史料证据。

本丛书将认真遵循求真原则和史学规范，以挖掘和抢救史料为急务，搜求各种亲历回忆类史料，推动20世纪中国科学史的研究！

欢迎各界朋友供稿或提供组稿线索，诚望识者的批评指教。谨以此序告白于20世纪中国科学史的研究者和爱好者。

樊洪业

2008年10月于中关村

2011年元月修改于中关村

目录

序言		001
引言		005

第1章 童年时代   002
1. 家庭的熏陶   002
2. 姑姑的关照   007

第2章 求学与革命   014
1. 国难当头的南开中学生活   014
2. "我学地质的引路人"   017
3. 一二·九运动的影响   020
4. 弃学参加抗日革命工作   022
5. 抗大第五期四大队学员   025
6. 西南联大定志向   035
7. 在西南联大的革命活动   038
8. 留美与留苏   042

9	留美学生组织的活动	046
10	在美国加入中国共产党	050
11	归国船上被选为同学会主席	052

第3章　急国家之所急　　056
1　带队考察祁连山　　060
2　为自主发展原子能找铀矿　　067
3　引进新技术开创地学新局面　　070

第4章　渡过"文革"难关　　076
1　"文革"受冲击　工作照样干　　082
2　逆境中支持青年人上环境课题　　086
3　带病考察华南花岗岩　　091
4　广开门路找富铁矿　　094

第5章　任务带学科发展　　098
1　"中国层控矿床地球化学"　　099
2　"攻深找盲"采金矿　　105
3　"低温地球化学"和"分散元素可以成矿"　　122
4　加速查明新疆北部矿产资源　　125
5　超大型矿床的基础研究　　132
6　有机无机相渗透　　135
7　同位素地球化学的新路　　137
8　为矿物学发展做贡献　　142
9　"我国陨石学和天体化学研究的引路人"　　144

第6章　科研与行政管理　　150
1　学术民主重实际　　152
2　创建一流的研究所　　155

3　组织学部委员"主动咨询" 159

第7章　**寄语未来** 166
　　1　"座右铭"与地学工作者共勉 166
　　2　要做德才兼备的人 168
　　3　要学会运用唯物辩证法 173

第8章　**怀念** 178

附录 235
　　留美回国学生名单 236
　　涂光炽年表 238
　　涂光炽主要著述目录 242
　　人名索引 244

后记 250

序　言

《涂光炽回忆与回忆涂光炽》，以涂先生本人和他人口述或笔述回忆的方式，生动、如实地呈现了中外闻名的矿床学家、地球化学家涂光炽院士不平凡的一生。

在20世纪70年代前，我就知道地学界有位大学者涂光炽；知道他在中学、大学和留学美、苏时都是品学兼优的学生，双博士；知道他十几岁就参加了革命，是"三八式老革命"；新中国成立前他就在美国加入了中国共产党；回国后，到中科院地质所一上班他就担重任、干大事，成为当年的红色科学家；他率先在贵阳创建并领导了中国科学院地球化学研究所、中国矿物岩石地球化学学会；在冲击大陆的"文革"动乱中，他敢于创办学术期刊、召开学术会议、发表不随大流的学术见解。

我对光炽先生真正了解、深刻认识并与之成为莫逆之交，还是从1984年起，我到中科院领导岗位后，因为他是地化所所长、中国科学院院士、俄罗斯自然科学院院士、第三世界科学院院士、中国科学院学部主席团成员、地学部主任；又是国务院学位委员会委员，国家自然科学奖励委员会委员。我与他业务上的联系、交往、交流频繁，配合默契，感情真挚、亲密。我亲身感受到他平易近人、少言实干、诚实无华、思维敏捷、博学多才而谦虚谨慎的高贵品质和人格魅力。

涂光炽从事地学研究近七十年，始终将自己的科研工作和国家建设、国家安全紧密联系在一起。20世纪60年代，苏联专家撤退后，他和几位专家一道带领地质科研队，为我国自主发展原子能事业考察铀矿资源，指明了找铀方向。他先后考察过国内外四百多个金属和非金属矿床，足迹遍及五大洲几十个国家和我国各省区。他根据我国地质和矿产资源的实际情况，不断提出新思想和新观点，特别是提炼出一系列符合我国地质特点的成矿理论，对指导找矿做出了重大贡献。他先后获得多项国家重大科学奖励。他主持完成的《华南花岗岩类的地球化学》，1982年获国家自然科学奖二等奖。他主持完成的三卷《中国层控矿床地球化学》专著，是中国矿床学及地球化学史上一部里程碑式的巨著，荣获1987年国家自然科学奖一等奖。

使我难以忘怀的有两件事：

一件是1985年，国家下达了新疆地质矿产综合研究的305攻关项目。这是多单位、多学科、多专家的"大兵团"作战。作为该项目专家委员会主任的光炽先生，刚刚做完心脏大手术出院，他不顾十分虚弱的身体，带领地矿部、冶金部和中国科学院三个系统的地质人员进行野外实地考察，每天早出晚归、不辞劳苦，行进在荒漠野滩之中，跋涉于崇山峻岭之间。国家305项目的持续实施，在广袤国土上成长起一项先导性科技工程，对加速新疆矿产资源勘查、引导矿产资源合理开发产生了重大作用，对促进我国矿产资源的后续基地建设、维护我国资源安全都有深远影响。人们永远不会忘记以涂光炽为代表的那些为国家305项目实施做出过重大贡献的发起者、组织者和领导者。

另一件是1987年9月12日，我和光炽、陈国达先生共同给国务院领导写信,为中科院参加黄金科研请战,得到批准。涂光炽作为中国科学院黄金科技工作领导小组成员、专家组负责人和中国科学院黄金技术应用研究中心的首席科学家,参与了中国科学院黄金工作的重大决策,决定黄金工作的方针政策和解决具体执行中出现的问题,检查每年中国科学院黄金工作的进展,指导下一步的工作方向,为中国科学院黄金工作的开展做出了重大贡献。尽管年近八十高龄,体弱多病,他仍然坚持每年与年轻人一道去野外,几下山东和内蒙古,对各矿点进行实地考察及现场指导。中国的大型黄金矿山、重点金矿勘探区、新类型矿床均留下了他的足迹。他立足国情寻找金矿,提出要"攻深找盲",指出我国有五种主要金矿类型,均可产出超大型金矿,是我国今后寻找超大型金矿的主要方向。他和他的团队为我国寻找黄金资源做出了突出贡献。他领导完成的"我国金矿成矿模式、找矿方向及找矿技术方法研究",1998年获国家科学技术进步奖二等奖。

晚年他仍然坚持科研工作,在超大型矿床、分散元素成矿和低温矿床等基础研究领域有卓著贡献。

涂光炽先生是我国地球化学研究的开拓者、奠基者,在矿床学、岩石学、地球化学和同位素地球化学等方面享誉国内外。他既是学者,又是教育家,曾担任我国许多著名大学的兼职教授。数十年来,他为实现"办第一流研究所,培养第一流人才,出第一流成果"的愿望,锲而不舍,言传身教,造就的地学领域优秀人才遍布海内外,很多已成为地学研究、教学和生产单位的骨干力量和学术带头人,有的还被选为中国科学院院士。

今天,当我们阅读这部《涂光炽回忆与回忆涂光炽》时,涂光炽先生的音容笑貌不禁又呈现在我们眼前。他一生所表现的爱国为民的情操,科学创新的精神,诲人不倦的风范,宽厚待人的胸怀,是我们永远学习的榜样。

涂光炽先生永远活在我们心中!

2009年10月3日于北京

引 言

地球化学,是一个崭新的学科。它是研究地球及有关天体的化学组成、化学作用及化学演化的学科。它大致成型于20世纪30年代,特别是60年代后,获得了快速而重要的发展。

涂光炽院士是中国地球化学的奠基者和开拓者。他早在求学时期,就抱定投身地学事业的理想,是学校的优等生。西南联大的德国籍教授米士在评阅考卷时说:"如果可能的话,我给涂光炽的成绩将不是100分,而是120分。"他的大学毕业论文,1945年被评为全国地学毕业论文的第一名。在留学美国时,他的博士论文就是地球化学方面的课题。1950年回国后在清华大学任教,他自编讲义,执鞭课堂,是我国第一位开设地球化学课程的人。1951年国家选派他去苏联莫斯科大学攻读矿床学。学成回国后,1955年,到中国科学院地质研究所,开始了他为之奋斗一生的矿床学、地球化学的科学研究。1956年他参加了国家十二年科学发展远景规划的制定,与许多老科学家一道,将"地球化学"正式列入了我国大力发展的新学科。20世纪60年代伊始,涂光炽就开始筹划成立地球化学专门研究机构。经过周密策划、认真准备,及时抓住国家三线建设的契机,1966年2月1日,中国科学院地球化学研究所终于在贵阳正式挂牌成立了。在涂光炽所长领导下,经地化所科技人员的不懈努力，相继新生出20多个地球化学分支学科。

涂光炽先生的著作颇丰，发表论文230多篇，专著25部。培养硕士、博士、博士后77人，他们遍布国内外，已经成为地学科研单位、教育系统和生产部门的学术骨干、学科领军人物或管理专家，有的被选为中国科学院院士。

他组织领导祁连山综合地质考察，开垦了地质处女地；他为我国自主发展原子能事业，肯定了我国铀矿的广阔前景；他提出了华南花岗岩成矿的9种方式；他根据我国实际的地质背景，提出"广开门路找富铁矿"；他主持的层控矿床课题，对17个矿种、250个矿床的地球化学特征及成矿机制进行了深入探讨，由他主编并主要执笔的100多万字的三卷本《中国层控矿床地球化学》专著，被誉为"我国矿床学和地球化学史上一部里程碑式的巨著"；他不顾刚做过心脏手术的虚弱身体，领衔国家305项目，为加速查明新疆矿产资源做出重要贡献；他急国家之所急，为国家建立大型矿业基地，负责承担了"与寻找超大型矿床有关的基础研究"，提出了寻找超大型矿床的6个新的成矿域；他与孙鸿烈、陈国达院士一道主动向国务院请缨参加黄金会战，发现了大矿、富集矿，救活了山东9个废弃矿山，为我国黄金矿业发展做出了杰出贡献；他的"低温地球化学"和"分散元素成矿"研究，确立了我国西南地区存在90万平方公里的大面积低温成矿域，其面积之大、矿种之多、矿床组合之复杂堪称世界之最；他对同位素地球化学、环境地球化学、有机地球化学、实验地球化学、矿物学、岩石学、陨石与天体化学、极地考察及大洋深钻等，一直十分关注，积极支持，及时指导，使其成果累累。

涂先生的学术思想特别活跃，他始终瞄准国际学科前沿，结合国家需求，不断提出新方向、新课题，创新发展地球科学；

他始终践行着科研紧密结合经济建设实际的原则；他主张兼容并蓄，多学科交叉融合；他坚持学术民主、实事求是、自主创新；他从中国的地质实际出发，决不人云亦云，生搬硬套别人的经验、看法。诸如及时提出中国不具备古风化壳型富铁矿、不整合脉型铀矿和古砾岩型金铀矿的观点，为富铁矿、铀矿及黄金大会战指明了找矿方向；在成岩、成矿方面提出"断裂重熔"、"叠加与再造"、"沉积改造"、"富碱侵入岩"、"层控矿床"、"低温成矿"以及"分散元素可以形成独立矿床"等自主创新的理论，强调形成矿床的"多源性、多期性、多成因"，提出"改造矿床"新概念，将矿床的三分类法改为四类；他根据找超大矿床的新思路，认为更多的矿产资源应该突破目前的 300 米，向 500 米乃至 1 000 米以下的深度寻找，才是建立我国矿产资源安全体系的关键所在，为解决"危急矿山"和寻找"隐伏矿体"，他提出了"攻深找盲"的观点；他致力于建立第一流的地球化学研究机构和研究体系；他一再强调地质工作者应力求掌握唯物辩证的正确思维方法；他为自己和地学工作者提出了下面有名的八句座右铭："设想要海阔天空，观察要全面细致；实验要准确可靠，分析要客观周到；立论要有根有据，推论要适可而止；结论要留有余地，文字要言简意赅。"这就是他严谨治学作风的真实写照。

涂光炽渊博的学识、精辟的学术观点和辛勤的耕耘，一直推动着地学事业的发展。在他领导完成的众多科研成果中，他的学术思想、创新理论，铸就了我国地学史上一座丰碑。对我国矿产资源的深入系统研究、勘探寻找和合理开发利用，在理论上与实际应用上都具指导意义，对矿床学、地球化学以及整个地球科学的发展做出了卓越贡献，享誉全球，具有深远的影响。1999年，涂光炽被美国明尼苏达大学授予荣誉科学博士学位。这个荣誉称号只授予极少数在世界科学上有杰出贡献的学者。在荣誉证书中称涂光炽为"中国地球化学之父"("Father of geochemistry in China")。

本书将涂先生接受采访时的谈话以及留存下来的自述性文字等,作为"涂光炽回忆"的内容;将对他的同事、同学、亲朋好友及学生的采访谈话、他们的回忆和纪念性文章等,作为"回忆涂光炽"的内容。从下列八个方面来表述涂光炽做人、做事、做学问而不平凡的一生经历和科学家的心路:一、童年时代;二、求学与革命;三、急国家之所急;四、渡过"文革"难关;五、任务带学科发展;六、科研与行政管理;七、寄语未来;八、怀念。另择几篇重要文献置于附录。

涂先生的一生,正值中国社会剧烈变动的时代。他出生在五四运动的次年,九一八事变时上中学,七七事变后,在抗日战争环境下度过颠沛流离的西南联大的大学生活……他经历了抗日战争和新中国成立后的各种社会变革及历次政治运动。他分别在美国和苏联亲身体验了资本主义和社会主义两种对立制度下的政治、经济、科学、文化及意识形态。在国内作为学术活动的参加者、组织者和领导者,他经受了中国知识分子从"红色专家"——"反动学术权威"——"第一生产力的代表"的不同待遇及洗礼。在科研管理上,他经历了计划经济下的项目拨款制到市场经济下的课题基金申请制的科研体制转型。在他88年的生命历程中,他亲历、亲闻、亲见了许多重大历史事件,也遭遇过重创和挫折。但他视不公正的政治待遇而不顾,视体弱多病的身体而不顾,作为革命者和学者,矢志追求着"科学报国"的理想,一生殚精竭虑,铸就了辉煌。正是:

憋足满腹豪情,想着民众挺脊而拼命;

耗尽一腔血气,为了祖国富强以创新。

回眸中国的科学史册,古贤有李时珍一生奔波,翻山越岭,采集百草,悬壶济世;今贤有涂光炽奔波一生,越岭翻山,寻觅宝藏,建设国家。感慨所系,以联颂之:

时珍百草分纲目,时珍百世;
光炽千山论矿床,光炽千秋。

成忠礼
2010年1月20日于贵阳

童年时代

第1章
童年时代

1　家庭的熏陶

我的生日是农历庚申年二月十四日，按公历应是1920年4月2日。我是在北京出生的。后来，我一直以2月14日作为我的生日。

关于我的家庭背景嘛，就从祖父说起吧。我家原籍是湖北黄陂县。我祖父名字叫涂福田，是清末翰林。其他我知之甚少。好在我有个堂弟，对研究涂家历史有点兴趣，曾在"文革"劫后余存的我父亲藏书中寻到一册线装书《东瀛见知录》，翻开一看才知道是我祖父涂福田的著述。祖父当时在直隶（今河北省）做知县，于上世纪初去日本考察过，这本书就是这次考察见闻的实录①。他想真正学到一点可资借鉴的东西，为国家社会所

---

① 在清朝末年推行的新政运动中，直隶有很多士绅赴日考察，撰有大量日记和考察记，如严修《东游日记》、刘瑞璘《东瀛考政录》、段献增《东邻观政日记摘录稿》、逢恩承《日本最近政学调查记》、刘庭春《日本各政治机关参观记》、恩惠《东瀛日记》、王三让《游东日记》等。涂福田的《东瀛见知录》亦属其列。这些日记和考察记对于普及近代化的社会知识起了重要的作用。涂福田在日本考察44天（1906年4月20日至6月2日）。

用。我读过这本书之后，有两个感想。一是祖父虽然官不大，但见解非凡。他在书尾写了这样两句话："维新时代万绪千端樊然待举，为一事即有一事之益。除改良政体、普及教育外固无本末缓急之可言……"想想看，这"改良政体、普及教育"八个字，对于那时的中国如何脱出积弱困境，岂不是对症下药，抓住了要害。二是他考察日本的方方面面，而重点是教书育人的教育。从书中可以看出他对教育考察的全面、深入、缜密、严细，这是良好的学风、工作作风，也是任何人要做成一件事所必须具备的态度。

再来说说我的父亲涂允檀。因为我们不常在一起，知道的也不多。1940年七八月间，我从西安回到重庆，因等待去西南联大复学，在家中住了两个月。那时，父亲从菲律宾回来后，在外交部条约司工作。在我将要出发去西南联大叙永分校一年级复学前夕，记得父亲郑重其事地与我谈了一回话。他告诉我，他进北京大学读书时，正值蔡元培校长开始主持校政，蔡校长主张思想自由，对各派学术"兼容并包"，延聘了许多海内外有学问的人来北大授课，开启了一代新风。那时他觉得将来无论为学或从政，蔡元培校长和众多师长为他树立了20世纪中国需要的榜样，其精神内核就是民主和科学，对真理及人格完美的求索永不止歇。蔡校长就职演说词中的话，如涉及学习目的的一句话："入法科者，非为做官；入商科者，非为致富"；还有如"砥砺德行"，"以身作则，力矫颓俗"等，都是父亲后来决意奉行的。与父亲这次谈话，在我心上留下了深深的印痕。

涂允檀介绍

涂允檀（1897—1976），字梅叔，湖北黄陂人。毕业于北京大学，获文学学士学位。后赴美国留学，入伊利诺大学，获政治学博士学位。1928年任中国国民党汉口特别市党部执行委员。1929年任国民党第三次全国代表大会代表,武汉市政府教育局局长、社会局局长及武汉大学筹备委员,武昌中山大学教授,武汉警备司令部秘书长等职。1930年任法商学院政治系主任。1933年任北京大学讲师。1935年任国民政府外交部秘书,外交部条约委员会专任委员。1937年6月,任驻菲律宾马尼拉总领事。1939年初回重庆。1940年7月,任外交部条约司司长。1942年4月,任驻巴拿马全权公使;6月兼任驻洪都拉斯公使;7月兼任驻哥斯达黎加公使。1943年3月兼任驻萨尔瓦多公使。1948年1月,出任驻缅甸全权大使。1949年12月率使馆人员通电起义,同年夏回到北京,被中央人民政府任命为外交部顾问,并担任第二、第三届全国政协委员。1964年9月,突因历史问题遭逮捕被关押。1976年7月末唐山大地震后,被迁居地震棚,感染了肺炎,于8月10日辞世,终年79岁。1979年8月9日,中央统战部、外交部为涂允檀冤案彻底平反,恢复其名誉,并在北京八宝山为涂允檀举行了骨灰安放仪式。

1950年涂允檀与夫人殷琰在北京东城区宅院内的合影

大约1964年上半年的一天,父亲和我又有一次交谈。我记得很清楚。他说,早年他在美国留学,获得了哥伦比亚大学政治学博士学位。但他读得最好的是国际法学。为了学好国际法、条约法等课程,他除了通英语,还认真学会了法语。他大半生是在中国外交界工作。初入外交界时,他担任外交部条约委员会的专任委员。抗战前夕到抗战爆发之间的一段时间,被派往菲律宾,出任中国驻马尼拉总领事。七七事变后,应马尼拉市远东大学中国学生会之邀，他曾用英文演讲"远东时局"，结合许多实例，如日军在中国土地上到处烧杀掳掠，南口之役竟用瓦斯作战等，揭露日本践踏国际公约、公法，天理难容，指出公理将战胜强权，侵略者终将失败。这样的演讲，以后还有多次，听众很多。事后各华文报纸及当地英文报纸竞相刊登或摘登。他带着幽默的口吻对我说：这叫发挥我的专长（他是国际法的专家）。

1949年10月新中国成立，父亲在驻缅大使任上，于年底宣布起义。讲到父亲的"起义"，对于他来说，恐怕是"历史的必然"。为什么这样说呢？因为他是个政治学博士，他有他的思考和见识，"起义"是他思考、见识结出的果。他从来是个爱国的人，在他眼里，国家、社稷最为重要，它超乎党派纷争之上。他可以根据自己的判断自由抉择。在1949年，他选择了中国共产党。那时他的认识和中国许多知识分子一样，他们认为国民党政权已经腐朽，中国共产党接管政权，可以拯救中国，这是正确的选择，理性的选择。所以我的看法是，他与那些为形势所迫"放下武器"的起义者还不大一样，父亲是识时务者，是主动归向新政权的。

1950年回到北京，周总理安排他做外交部顾问。他感觉毛主席、周总理是有卓识远见的，因为他们尊重像他这样学了国际法的人，也真正将他当做了顾问。例如50年代酝酿与邻邦缅甸签订中缅边界条约，这将是新中国与四邻签订的第一个边界条约，一定要做出好样子，产生好影响。而外交工作同外国打交道，毕竟需要一点熟悉和懂得国际法的人，新中国刚建国还来不及造就这方面的人才，起用一些过去有外交工作经验的专门人才，还是必要的。这次为签订中缅边界条约，事先也向外交部中像他那样少数几个老专家收集、征询意见。他也尽职尽责地提出了意见和建议。因为他提供的东西符合实际情况，又还有必要的灵活性，对中缅边界的正确划定和条约签订，起了好的作用，因此曾受到周总理当众表扬。

父亲说，他所遵从的还是蔡元培先生那句话："入法科者，非为做官。"他做过外交官，但他真正喜欢的，还是发挥他的学术专长为国为民做事。我堂弟拿给我看过的一篇他写我父亲生平的文稿中，记载了在1938年父亲即将离任从菲律宾回国时，当地的《华侨商报》登了一篇《评涂允檀》，那些赞扬的话①，我觉得是印证了父亲对我说的话。他就是这样一个用自己所学，为国为民做事的人，没有多少官场习气。这也就是我对自己父亲的了解。

我再补充一点父亲的情况，我到抗大去学习，他当时在国外不知道。1938年8月，我进了抗大，初次穿一身八路军军服，戴八路军军帽，我非常高兴。忽然想起，我该寄一张照片给我父亲。那时他被中国政府派去海外，在菲律宾当总领事。我真的这样做了。我的照片是通过邮路走的，但我不知道他是否能收到。想不到几个月后，父亲回了信，说他收到了我寄的那张八路军照片。但他的回信很短，只嘱咐我要搞好自己身体，不要生病。我这才意会到，我去延安抗大，他的态度是既不表赞成，也不反对，或者也可以说是默认吧。更想不到的是，我在延安照的这张小小黑白照片，不论世事如何纷乱，变迁无常，他竟然珍藏超过半个世纪，直至1964年下半年他遭遇冤案时，这张照片仍完好地由我继母继续保存着，直到交给了我。这张1938年我穿八路军军装的照片（见本书第27页），居然被保存下来，是我参加革命唯一的一张，简直成了"文物"。从这张照片，不仅可以感受到他对自己儿子的爱，还可看到，他是个非常细心的人。

---

① 原文为"涂君在菲服务虽不久，然办事的认真，待人的忠诚，为吾侨所共见共闻。其言行举止，饶有学者风度，绝无官场习气，尤不失为民主国家的公仆"。

2　姑姑的关照

我出生后不久，父亲就考取了湖北省的公费留学，将要去美国。那时我的外公范鸿泰先生在北京政府教育部任专门教育司司长，算是个殷实人家。受了外祖父母一家人关照，我衣食无虑。后来听回国的父亲讲，我在五六岁时，圆圆胖胖的，是个不缺营养的孩子。

襁褓中的我，是由母亲和奶妈看顾的。我八岁丧母，此后最关怀我的女性是我的堂姑姑中的四姑、五姑和九姑。某种程度上是她们取代了母亲来爱我、照看我。

四姑姑[①]：光炽的父亲涂允檀是我的堂哥，按涂家大排行，我叫他三哥。他当年是北京大学的高材生，后来是洋博士。1918年允檀从北大毕业，跟范瑞珍喜结良缘。范女士的父亲是何许人？范先生，鸿泰公[②]，湖北鄂城人，是清末民初时期的一位教育家，曾在北京政府教育部任专门教育司司长，是鲁迅的同事，两人有交往。后来又做湖北省教育厅厅长。范瑞珍是他的长女，那时年龄是20岁。两年后，民国九年，生了光炽。他妈妈性情温柔和善，只可惜身体弱。自己奶水不足，请了个奶妈。

[①] 20世纪90年代初，中央电视台《东方之子》栏目对涂光炽的访谈播放之后，涂家亲属有人觉得谈童年那部分，很不完整。于是涂光炽的堂弟涂光群先生，曾于1991—1992年间，去到当时还健在的四姑姑涂希哲家中，听她谈了两回，其中包括涂光炽童年和父亲、母亲的事，谈得挺详细、生动。涂光群根据当时的记录整理出来一份资料。

[②] 范鸿泰（1879—?），字吉六。毕业于日本高等工业学校机械科。归国后曾任学部郎中、京师大学堂工科教务提调。民国时期在北京政府中曾任教育部主事、佥正、技正。1922年2月任教育部专门教育司司长。1925年任湖北教育厅厅长。

民国十年（1921年）暑期，涂氏家族四世同堂，人丁兴旺。最高辈的是光炽曾祖母，刚做过八十大寿，祖父辈的四兄弟和他们的夫人全都健在，往下是光炽的父亲、大伯、二伯夫妇，还有四叔、七叔、八叔、九叔等这一辈。当时不足一岁的光炽是曾孙辈，比他大的有他二叔家的堂哥，大伯家小他月份的堂弟。男孩子按大小排行，简称"大曾"、"二曾"（就是光炽）、"三曾"。还有几位女孩都是光炽的堂姐了。

你看，这就是那个暑假留下的一张全家福的照片，涂家四世同堂，几十号人，多珍贵！其中坐着的女眷最右边的那个年轻人就是光炽他妈妈，他们从北京回老家来度假。她的发型属于城市妇女的时尚，而不是像当年乡间年轻媳妇的"巴巴头"。她怀中抱的小孩就是光炽。那时候，恐怕谁也想不到这孩子长大以后会有那么大的出息呀！

涂家四世同堂全家福。1921年正月初十摄于黄陂涂家大湾老宅。照片上方为涂福田（后排正中）题记，后排左4为涂允檀，坐排右1为允檀妻范瑞珍（怀抱近周岁的涂光炽）

一年后,光炽的弟弟出世,而他父亲将要远渡重洋,赴美国深造。这时节,他妈妈不能不更多关心小的,而要求光炽学习自理的能力。这么一个刚满三岁的小孩,穿衣、吃饭、走路、睡觉这些事,就尽量自己管自己了。等到他爸爸学成归来,要亲他、抱他、举他的时候,六岁的光炽倒难以适应了,反而是扭动身子,害羞地挣脱爸爸。

光炽向爸爸提出的第一个要求就是要上学读书,而爸爸尽管那样忙,在家里办的第一件事就是送光炽去汉口四小读书。在后来的日子里,爸爸到周末会在家中给他讲海外见闻,对着世界地图讲什么是陆地,什么是海洋,中国和美国的地理位置,经度和纬度,南北极和赤道,去美国要航行万多公里,横渡太平洋行程一个多月,还有日本、菲律宾、印度洋;说我们中国人很早就学会了航海,传说徐福曾带领童男童女从山东蓬莱下海东渡以及郑和下西洋的故事……光炽都是默默地听着。你看,三哥挺能对光炽寓教于乐的吧。

讲了世界地图,再讲中国地图,讲地理时连上历史,当讲到徐霞客周游名山大川的时候,光炽说:爸,你把地图放在这里,我要画它们。等我长大了,要像徐霞客那样到处去走去看。

我常常想,光炽上中学后,喜欢地理、历史,进大学,他选择地学专业,可能与小时候他爸给他讲地图有关系,是启蒙吧。

那时候,他爸常收到海内外亲友的来信。美国来信,有邮票上印美国地图的,国内来信贴的邮票,也有带地图的。周末回家,光炽从父亲书桌上看见了这些就很兴奋。上二年级的他对父亲说:爸,我要把这些邮票剪下来,贴在我的小本上,带到学校给同学们看。父亲立刻表扬了他,说:你这就叫"集邮",中国、外国都有人集邮。你从小集邮更好,这是学知识的一个好办法。过几天,爸爸会送你一本集邮册。

在他读完二年级的这年寒假，爸爸工作似乎更忙了，有时周末也难见一面。妈妈肚子又挺起来，快生小弟了。我那时和我的大妹（光炽叫她五姑），一个在女子师范念书，一个读省立女二中。休假日，我们俩常到三哥家里来玩。三哥要出远门，一时回不来。三嫂又快生毛毛（湖北土话，指生小孩）了，老大在上学，老二也快进小学了。怎么办呢？我跟"五姑"还有光炽的大伯、伯娘商量，决定向三哥嫂提个建议，由我们将老大（光炽）、老二（光涵）暂时带到我们住的武昌去，吃住在我们家。将老大转学到离家很近的东卷棚省立实验小学读书，做走读生。老二春季也上小学。三哥不在家，三嫂对我们两个堂妹的倡议欣然同意。这样一来，两个孩子由我们照顾了。

光炽的祖母和我母亲是亲姐妹，又都是嫁给了涂家兄弟，所以我们两家是亲上加亲。从我妈妈这头说，三哥的母亲是我姨妈；但从涂家这头说，我们也可以叫三哥的母亲为伯娘。因此，光炽这一辈，他们叫我们姑姑。光炽在中央电视台的访谈节目中，说过他不在父母身边时，是他的姑或姨关心照看他和他兄弟。姑姑就是指我们。说姨照看他，应是七岁以前在北京时候的事。他和母亲常住外婆家，除了外婆、母亲、奶妈照看他，还有母亲的妹妹，他叫小姨的。这位小姨放学后常抱着他玩，带着他做游戏。

他爸留学归来，在武汉做事。特别是后期，光炽在武昌上小学，我和他五姑做的事，无非每天晚间督促光炽把功课做好。我们常常看他的作业，算术课的、国文课的，让他将中国字和阿拉伯数字写得清清楚楚，干干净净，尽可能不要有墨坨。因为他开始的作业本上有时还是有些墨坨的。做题，写字，要养成好习惯。记得我还给他讲过"信"字。我问他"信"字是什么意思，他说是寄信的信嘛，"爸爸在家时带我去过邮局寄信"。我说：你讲得对，但是还不全。"信"字里面有人字和言字，人讲的话要有信用。比如，老师问你作业什么时候交，你回答老师说什么什么时候交，那你就要按那个时间交，不拖延，这就叫信用。答应别人的事情，就要做到。

涂光炽（摄于1929年）

1928年1月，光炽的小弟出世，13天后，母亲得产后热去世了。光炽是八岁丧母。母亲辞世时，没让他弟兄去见母亲，主要是担心孩子们小，怕他们受太大刺激。出殡时，光炽的大伯要自己的八岁儿子代替光炽披麻戴孝去送葬。那孩子偏瘦，我看着他披一身齐地的白色丧服，默默地跟在一群长辈后边走。到达墓地后，他在灵柩前恭恭敬敬磕了三个头，泪水模糊了他的眼。后来的日子里，小光炽要我给他讲母亲下葬的情形，当我说到他堂弟当时祭拜的那个细节时，光炽顿时就哭了。他讲：那就是我，是我！我做梦梦见我也去了。我妈妈埋在土里，我再也见不到她了……

他好像大病了一场。他爸是头一回带他去医院检查身体，发现他有先天性心脏病征象。医生嘱咐要好好关照这个孩子，不能让他受累、受风寒或受刺激。母亲去世后，父亲还是公务缠身，不在身旁，光炽倒觉得自己长大了。他对我说："姑姑，往后什么事情我都要动脑筋，自己动手做，不依赖别个。"1930年以后，三哥到北方工作去了。光炽三兄弟由继母照看，待他们很好。

求学与革命

第2章 求学与革命

1 国难当头的南开中学生活

1930年我父亲到天津,在法商学院任教,第二年我考入南开中学。在人的一生中,个人的世界观是逐步发展和定型的。影响它的因素很多,家庭、学校和社会环境等等。对我来说,在南开中学那六年是非常重要的。南开精神熏陶了我,老校长张伯苓经常强调青年人要有远大抱负和事业心,对我的影响是深远的。

在谈南开的良师益友之前,我先讲讲反面教员问题。因为反面教员在一定条件下,对塑造人生观、世界观,也会起重要作用。我进入南开中学不过半个月,便爆发了日本帝国主义发动的九一八事变,而中学毕业不久又爆发了七七事变,在这短短六年中,经常目睹日军在天津市区的示威,看到过他们在学校附近的打靶演习;国民党政府和军队节节败退,宣扬"先安内,后攘外"的亡国奴哲学等等。对一个十多岁有民族自尊心和正义感的少年来说，这些反面教员无疑是起到了极大的刺激作用，风起云涌的学生爱国运动也势在必然。这也使我在中学毕业后不久，便加入到了革命行列。

现在再说南开中学的智育培养。南开是重视德、智、体全面培养人才的，校歌和张伯苓校长的历次讲话都体现了这种精神。同时南开有许多优秀的教师，好些是从国外留学归来，由张校长诚恳聘请的。

南开是没有教科书的，老师对选择讲课内容和方式有很大的自由度，这对不拘一格地充分发挥和调动老师的积极性有很大好处。另一方面，学校反对灌输式的死读书，提倡学生开动脑筋，对各门学科，可以广泛接触；选择自己感兴趣的，主动学习，不要等老师布置作业。老师们不是万能，他们有自己的专长，讲课时学生要用心听，但也还要自己思索、消化，才能真正弄懂。不懂的要大胆向老师提问，不要囫囵吞枣。

现在说说我的老师们。虽然已事隔60多年，我还依稀记得一些老师的音容笑貌及课堂授课时的情景。

两位国文老师，叶进甫先生和孟志孙先生各有特色。叶老师偏重先秦诸子，对老子学说与孔孟之道的讲解深入浅出，还特别讲了对当时及后世的影响。孟老师则多取材于《古文观止》，对《诗经》、唐诗宋词也有所涉及。两位先生不仅授课内容充实，分析深刻，有益于增长见识，开拓思路，更重要的是让学生品尝到剖析中国古代社会现象的味道。

许多同学受惠于南开的英语讲授方式，它多种多样，注意吸引同学的注意力，全面培养听、读、说、写的"四会"能力。我记得无论是 Miss 夏老师还是童仰之老师，他们都是从第一堂课开始，就一直坚持用英文讲解英语课，尽量避免在课堂上讲中文。刚一开始时学生很不习惯，但日子久了，不仅习惯了，而且很喜欢这种方式。这种以英文讲解英语课程的做法不只是锻炼了学生的听力,对全面提高"四会"水平也很关键。记得高中二年级时还举办过几次英语演讲比赛,无论讲者、听者、评论者,都很认真对待。我在英语演讲和知识竞赛中得过几回头名,可以说完全是得益于这种良好的学习方式。它对学生英语能力的提高,确实大有助益。当时社会上都晓得南开学生会读英文报,写英文短信,可以对付一般的英语会话。

张鉴老师的数学课,唐明善老师的物理课,郑新亭、胡庭印两位老师的化学课,都是深入浅出,内容充实,引人入胜的。课堂中有实验展示,学生可以在实验室做简易操作。

特别值得一提的,是由唐炳亮老师讲授一门颇为别致的课,称作"社会调查"。调查对象多样化,包括工厂、商店、农村等,甚至还有军营、监狱。教师准备了调查提纲和问题,调查过程相当全面、细致、紧张,调查结束之后要写出调查报告。这门课,的确别开生面。因为过去没有,现在好像也没有。它可以启发对调查研究的兴趣,增强对社会情况的了解。

我从未读过介绍抗日前南开中学教学计划和大纲的文章,也从未跟老师和同学交换过关于教学的看法和意见。现在回顾起来,虽是依稀片断,细节上不一定准确,但总体上说,深感母校在智育领域的教学是有特色和独到之处的。它重启发、引导,注意发挥老师的主观能动性,教学方式生动活泼,不要求教学内容被制约于千篇一律的教材。课外活动方面,如话剧演出、辩论比赛、体育锻炼等,也使学生得到提高,避免了培养书呆子的做法。这些精神和原则,在今天也还有重要的借鉴意义。

我因有先天性心脏病,不好参加剧烈的体育运动。但我买了一辆轻便自行车,有时在校园骑行,也算是一种锻炼吧。社团活动也很少参加,因为我喜欢的课程比较多,有些课程要自己钻研,有时还得找些相关的辅助读物参考,或去图书馆查阅资料,休假日在那儿一坐就是半天。所以我的时间较紧，没有时间、精力参加更多的课外活动。这并非我完全不感兴趣。其实像京戏我喜欢听，有时自己也学着哼一两句。我也喜爱西洋音乐和中国古典乐曲，不过也就在闲时听听或自我吟唱。这比较自由、随便，也不会占去许多时间。

> **刘东生①院士谈南开同学涂光炽**
>
> 涂光炽同志是我南开中学高中的同班、西南联大的同学，又是在中国科学院地质研究所和地球化学研究所的同事……先后同学同事已有55年了。青年时代的涂光炽，是个品学兼优的好学生。在中学时，他关心国家大事，积极参加时事常识比赛、英语演讲比赛活动；在昆明西南联大时，虽然我们未同班上课，但听同学们说，当时任教的米士教授（Peter Misch）曾在评阅考卷时说：如果可能的话，他给涂光炽的成绩将不是100分，而是120分。这些事例说明，光炽不仅仅是一般的好学生，而是品学兼优的模范学生。
>
> （摘自刘东生《挚友和同志》，原载中国矿物岩石地球化学学会编《开拓·创新·奋进》，1990年）

2 "我学地质的引路人"

我可以这样说，因为老师讲的好，我在中学里几乎对各门学科都感

---

① 刘东生（1917—2008），地质学家，中国科学院院士（1980），2003年荣获国家最高科学技术奖。

地质学家李璞

兴趣。除了老师,也受点儿父亲的熏陶。父亲书橱里有许多中、外文书籍,假期回家,有时听见父亲跟他的朋友说英语或者背诵古文。有一回,父亲还给我讲解中庸之道,可惜那时我没听进去。但我最感兴趣的,除了英语,便是化学,还有地理、历史。按中学时候的设想,上大学,我差不多原来是想选择化学的。但是1935年暑假,我去北京度假,住在亲戚家,离清华大学不远。有一天出门遇见了高我两个年级的李璞①、王大纯两位学长,那时他们已在清华大学地学系读书。这次会面,引发了我对地学的更大兴趣。李璞还邀我到清华大学去玩,带我去参观地质系的岩石、矿物样品陈列室。他说比起欧美地学成就,我国的现代地质学和探矿工作才只是初创时期,需要很多人才从事这方面的工作,需要很多有识见的青年,不畏艰苦,不怕困难,去学习、探索、开拓。中国幅员虽大,在世界上却是穷国、弱国。要改变这种状况,地质探矿、找矿必定要先行,用开发的矿产资源来建设、发展中国的基础工业。否则改变不了贫弱,中国的富强也只能是个空话。观看了那些实物样品,走出陈列室,他又领我去清华园中老树遮荫、绿草覆地的一个宁静角落。我们肩挨肩坐下后,他诚恳地对我说,我早就晓得你是各门功课全优的优等生,还听说你喜欢化学和地理课,毕业后,有没有报考清华地质系的意愿?我没有马上回答他,因为我还在地质学和化学之间游移。

我没有料到的是,第二天一清早他就登门,邀我同他一起去攀登西山

---

① 李璞(1911—1968),地质学家,同位素地球化学家,中国科学院地球化学所领导人之一,"文革"中含冤去世。

的主峰香山"鬼见愁"。他已预备了两辆自行车，两人骑行。我没去过香山，由他带路，从颐和园后山往西。我虽说有先天性心脏病，应避免做剧烈运动，但在校园里也时常骑自行车活动身体。年轻，体力尚好，精神头也大，好像没费劲就到了香山公园门口。

这天我们玩得痛快，不但上了"鬼见愁"，还在山顶引吭高歌。李璞更是因为登高望远，豪情勃发，也让我受到感染。记得他说：有人说西山是太行山（我们已知太行山脉、吕梁山脉藏有无尽的煤）的余脉，但山连着山，此刻我们在的地方也可说是燕山山脉昂起的头。你看偌大的北平城尽收眼底，这算是我们一个起步吧。我相信我们会走遍祖国的山脉、河流。我们不仅仅是去观赏中华锦绣江山，更是山的"号脉"者、呼唤者、催醒者、探宝者，用我们学到的科学技术来打开这些山，打开地下的宝藏。我们"念念有词"，好像神秘的地下宝藏的门便会开启。他接着说：我们要不辞辛劳，入山探宝，下水寻宝，这是地质工作者的职责，也是祖国的需要。怎么样？找个时间，我预备两套榔头和地质锤，还有两个人的干粮。你做我的伙伴，我们干他一天，去西山背面人迹罕至的寂静地带，号号燕山的脉。我教你怎么实地操作，查查那些岩石的成因。

我已记不起来，当年我是怎样回答李璞的。但他确实带着我，在暑假的最后几天，我们一直在西山山坳里探访这华夏古陆的究竟。他为我讲解最起码的地质地貌知识，教我初步学会采集矿物岩石标本，用罗盘仪测量地层的走向和倾向。虽说还是幼稚的地质作业，但我兴致颇高，感觉有所收获，汗流浃背也不在乎，天黑下来才想起该返回了。

后来抗战开始，我和李璞投笔从戎。我们从长沙临时大学北上，在陕西宣传抗日，兼做地下工作，虽说事情杂，很忙乱，李璞还是带我偷闲在终南山麓做了些考察地质岩石的事情。应该说，是从这时候起，我心里才有想法，将来把日本鬼子打出去了，就回大学复读，我选择的学科，当是地质专业。这也许是宿命,我小时候,父亲教我看地图,指着我国大旅行家徐霞客走过的路,我就曾脱口而出,对父亲说:长大了我要像徐霞客那样走很多路,不怕苦……

李璞和王大纯两位学长的确是我的地质学科引路人,他们对我选择攻读地质学,起着潜移默化的作用。此外在高中阶段了解到丁文江、李四光等前辈开创中国地质学的事迹和文章,也对我很有启发。

3 一二·九运动的影响

1935年12月9日,在北京爆发抗日救国学生运动,我们天津市的学校,很快得到消息,在1935年12月16日也举行了支援北平同学们的盛大抗议游行。我那年在南开中学念高一,觉悟不高,实行的是"读书救国",但关乎民族大义,"天下兴亡,匹夫有责",自然也就走出校园加入游行队伍。不仅参加了,还担任纠察和宣传工作。至于是谁领导的,我当时并不知情。运动持续了两三个星期。运动之初,南开高中学生全体南下请愿,政府有些害怕,不开火车。我们决定徒步南下,走了360华里,因天寒地冻,没有粮食,不得已,只好返校。学生由于爱国,反受到压制,我开始对国民党政权不满。经过这一运动,我接触到一些新事物,看到了介绍社会主义和新哲学的小册子。虽然只是抱着好奇心翻了一下,但它们给我开了一个新眼界,使我知道,还有另一套"世界观"。我自己当时并不想有这样的世界观,但对怀有这种世界观的人是尊敬的。在运动中,我常和同班的吴熙武[①]在一起,

---

[①] 吴熙武(1915— ?),后名吴宪,河北吴桥人。一二·九运动后参加民先队,1938年参加新四军。解放后历任浙江省委秘书长、杭州市市长、浙江省副省长。

他有时也讲些道理给我听。但运动过后，他却被学校开除了。

一二·九运动对我是个启蒙。虽然对很多事我还非常模糊，但已接触到这些新事物，我的爱国心有了某种寄托，对旧的"正统"观念已开始怀疑。但家庭出身较富裕的环境，妨碍我在一二·九已获得的思想基础上往前再进一步。运动结束后，一个切身问题来临了，就是准备考大学。我在学校功课一直很好，高中阶段，我对化学、地理等自然科学已经产生一定兴趣，我本不应发愁考不上大学。还有，南开对学生的培养，也是希望我们将来成为科学家、工程师或银行家之类。对银行家职业，我是鄙视的，做个科学家才是我的梦想。南开崇奉"学者应超然于政治"，也对我有影响。平时冒头最多的还是科学救国的思想。我想好好学几年，学好一门专长，将来求职和从事某种科学事业，就有保证了。

客观形势的发展却不如人愿。1937年6月底我从南开高中毕业，怀着兴奋的心情和同学李明等几个人跑到北平考大学，想考北大地质系和清华化学系，但就在这时，发生了七七事变，全民抗战开始了。不久，平、津都被国民党放弃了。平、津通车后第三天，我们便从北平逃出来到天津。大约9月初，和弟弟涂光涵、李明等几个人从天津经青岛、济南、徐州、郑州跑到汉口。在徐州和李分开，他到南京去了。这时我们都变成了所谓流亡学生。到汉口后，我在外祖父家里住了一个多月，想投考学校，但这时早已过了招生期，只在报上看到河南焦作工学院还在招考。我怕自己闲着不是事，跑到焦作投考。考取后还没上课，日寇从保定沿铁路南犯，豫北震动，学校停课，我便再次南逃。在焦作只待了一个星期。

这一阶段自己的思想情况是，一二·九以来盼望着的抗战终于爆发，心里很高兴。看到蒋介石终究抗日了，浮起了对他的一点幻想。当时有参

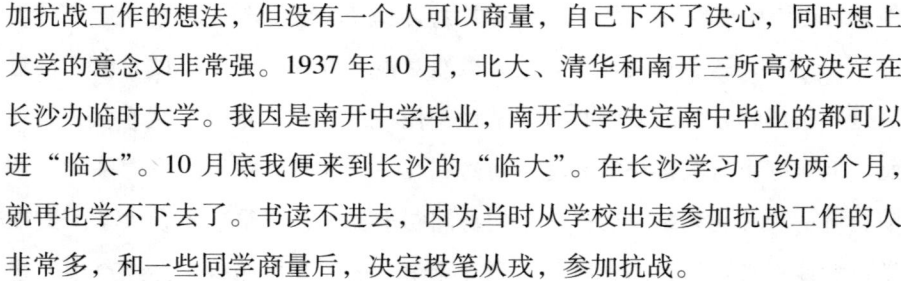

加抗战工作的想法,但没有一个人可以商量,自己下不了决心,同时想上大学的意念又非常强。1937年10月,北大、清华和南开三所高校决定在长沙办临时大学。我因是南开中学毕业,南开大学决定南中毕业的都可以进"临大"。10月底我便来到长沙的"临大"。在长沙学习了约两个月,就再也学不下去了。书读不进去,因为当时从学校出走参加抗战工作的人非常多,和一些同学商量后,决定投笔从戎,参加抗战。

4 弃学参加抗日革命工作

1937年12月底,我和李明、王松声、许师潜(党员,后在北京)、陈浚(党员,后为《人民日报》记者)、刘晓稀(党员,后为《人民日报》记者),还有一位清华的,姓李,但名字记不得了。我们七人到了汉口后,到范长江同志办的一个短期训练班学习,大约是训练抗战民政或统一战线工作人员的。我们只学了两个星期,就被国民党强令解散了。陈浚和刘晓稀被分配到游击队工作。我和李、王、许觉得准备太差,不敢冒险。清华那位回校上学去了。这时恰好长沙来了三位同学,殷汝棠、郑怀之、郭文昭(三位都是党员,解放后均在北京工作),他们是途经汉口到西北去的。这样,我们四人便和他们会合。我们多次商量,最后决定投奔在西安的张锋伯①先生。张锋伯先生原是南开中学教员,后来离开了学校。

---

① 张锋伯是中共地下党员,在南开中学任国文教师时,很受学生尊敬,曾在学生中组织进步团体"友社",宣传抗日。1938年张在其陕西家乡长安县,准备组织民众以游击战抗日,号召南开中学的前往效力。积极来投者,有1935班李璞、李廉、王大纯、叶笃正、徐文园;1936班申宪文、么自兴、滕国定、王树勋、郑怀之、张开运、郭文昭;1937班涂光炽、李明、王楹生、殷汝棠、许寿谔等。张锋伯在解放初出任西安市副市长。(根据申泮文《培养出新中国两位总理的名校——纪念天津南开中学建校100周年》摘编)

在学校时我同他不熟，只知道有一群同学支持他，其中有些是地下共产党员，如我认识的同学王刚①、李璞等。

我们钻进一辆北上货车，几经周折，在1937年底辗转来到陕西省长安县大吉村。大吉村是张先生家乡。我们之所以投奔他，除了师生关系，更重要的是当时的抗战形势：敌人已侵占太原，兵临风陵渡，陕西关中地区有可能成为战场，而张先生所在的大吉村南靠终南山，是很好的根据地。

我们到达大吉村时，已有一批南开校友在那里跟随张先生工作了，他们是李璞、王刚、王大纯、申宪文、滕国定等。在我们之后还有徐文园、张开运、杨荣等也相继来到大吉村。我们在大吉村，主要是在农民中开展抗日宣传。经过两个多月努力，长安县西南一些村庄人民抗日热情空前高涨，并为抵抗日寇入侵，作了初步组织准备。通过工作，我们逐渐了解了张先生带我们在这一带开展工作，是由中共地下党领导的。

1938年3月，以孙蔚如任省主席的陕西省政府任命张锋伯为临潼县县长。我们这些南开和非南开的青年20多人也跟随张先生来到骊山脚下。记得当时临近的华县、渭南等县县长职务也由一些进步人士掌握。大家不约而同地开展了"合法的"声势浩大的抗日宣传活动。

在张先生安排下，我们除个别同志担任县里一定职务，其他人都集中于"抗敌室"。它独立于县政府之外，开展各式各样不同规模的活动，如有线广播，编写壁报，教抗日歌曲，自编短剧，举办文艺晚会，演出活报剧，还召开过上万人的群众大会。为了培养农村干部，还举办过一些短期训练班。张先生亲自领导了这些活动。

---

① 王刚，原名王树勋，新中国成立后在北京市委工作。

与抗日战争初期参加工作的同学在昆明湖上（1943年）。左起：许寿谔、王刚（上）、涂光炽（下）、殷汝棠、李明、李璞

张先生还利用他的身份和影响，对县里的一些上层人物、开明士绅、中老年教师等开展了力所能及的争取工作。更令人难忘的是张先生还有军事指挥本领，他身先士卒，对恶霸、土匪进行搜捕，曾有当场击毙土匪的事迹。他锐意进行必要的整肃，如对敲诈民脂民膏的军官亲自审讯。经过几个月艰苦工作，"抗日县长"的形象已深深地刻在30万临潼人民的心坎了。

我们在临潼发动群众迎接抗战的活动引起了近在咫尺的西安国民党顽固派的注意。另一方面，1938年夏，抗日战争开始进入到相持阶段。在这种形势下，张先生与党派到临潼工作的郭星桥同志决定，除少数同志留下坚持工作外，多数同学转移到延安抗日军政大学学习。这样，经过与八路军驻西安办事处联系，我们于同年7月踏上北去延安的征程。

与张先生相处共事半年，是我一生最重要的一次转折，使我认识到中国知识分子中蕴藏的深厚的对国家民族的情感和使命感，也使我体会到被唤醒了的群众的无穷力量。在那段时间里，张先生的榜样及三言两语的教诲，同学们的相互鼓励和帮助，都是我终生难忘的。

5 抗大第五期四大队学员

  红军长征胜利结束后，毛主席为抗日战争在各方面进行准备工作，特别重视对抗日军政干部的培养。在过去中央根据地红军大学基础上，于1936年6月1日成立了"抗日红军大学"，学员全是红军高级干部。校址先在瓦窑堡，以后迁到保安城。西安事变后，1937年1月改名为"中国人民抗日军政大学"，校址迁到延安，学员为红军干部和少部分外来知识青年。毛主席亲任抗大教育委员会主席，规定教育方针和教学原则，解决干部配备、组织机构和学校建设的各种问题。1937年8月，第三期开学，有许多国统区青年投奔来入学。原有的校舍不够用了，全体师生员工就自己动手挖窑洞。因为学员甚多，开学后随时编队。因工作需要，有的学员教学计划中的课还没听完，便调出去工作。

  在涂光炽先生的抽屉里，保存有一份《我们在延安抗大学习的日子——几位抗大四、五期学员的回忆》的手写材料。据涂先生夫人蔡凤英说，这是上世纪90年代初，王刚、李明、殷汝棠等人来家里找光炽一起回忆整理的文字材料。

  1997年11月2日，涂先生在出席西安"全国同位素地球化学学术会议"后组织的延安考察活动中，还兴致勃勃地向随行的成忠礼先生讲述过他在抗大第五期四大队学习的情形。

  从西安到延安，那时已经有公路，但是凹凸不平，乱石很多，车过尘土蔽日，平常都说有八百里，徒步去大概要走十天左右。从西安北关往北，到泾水、渭水汇合处的草滩过河。渡口有国民党宪兵和特务检查、刁难。过三原以后，公路更狭窄，坡更陡。大家互相鼓劲，成群结队，唱着抗日歌曲前进。本来不相识的人们，因为奔向共同的目的地延安而很快熟识起来，越走越亲热。这些人有不同的口音，不同的服装，多数戴草帽或毛巾包头。有人脚上打了泡，折了树枝当手杖，继续跟进。

有些人在路上能有幸遇着从西安往延安运送军需物资和药品的卡车，于是搭他们的便车走，这可以节省时间，大约四天就可以到延安。

1938年8月初，我和李明、王刚、殷汝棠等11人来到抗大五期四大队所在柳树店的营地报到。位置在延安城东南，目中所见，有一条清澈的小水沟弯弯曲曲地从南向北流淌，沟两旁山坡上长满青色的垂柳。不远处山壁上，有些稀稀落落的窑洞，窑洞门有用石头、砖砌的，也有用瓦片垒成的，这比较讲究。但有些是新挖出来的简陋窑洞。走近一看，我才明白，原来这就是柳树店老乡们居住的村落。大约几年前进行过土地革命，地主跑光了，留下几十户贫农和中农。在沟边的一大片平地上，还有些用木棍、草料、树枝搭成的通风好的简单房屋，在房屋前面，还开辟修整出了一个篮球场。这夹在老乡窑洞中间新挖的土窑洞和平地上的简陋房子以及篮球场，便是我们营地所在。柳树店离延安城有十二三里。从延安南门趟过延水，从清凉山下沿河走到桥儿沟，再趟过河，有两里多路就到了。我们是最后编成的一个队。傍晚，有一百多个穿着八路军军装（也是抗大校服）的青年人集合在窑洞门口，于是大家推选一个高个子来指挥教唱抗大校歌。这首歌是由凯丰作词，吕骥作曲的。每当集合操练前或是周末文娱晚会的时候，抗大的男女同学都要齐唱的。我还记得是这样唱的：

1938年在延安抗大的涂光炽

黄河之滨，集合着一群中华民族优秀的子孙。

人类解放，救国的责任，

全靠我们自己来担承。

同学们努力学习，团结、紧张、严肃、活泼，我们的作风；

同学们积极工作，艰苦奋斗，英勇牺牲，我们的传统。

像黄河之水，汹涌澎湃，把日寇驱逐于国土之东。

向着新社会前进，前进，我们是抗日者的先锋！

这首歌唱起来就让人热血沸腾，很能鼓动人的。学唱校歌以后，是吹哨吃饭。十个人一班，领两盘菜。打饭吃，是小米饭。饭后过一会儿，指导员，一个胸前戴着二万五千里长征纪念章的军人宣布："大家进窑洞开小组会，今天是迎新会。每个同志自我介绍一下，谈谈自己的经历，怎么来延安的，为什么来抗大学习。"

在窑洞里，油灯下，每个人都热烈谈着自己的家庭、身世，来延安的经过，到抗大学习的目的和决心。按作息时间到了吹哨该结束的时候，还没谈完。第二天早饭后，大家又都接着谈。

从不同口音，可以听出这一百多人真是来自五湖四海，从东北四省来的，从大西南来的，从西北高原和东南沿海来的，其中有从毛主席家乡韶山来的革命青年，还有经过二万五千里长征的年纪小的卫生员。北平、天津、南京、上海、广州、武汉这些大城市的，都有。还有菲律宾、泰国等地的华侨和从日本归国的留学生。年龄小的十三四岁，大的 30 岁左右，多数是 20 岁左右的青年。文化水平呢，高中生最多，也有大学毕业和小学没读完的。论职业，有工人、店员、职员、工程师、演员，有一半左右是学生，其中不少是家乡在东北的大学生。最惹人注意的，是一位满头白发，但实际只有 30 岁的同志，原来他多年前就参加了共产党，因白区组织遭破坏，为了寻找党的关系，从东北到南方，找到了组织的时候，头发已经白了。

入学两三天，一下子就结识、了解了这么多从前不相识的可敬可爱的同志、朋友，从此都成为革命大家庭中的一员。这就是我们的"迎新会"，也是"开学典礼"。

在进入课堂学习之前，也还是"开学典礼"那天，大队长同我们见面，他强调说："抗大、抗大，越抗越大。同学们要争取提前完成教学计划……"大家不约而同地向大队长提出一个要求，就是请毛主席给我们讲课。大队长回答说：毛主席最近太忙，很快就给你们讲课的要求是不可能达到的，但你们离校之前，他总会同你们见面的。

抗大当时分政治队、军事队。教学内容，军事队是军事课占七成，政治课占三成。政治队相反，是政治七成，军事三成。我是政治队，按计划先学政治经济学和世界革命史。但在这两课之外，因为大队长讲了，毛主席最近不可能来讲课，这反而激发了同学们学习毛主席著作的热忱。大家把自己带来的或在延安新买的毛主席著作拿出来，交换着读。这样一种主动阅读、思考，我从中受益不少。特别是毛主席的《中国革命战争的战略问题》和《论持久战》两书。这都是在长期国内革命战争中，指挥员和战士们用血汗、挫折和胜利换来的极珍贵的丰富经验。初次阅读时，我感觉到新奇迷人的是书中充满着对立统一、对立转化等辩证法的那些灵活运用的精彩例证。这两本书，后来我是反复阅读、爱不释手的。我还想到，此后不管做什么工作，如果善于用唯物论辩证法的思维方法，一定是会事半功倍的。

政治经济学，讲商品、剩余价值、资本主义经济危机等，以前没听过，颇有新鲜感。世界革命运动史，是从英国资产阶级革命讲起，详细讲了法国大革命，还讲了美国独立战争，特别是重点讲了俄国1905年革命、1917年的二月革命和十月革命。讲到俄国革命时还联系实际，讲了中国革命现阶段的任务和将来社会主义的前途。

政治课还有党的问题讲座，讲了党的历程，党的路线、策略和共产党员英勇斗争的事例。听这课时，大家都聚精会神，深受感动。

艾思奇讲的哲学课也是印象很深的。因为他深入浅出地讲解辩证法和唯物论，启示我们更好地学习、理解毛主席在战争中对辩证法（对立统一和转化；灵活、机动）和唯物论（实事求是）的活用。

军事课讲得不多，着重在操场和野外进行训练或演习。讲的内容主要是游击战争，结合十年内战时期反"围剿"的经验和抗日游击战争的经验。

我们的课堂在哪儿呢？不是人们想象的那样，有几间教室，有整齐的桌椅。说白了，就是在天地之间。在窑洞外背风的地方，在水滨的树丛下。讲课以队为单位，每个学员带一个小木凳，开会、上课都带着，坐下以后就在膝上摊开笔记本。那时课本很少，列昂捷夫的《大众政治经济学》，一个队只有两三本。讲义是提纲式的，一张纸正反两面油印，大家传看。买不到墨水，就是蓝靛冲上水，很多人用鸡毛或鹅毛管削了当钢笔用。自学也是在树荫下集体学。

我们的生活是完全军事化的。服装是八路军的制服，帽子要戴正，还要绑裹腿，系皮带，领子上有抗大二字的领章。内务整洁也很注意。每天有早操，经常有夜间演习。一些从前没有过军事生活的文化人，很快也都习惯了。

住的是窑洞。窑洞有用石头砌的，更多的是挖的土窑洞。窑洞里光线充足，冬暖夏凉，大家很喜欢住。还有几个班是住在搭的简易草房里。吃大米或白面，或是"统一战线饭"（即大米、小米混合的饭）。副食主要是土豆和萝卜，几个星期打一次牙祭。大家身体都结实，有的人还长胖了。

文娱活动十分活跃。几乎每天要学唱一首新歌，饭前、集合、课间休息都要唱歌。大家学会了许多革命歌曲和抗战歌曲。每星期六晚上开一次文娱晚会。以大队为单位举行，表演的多数是合唱、口琴合奏，以及京剧清唱，还有相声、活报剧和地方曲艺，都是以抗战为主要内容。大队设有救亡室(就是俱乐部)，里面挂着毛主席、朱总司令、周副主席等人的画像，摆一些报刊图书，经常出些墙报。每个队有救亡室委员会，有学习、文娱、体育、生活等委员，由学员民主选举产生。

开学以后，大队经常进行"三八作风"的教育，三句话是"坚定正确的政治方向，艰苦朴素的工作作风，灵活机动的战略战术"，八个字是"团结、紧张、严肃、活泼"。学员是从五湖四海汇集来的，大队长和队里的一些领导都是经过二万五千里长征的，区队长有的是原来陕北红军的干部。星期天，学员除去进城买书，看望老上级和战友之外，经常去找大队和队里的干部，请他们讲江西的游击战争和二万五千里长征的故事。

到延安不久，我们就听说中央要开六中全会[①]了。开学不久，我们就进城参加迎接朱总司令从前线回延安的大会。看到毛主席、朱总司令手拉着手，走上主席台的时候，全场高呼毛主席万岁，气氛非常热烈。这是我们第一次看到毛主席和他的亲密战友朱德总司令及其他中央领导同志。那天会上，毛主席和朱总司令都讲了话。

从那以后，隔几天，我们队都要到延安城边一个山沟里，听回延安参加六中全会的领导同志作报告。印象深的有周副主席、贺龙等同志。当时

---

① 中共中央扩大的六届六中全会于1938年9月16日至11月6日在延安召开。

八路军三个师的正副师长、政委，新四军的主要负责人以及白区工作的负责同志都讲过话。讲演内容丰富，时间比较长，主要是开辟根据地、发动群众开展游击战争的经验及在国统区坚持斗争和反摩擦的情况。这些精彩报告，我们是听了还想听的。

还有一次印象深的，是朱总司令骑马带着警卫员来到柳树店，为我们作了一个很长的报告。朱总司令一下马，就跟我们队的学员一块打了一场篮球。我们这些二十来岁的青年跟五十多岁的老英雄一起打球。他精神抖擞，打得很起劲。朱老总的报告，总结了卢沟桥事变以来的抗战工作，使我们对中国抗战有了一个全面的印象，更增强了信心。临别时，大家纷纷拿出小本，请总司令题词，签名留念。朱总一一给大家写了"抗战到底"、"最后胜利是我们的"等很多题词。周副主席的报告着重是讲蒋介石消极抗日，蒋管区人民的斗争。特别讲到，我党工作在国民党统治区的开展，主要依靠边区和党领导的抗日根据地的巩固和壮大。

1938年11月，中国共产党六届六中全会结束后，根据毛主席指示，要将会议精神贯彻到抗大的教学工作中来。校部作出决定，五期四大队要延长学习期限。我们队就转到瓦窑堡参加第五期一大队学习。动员以后，全队进行准备。从延安到瓦窑堡，途经甘谷驿、蟠龙镇，行军三天。在路上做了各种军事演习，如急行军，夜间警戒等。在行军中练习做政治工作，喊话，贴标语。鼓动队沿途做宣传、鼓动，做群众工作，实行三大纪律、八项注意。这是一次难以忘怀的演习。

瓦窑堡是中国革命史上有名的地方。1935年有重大历史意义的瓦窑堡会议就是在这里召开的。五期学员是在1938年底的初冬时节来到这里的。那里还是"统战区"，有国民党的政权机关。几条街又窄又脏，房屋破烂，到处是煤灰，人民生活穷困，街上乌烟瘴气。抗大第五期有十个队，一千多人。国民党特务不断搞摩擦、破坏和刁难，甚至暗杀事件也发生过。而抗大根据毛主席教导：给你一根打狗棍。人不犯我，我不犯人；人若犯我，我必犯人。抗大要开大会，国民党威胁不许开。一大队就抬了机枪、步枪到国民党的县政府前面去开会，并且让他们来参加。那些国民党官员只好出来。那时在城边上有国民党的一个"剿共纪念塔"，抗大师生就到塔底下讲课，针锋相对地讲：要打倒反共顽固分子。

到瓦窑堡后，抗大师生们在城门和城墙周围拆了一些城砖，临时盖了几间房子。又把一个寺院里的偶像拆掉，住了进去。还不够住，就通过做群众工作，借住老乡几间房屋。瓦窑堡比延安还要冷，到后不久，河流就结冰了。大家晚上穿着衣服挤在一起，把仅有的棉被共同合盖。开小组会，也是几个人把脚伸在一床棉被里共同取暖。有时到几十里外去背回一点煤来取暖。早起到城边一条河里用石头破冰取水，以便洗漱。早起太冷，跑步时间长些，可以达到驱寒效果。晚上防备敌人破坏，要在住房周围站双岗。但全队只有一件旧的棉军大衣，一个人穿上它在户外，另一个人在墙脚风小的地方担任警戒。由于天气太冷，几乎每个人都长了冻疮，一般的只能在日光下搓一搓，揉一揉，或者跑跑步试图减轻一点症状。只有实在很重的，才能找大队医生给一点猪油擦一擦，这是当时能找见的最名贵的药物了。有人得了病，走不动路，当时也买不到药。后来学员中有位懂中医的，想个办法，每天煮几个红枣给患者吃，以补充营养。

1939年1月，校部布置开展学习、工作检查，总结群众运动。一大队政委胡耀邦在总结告一段落时，特别从延安来到瓦窑堡给大家作总结报告。他着重讲了知识分子工农化、工农群众知识化、改造世界观等问题。接着同学们进行了毕业鉴定。

1939年3月，一大队五期政治队学员返回延安。3月下旬的一个下午，毛主席驱车来到校部广场给大家讲话。毛主席分析了国内外形势，指出日寇已经把主要兵力压到党领导的八路军、新四军这一边，对各抗日根据地进行残酷野蛮的进攻。国民党顽固派则对边区实行封锁，对八路军减少或停止了军饷、弹药和各种补给。毛主席指出，我们的困难将要更大。他问：我们怎么办呢？是散了呢，还是束手无策呢？他举起两只手说：不行，我们每个人都有两只手，要自己动手。毛主席又大声说：你们要"一面学习，一面生产，克服困难，敌人丧胆"。毛主席讲了开荒生产运动的伟大意义和具体计划。接着，他又讲了抗大的成绩和特点。说抗大是最进步、最革命的学校，抗大的教职员、学员和教材都是革命的，抗大的学员要成为坚强的抗日干部和战士。讲到抗大的校训，他说：一定要把坚定正确的政治方向放在首位，努力转变学员中的非无产阶级思想。接着又讲抗大和延安的青年运动是全国的模范，因为他们在学习抗日救国的革命理论和参加开荒生产。他笑着说：这不但是国民党统治区的学校做不到的，连中国两千多年前的孔夫子也做不到。最后毛主席讲：你们这个队要参加开荒生产，这是你们的最后一课。毛主席讲话结束，还亲切地满足了送小本请求题词、签名的同学的要求。他还到我所在这个大队同大家一起吃小米饭，参加晚会以后才离去。

  毛主席给大家讲课的第二天，队部作了开荒的具体安排。半夜，众人就集合走上离清凉山十里以外的几个山头，开始了垦荒战斗。由于工具少，分三班轮流用，大家争分夺秒争取多开荒地，人停工具不停。从天明前披星戴月出发，到太阳下山后再整队回去。经过10天劳动，超额完成了原定计划。虽说是头一回拿锄头，但我还是非常卖力的，没曾想还选我当了副班长。学生们像我这样第一次拿起锄头开荒的，都受到很大锻炼。

  开荒任务完成后，一天都没有休息，就宣布学习任务已完成，当晚举行了毕业典礼。会上给每个学员发了一个毕业证章，上面刻着"团结、紧张、严肃、活泼"。每人发了一个毕业证书，上有毛主席题词："勇敢、坚定、沉着，向斗争中学习，为民族解放事业随时准备牺牲自己的一切！"毕业典礼第二天，队部宣布同学们的分配及离校。我所在这一队，一部分是到华北，参加八路军工作。大部分留在延安，在边区和各机关工作。也有的转到别的单位去学习，如马列学院，陕北公学等。有的是到新四军。还有像我和几位原在陕西关中工作的同学，仍回陕西国民党统治区做地下工作。

在抗大阶段，我学习也有些片面。我总觉得回临潼后，一定会开展游击战争，因此对技术性和军事性的课感到有必要学好，而对基本理论的学习，不像初入抗大时那样专注、用心，反而有所松懈。

我们由抗大毕业后，在招待所等了一个月，领导决定我们回到原工作地区临潼。大约四五月间，我们从延安回到西安。同路的有李璞、李明、王刚、杨荣、王大纯、郑怀之、殷汝棠和我。

回到西安，我们才晓得形势已经大变。张锋伯同志被胡宗南扣留，临潼的"根据地"已拆台，回不去了。大家经过商量后，觉得只能隐藏力量，以图再起。而日本侵略军可能随时过河，因此不应该放弃陕西关中的工作。这样，经过地下党员郭星桥的介绍，我们来到蒲城中学教书。同去的有李璞、李明、杨荣、王大纯、王刚，还有我。当时只二李是党员。李璞任训育主任，李明管教务。校长李浩是国民党员，思想反动。但他新到蒲中，没有人支持他。又因他是南开学生，想利用我们这批南开人，所以对我们还客气。他虽然多少了解一点我们的情况，只是装聋作哑，不多管的。

我们于1939年6月到达蒲中，次年6月离开，工作了一年。为了工作方便，我们多半改名，我改名为王育之。担任的教学工作是英文和地理，并任初中三年级主任。当时我仅19岁，学生中有许多比我大的，因此在表上填的是20多岁。

6 西南联大定志向

我和几位同志在蒲城中学工作期间，形势日趋不利。首先是李璞被人认出，校长和别人也对我们多加注意起来，大家感到已不易待下去了。另一方面，抗战处于相持阶段，而且张锋伯在陕西已没法站脚，到河南去了。这样，我们决定放假后即离开学校。6月，在西安住了一个月光景。根据党组织的安排，1940—1941年间，我们中的多数同学都回到了联大。李璞、李明等先后去了西南联大复读，他们也支持我去复学。

我于1940年七八月回到重庆，和许师潜一起去的。当时我的家在重庆，父亲在外交部工作。我本想路过重庆，然后直接去联大复学。因昆明当时受敌机轰炸，学校有搬家的意思，我只好在重庆等待。两个月后，果然联大一年级迁往川南的叙永。约在11月间，我和许师潜从重庆到叙永报到。有近三年的时间没有过后方学校的生活了。从接近前线的斗争环境来到大后方表面平静的学校，开始时还很不习惯，但不久也就安下心来。我改到了地质系。为什么说是"改"呢，因为在长沙临大时，我是在土木工程系，只学了两个月。

一年级我是在叙永度过的。1941年叙永分校撤销，我们搬回昆明本校。这以后的三年，1941年夏到1944年秋，我便一直在昆明，直到从联大地质地理气象学系毕业。在这一阶段，我潜沉下来，全心全意把业务搞好，要当一个科学家。心想抗战既是长期的，我要把地质学好，将来要用科学来改变贫弱的中国。

王刚谈涂光炽

涂光炽同志青年时代的历程是同我一起走过来的。他在中学时气质恬静、智慧、勤奋、坚毅，学业成绩优异。政治上反对法西斯统治，主张坚决抵抗日寇的侵略……经党组织布置，我和涂光炽同志一起，于1940年秋回西南联大复学做学生工作。当时党在白区革命低潮中的方针是：发展进步势力，争取中间势力，孤立顽固势力；在斗争方式和组织方式上是隐蔽精干，长期埋伏，积蓄力量，以待时机，反对急躁冒进。并且指示在学校要执行"勤学、勤业、勤交友"策略。涂光炽同志先在西南联大叙永分校，后在昆明，都贯彻执行了党的上述方针和指示。他学业成绩优良，受到地质系袁复礼、张席禔、冯景兰等教授的重视和赞佩。他获得1945年度全国各大学地质系毕业论文评比的第一名。

（摘自王刚《一腔热血报中华——记青年时代的涂光炽同志》，原载中国矿物岩石地球化学学会编《开拓·创新·奋进》，1990年）

抗战八年，西南联大也办了八年，正巧一头一尾我都赶上了，并且三易其地。应当说，我与联大结下了不解之缘。学生们对联大的感受，各人答案会各不相同，侧重点也不会完全一样。然而大家都会公认，联大能办成一流高等学府，是与它前身的三所大学的优良校风与传统分不开的。联大确实拥有一批高水平教师队伍，这是它能够出人才、出成果的重要保证。无疑，联大的这些优点，学生都有着亲身的体会。此外，国难当头、艰苦奋斗的历史背景，也促使联大只能办好。对此，我是深有感触，深受教育的。

在学校的几年，给我脑海里打下烙印最深的是"穷则思变"四个大字。联大穷到什么程度，今天的大学生是没法想象的。全校所有建筑物，包括教室、宿舍、食堂、图书馆等都是茅草房，没有一砖一瓦。教师备课几乎全靠记忆，图书馆没有期刊，书也很少。基本上不存在实验室。在食堂用饭都是站着，因为没有板凳。在长沙临时大学的学生宿舍是借用部队的老营房，一间大屋睡百多人，都是打地铺。在叙永分校则借住于古老庙宇"春秋祠"。然而，就是在这样艰苦的条件下却活跃着一流的教师队伍和学生队伍。所谓穷则思变，简言之就是再穷，也要出一流成果，出一流人才，学生要学出好名堂、好成绩。日本军国主义千方百计用进攻，用轰炸，不让学校办下去。我们就偏要办，而且办好。当然，师生也都同时会密切关注抗战形势和政局，参加学生运动。

在极端困难的条件下，老师们的事业心使我铭记心头。就拿地质专业的师生来说，身处地质条件十分复杂而研究程度却又很薄弱的云南，他们非常珍惜这一难得的机遇，牢牢抓住时机，要扎扎实实地做几件事，把云南当时近乎空白的地质工作建立起来。大家不约而同地就接近的专业开展了系统工作。孙云铸教授等对滇东的寒武系、泥盆系，包括古生物、地层做了细致工作。德籍犹太人米士教授以惊人的毅力多次深入滇西山区，做了这一广大地区的构造解释。他对滇东的震旦系，也做了系统地层工作。王恒升教授对广布于滇东、川南、黔西的峨眉山玄武岩做了奠基性工作。冯景兰教授等对有名的东川铜矿、个旧锡矿等矿床进行了多次调查研究，提出了指导性意见。上述只是地质系师生抗战期间在云南取得重要成果的几个实例。

这些成果的取得靠的是旺盛的事业心。请记住，在不少地区随身行李也得肩挑背驮，土匪横行也时有所闻。1944年，三名有成就的地质学家在贵州惨遭杀害。① 师生们出差野外都提高了警惕,加强了戒备。但险恶的环境丝毫不能影响大家完成任务的决心。

针对极为简陋的教学设施现状,老师们乐观地想出了各种改进办法。没有实验室便更好地有计划地加强野外工作。实际上对地学工作者来说,大自然就是宏观实验室,不打好野外基础就很难做出室内实验的设计。记得当时地学系承包了一些地区1∶50 000的地质填图任务,其中一部分就分给了四年级学生,以作毕业论文之需。这样做的结果是既完成了任务,又培养了学生。1943—1944年,我曾去昆明东南呈贡草甸一带做区域地质工作,写成了我的学士论文。

缺乏图书,没有教材,就更应当加强学术交流,活跃学术空气。当时系里举办的报告会、讨论会相当频繁。举凡省外地质学家来访,系里教师野外归来,都要报告、讨论一番。这对于在十分闭塞环境中学习的同学,可以起到拓宽知识面和启发思路的作用。名目繁多的学术报告和讨论会,是联大学术民主的一个侧面。另一个可能更重要的侧面是教师的授课内容、思路完全由授课者决定,教师可以谈自己的某些独到见解和看法。这不仅对调动教师的积极性、能动性很必要,也有助于学术交锋,百家争鸣。

穷则思变,艰苦创业和学术民主,我认为这三条即使在今天也有着现实意义。

7 在西南联大的革命活动

我到西南联大叙永分校入学不久,通过墙报《流火》认识了一些进步

---

① 指1944年4月24日中央地质调查所许德佑、陈康、马以思三人在贵州晴隆遇劫殉难的事件。

同学，有周锦荪、茅于宽，他们两个是党员；还有张信达，听说参加过党，后来脱掉了关系；还有黄宏熙。通过《流火》，我们做了一些宣传工作。皖南事变后，一部分进步同学走出学校，如徐欣堂（党员），是叙永党外围组织"群社"的领导人之一，后去了缅甸华侨中学工作。但《流火》照常出版，我们采用了更隐蔽的方式。

1941年叙永分校撤销，我们搬回昆明本校。我们还想方设法学习一些党的重要政策，组织座谈。经常参加的有李明、殷汝棠、许师潜、周锦荪、王刚、茅于宽等人，当然是在极端秘密的情形下进行的。以前的同志们也经常见面，大家互相鼓励，也进行了一些批评和自我批评。

1942年我曾参加过倒孔大会和游行，反对孔祥熙。当时联大学生，尤其是低班的，大多数都参加了。后来才知道这是国民党的三青团发动起来的，想争取群众，也可能包含国民党的内争。当时地下党组织曾想把事情扩大下去，并争取进步同学，掌握运动领导权。不过，既然是三青团在那里搅和，而学校当局又极力压制，也就没再扩大。

1943年秋，我经李明介绍，在黑林铺云南省宪兵队教了两个月英语会话，大约是李先去教，然后让给我了。当时云南省地方实力派与蒋的"中央"势力之间的矛盾很厉害，党可能想布置一部分力量在地方实力派中。当年联大学生在外兼差的很多，有个缘由，是物价高涨，很难维持生活之故。每一星期去一次，两个钟头，教最基本的会话。后来因为地方离学校太远，来回要走两个钟头，两个月后，我便辞掉了。

1944年春，我临近毕业，学校忽然通知我去军队当翻译。我不想到国民党军队做事，和李明商议，请他向在河南曾经工作过的单位要一张假证明书，证明我在第四集团军工作过（集团军司令是孙蔚如，归西北军系统）。这张假证明交给学校后，我便得到允许免除入军服役。顺便说一下，新中国成立后我的组织关系长期没有公开，因为要我参加民盟，以便在大

2004年9月,涂光炽(右1)在北京家中接待专程前来拜访的原美军"飞虎队"队员迪克先生(右3)

学里做工作。为此不愿让人知道我在抗大学习过,在填写履历表时,也就没有填到抗大学习的事,而代之以在第四集团军工作的假经历。

但就在这大学最后一学期中,我却积极参加了由马识途[1]、李储文[2]、张彦[3]等人组织的与美国"飞虎队"一些青年士兵的联谊活动,我们经常

---

[1] 马识途(1915—),原名马千禾,1945年毕业于西南联大中文系,时任联大中共地下党支部书记。曾任中国科学院西南分院党委书记、副院长,四川省人大副主任,四川省文联主席、作协主席,中国作协理事、顾问。

[2] 李储文(1918—),浙江宁波人,1941年在西南联大主持学生服务处工作。1964年任保卫世界和平委员会副主席、世界和平理事会主席团成员。1983年任香港新华分社副社长。历任上海市政协常委、全国人大代表、全国政协委员。

[3] 张彦,广东新会人,1945年毕业于西南联大历史系,曾任重庆《商务日报》记者,香港《中国文摘》编辑。历任《人民中国》杂志副总编辑,《人民日报》首任驻美国记者,外交学会、新闻工作者协会及国际友好联络会理事。

在一起，玩得很开心。他们很想了解"解放区"和延安，我们就给翻译一些文章和资料，还轮流翻译毛主席著作。中美建交后，张彦去美国前还专门来信叫我写出这段经历。前几年，白发苍苍的迪克专程来北京我家里进行了拜访。

1944年春，有一天，昆明驻军"飞虎队"（即"美军第十四航空队"）的迪克和莫里斯在书店结识了马识途；不久，又有贝尔和海曼结识了联大学生服务处的李储文。谈话中，得知有些美国兵具有进步思想，渴望了解一个真实的中国。联大党组织高度重视，随即以马、李为核心邀集联大英文较好的同学张彦、许乃炯、周锦荪、涂光炽、何功楷、吴明等十人组成了开展国际友谊工作的小组。美方先后参加者有迪克、莫里斯、贝尔、海曼、杰克·爱德尔曼、耶尔·佛曼、尤金·莱西等近十人。每两个星期相聚一次。他们迫切想了解中共抗日根据地的情况，涂、李等就为他们口头上或者书面翻译了一篇又一篇《新华日报》和《群众》杂志上的文章。他们不仅自己认真听，还以各种方式转回美国去传播或者发表，无形中成了中美人民之间的一条信息通道。毛主席《论联合政府》刚出来时，联大党支部也只有一本油印本。为了能尽快传播出去，就邀集这些美国朋友来到学生服务处，为他们组织了"接力长跑"式的全书口头翻译。涂光炽的口语最棒。翻译了一整天，大家虽然都筋疲力尽，但都为能及时地完成这样一个重要的历史任务而感到欣慰，因为从中可以看到即将诞生的新中国的蓝图。

2004年，86岁的迪克·帕斯特，带着90高龄坐着轮椅的夫人专程来华访问，前往昆明故地重游，90岁的马识途和80多岁的张彦，分别从成都和北京飞去昆明相聚，马识途亲手写了七绝诗书成条幅送给迪克。

> 迪克回到北京，专门去涂光炽家中拜访，涂先生邀了西南联大的同学到家中共同接待。
>
> （根据张彦发表在《炎黄春秋》2007年第10期上一篇《中国大学生与美国飞虎队》的文章摘编）

8 留美与留苏

1944年夏，我从西南联大地质系毕业。毕业前，在国外工作的父亲来信说，希望我毕业后到美国深造，他可以供给旅费和初期的学费。当时我心里是矛盾的。我想到美国深造，因为这是难得的机会。另一方面，并不想毕业后就去，想在国内工作一段时间，有一些经验后再去。我将我的想法告诉了当时学校地下党组织负责人马识途和李明同志，并征求他们的意见，他们支持我出国深造，但我还是想过些时候再出国。毕业后，我投考了清华大学研究院，考取了，也注了册。但这时重庆家里又来信，要我回家办出国手续。我犹豫了一阵，最后还是决定出国。

1944年九十月间，我离开昆明，回到重庆。离开昆明前，老同学们开了一次会，给我提些意见。当时的记录我还保存在身边。出席那次会的同学有一些当时还不是党员，但在以后几年中，先后都参加了党。主持会议的是李明，记录也是他。出席会议的同学还有李曦休（新中国成立后在黑龙江省委工作）、殷汝棠、周锦荪、许师潜和袁成源（后在云南工作）等。除袁外，别人和我都很熟，所以意见是较全面而深入的。综合大家对我的意见，大致是说我比较用功，有理想、自信心，生活较严肃，对人较诚恳。但还没有坚定地站住革命的立场，有些独善其身，而兼善天下的决心不够。大家希望我在国外更努力工作。

1945年10月中旬我离开重庆，年底到纽约，1946年1月入学。现讲讲我在明尼苏达大学学习的情形。我之所以选择"明大"，是因为它的地质学科是蛮有名气的，拥有一批世界权威如 Emmons、Gnont、Gruner、Schwantz。再则它在中西部，生活费较低廉。当时二次大战刚结束，研究生不多，获得资助及找临时工均较容易。入学没有考试，主要是申请，现在也如此。当时在美留学的人很多，有国民党政府公派的，有自费的。我是自费生。其实并非自己出钱，学校资助学费和部分生活费。我到学校头一年，父亲对我有所资助。可是其后的两年多，我申请了"明大"地质系的奖学金，每月大约拿到80~90美金，够吃住和零用。申请的条件是功课比较好，再无其他条件。假期中若不去野外，就在饭厅里做零工。此后便很少向家里要钱。从1946年初到1949年8月的三年半时间里，我都在"明大"学习。头一年，多读一些功课，后两年，全部时间放在论文上。我的导师是John W. Gruner，他在矿物学、地球化学方面有很深造诣。记得我只修了少数几门课程，如矿床学、实验矿物等。当时对博士生选课方面要求不高，但对论文要求严。当时以三年到四年完成直读博士生的例子不算少。我的毕业论文题目是《镁云母与镁绿泥石的热液合成》。答辩通过，得了博士学位。

1949年涂光炽在明尼苏达大学获博士学位

1949年夏，我已获得博士学位，我在明州学业完成后，本拟立即回国参加工作。因为徐鸣同志代表党组织要求我再留一段时间，一面深造，一面做留学生工作。因此，经过推荐和申请，我又到美国东部的宾夕法尼亚州立大学矿业学院，受聘为地球化学副研

究员，聘期一年。

1949年9月到1950年7月，我在宾州大学主要是做地球化学的室内试验，题目是二氧化钛的相变和二氧化矽-三氧化二铝-水系的试验。到校后，我才知道这次研究是由美国海军研究处支持的。当时在美国大学中的许多研究工作，无论是有关军事或与军事无关的，均由军部支持。学校因缺少研究经费，也欢迎军部或资本家参加。我所做的研究是纯地球化学的研究。有关二氧化钛的研究，于我回国后，在清华大学理学院地质地理气象学报（1951年）上发表了。有关二氧化矽-三氧化二铝-水系的研究，因时间短，没有得出重要结论，在我离开后就由别人继续做了。

我是1950年9月带领120多名留美学生一道回国的。之前，在宾州大学时，接到我在西南联大的老师袁复礼教授转来的清华大学和山东大学的两份聘书，要我到他们的地质系任教。回到北京，我请示了教育部，要我到清华大学地质系。聘书上写的是副教授，但学校给我解释，因没有空位置，暂时当讲师。我不在意这些，只想将我开的新课讲好，同时将党交给我的工作做好。我开了两门课，一门是地球化学，一门是矿物学。这两门都是我比较熟悉的，尤其是地球化学，据我了解，我们中国的理工大学，还从未开过这门课。而我在美国两所大学所学、所研究的，是偏重在地球化学的。我认真备课，授课得到同学们的欢迎。没过多久，学校升我为副教授。

在清华一年，我亲眼看到祖国在各方面的飞速发展，劳动人民对党的支持和拥护。到察哈尔、太行山、玉门油矿的几次地质出差，也增加了我对祖国大自然的认识和热爱。

1951年7月，当我带领学生在玉门油矿实习时，接到了指令，要我回京参加留苏考试。我是8月回京的，接着就到莫斯科大学地质系做研究生。这样，我又回到学习环境，一直到1954年底。在苏联，起先是学石油地质，后来又让我转学金属矿床地质专业。论文是在乌拉尔作的，题目是《乌拉尔南库兹涅齐辛黄铁矿床之成矿期研究》。论文答辩后获得副博士（候补博士）学位。

在苏联三年多，当时总强调，我国留苏学生基本任务是搞好学习，还强调这是千载一时的学习机会。我学习上是有信心的，有新鲜感（跟我在美国学的并不重复），也有一定的能力和方法。因此在业务、哲学和俄文上都有一定的收获，基本上完成了祖国交给我的任务。另外，我比较用功，总想方设法，去克服困难。我对自己要求有时间就应该多钻研些新学的课程，并虚心向苏联老师求教。我对社会活动也是比较负责的，特别是当我的俄文已有相当基础时，我更直接参加苏联同学的活动，和他们打成一片，学业上也达到一定程度的互助。与苏联同学一起过集体生活，更使我深刻认识到俄罗斯人的热情、坦率、富有原则性和斗争性。他们对中国同学很友善。我和一些苏联研究生交上了朋友，学术上互相切磋，感情上和他们融和。我在俄罗斯当"外国人"的感觉渐渐消失。在苏联三年多，我不仅学业有相当收获，也收获了友谊。我通了英语，然后又通了俄语，这对一个人的视野开拓，学术长进，的确是大有益处。我常对我年轻的学生们说，你们读地学书，最好读原著。

涂光炽在莫斯科大学

9 留美学生组织的活动

现在谈谈我在美国做的一些工作。到美国后,我虽跟中国大陆的同志、朋友失去了联络(通信很少),但我感到有义务在中国留学生和美国人民之间做一些工作,使他们不致完全受美国宣传的影响,使他们可以知道一些中国的真实情况和共产党的政策;还想团结一些同学开展工作。1946—1947年,我们还多半用交谈的形式慢慢交换一些意见,没有什么组织。当时所有留美学生组织(如各地的中国学生会等)多半是一些纯社交性的,有的则操控于反动学生手里。为了顺利地开展工作,我们逐渐打入一些组织,并获得了它们的领导权。或者为了必要,成立了新组织。这些组织之间和我有关的有这么几个。

第一个是北美中国基督教学生会(英文是CSCA),已经有三四十年的历史。它是华侨和留美同学的宗教和社交的团体,在许多城市有分会。重要的活动是每年一度的夏令会和冬令会,领导机构由选举产生。长期以来,它是留学生间唯一的全美性的组织。1947年我第一次参加了CSCA中西部分会举行的夏令会。在那次会上已有一些小的斗争。因为会议领导人是思想落后,想"不谈政治,只谈宗教"的人。通过这次会,我还认识了一些进步同学,建立了以后工作的联系,比如其中的陈一鸣,后来在上海宗教事务局工作;陈秀霞和陈秀英,后来在外交部工作。另外,我和以前联大的同学茅于宽(在芝加哥)也取得了联系。

1948年第二次参加夏令会,这一次,它的性质有一些改变,主要是大家对国内形势都很关心,进步同学参加夏令会的人多了。在最后一天的选举会上，我被选为中西部的主席。新选出的领导机构里有一些党员，如顾以健，回国后在科学院大连石油所工作，80年代曾当过中国科学院的副秘书长。还有唐孝宣以及一些和我们接近的同学。在这次会上，从座谈会中可以看出新旧的斗争已比一年前尖锐多了。

1949年春秋两季，我们举行了两回较大的夏令会，那时的宗教气氛已减到很低。我们以读家信、座谈、作报告、谈话等一系列方式，阐明党的政策，动员同学回国为新中国服务。这些工作都收到一定成绩。当然缺点还是有的。另外，在学校里，我们也领导了基督教学生会的分会，通过社交活动团结了一部分较进步的和中间的学生。

CSCA的工作，我担任了一年（1948—1949）。1949年的夏令会改选后，由另一个同学担任。为了配合CSCA工作，隐蔽自己和给美国人民做一点工作，我这一两年中，有时到教会作关于中国情形的报告。形式是多种多样的，但内容则是宣传新中国，讲美国政府支持国民党不应当。也出席过个别的宗教青年会议，如1949年春在美国中部举行的宗教青年会议，我和李肇基代表CSCA参加。李是进步群众，据说曾参加过党，后来失掉了关系。1955年4月，他在参加亚非会议飞行途中，遭遇国民党特务放的定时炸弹而殉职，就是"克什米尔公主号事件"。

我参加的第二个组织。大约1947年春，当时在明州大学附近一所学校里工作的浦山（党员），介绍我参加了冯玉祥在美国搞的一个反蒋的民主组织，那时也是不公开的。在明州，除了我和浦，还有罗元铮（后在科学院经济研究所工作）、赵同芳（科学院生理生化所）、路国华（未回国），我们大约只开了三四次会议，交换了一些关于反对内战、主张民主一类的意见。当年夏天，罗、浦相继离开，这个组织也就结束了。

还有第三个是明社，"明"是指明尼苏达。这是我和葛春霖（党员，后在轻工业部工作）发起组织的一个"明大"进步同学的不公开组织，它的目的是在学生运动中起核心作用，由它来把进步学生组织起来，领导CSCA、科协、时事座谈会等公开团体。另外，还有一个重要目的是组织学习，学习党的政策和理论，并适当开展批评和自我批评。明社大约在1948年初组成。到1949年秋，我离开明州之前，参加的同学有李道揆（后在全国总工会工作）、王曾壮（曾在驻外使馆工作）、涂光涵（党员，我的弟弟，林业部）、周世勋（复旦大学）、汤季芳（兰州大学）、吴兆苏（南京农学院）、张慎余（冶金部钢铁局）、何诚志（第二机械工业部）、兰天（二机部）等。明社在推动明州和美国中西部的留学生工作中，是起了一定作用的。1950年明社社员相继离美回国，它无形中便解散了。归国后，王曾壮、汤季芳、周世勋等都相继入了党。

第四个组织是时事座谈会。这是明州大学同学间半公开的组织，大约有二三十人。有进步的，也有中间的。目的在于交换对时局的意见，宣传党的政策。它大约是1948年成立的，活动了一两年，主要由明社的人起推动作用。

再就是留美中国科学工作者协会，简称"留美科协"。大约在1949年春发起，夏天正式在匹兹堡成立。发起人有葛春霖、葛庭燧（后在科学院沈阳金属研究所）、丁儆（党员，后在华北工业学院）、侯祥麟（党员，石油工业部）和我等人。成立后，我担任这一年的组织工作。留美科协是全美性的组织，它团结了较进步的留美自然科学工作者，和国内外科协有联系。当时和我们联系的，主要有曹日昌、涂长望和袁翰青等人。

还有一个明州大学中国学生会，这是纯社交性的一种组织，所有的明州大学生，都是当然会员。领导机构一年一选。通常的活动是送旧迎新，每年聚几次。1948年秋，改选时，我们取得了领导权（我被选为主席）。利用中国学生会的合法地位，我们曾和反动学生展开了面对面的斗争。如

1949年上海解放后，国民党政权利用美机轰炸上海，我们发动了向美国人民和政府呼吁的运动，要求美国政府停止武装国民党。在学生会的大会上，我们和反动学生，展开了对这一问题的激烈论争。

我在明州学业完成后，本拟立即回国参加工作，因为徐鸣同志代表党组织希望我再留些时间，还做些动员

1950年留美中国科学工作者协会芝加哥年会各区会代表合影。前排右1至右6：金荫昌，刘静宜，彭兆元，冯平贯，邓稼先，梅祖彦，左1朱淇昌，左2李恒德；后排：涂光炽（右2），丁儆（右3），左1至左3为黄葆同、兰天、肖森山

留学生回国的工作。这样，我就申请了宾州大学的工作，受聘为地球化学副研究员，9月到职，聘期一年。

除了搞研究，那一年我担任了留美科协的组织工作，目的在于团结自然科学工作者，发动他们回国参加建设。大约每月到纽约跑一趟，一方面开科协的会，一方面和陈一鸣同志联系（徐鸣回国后，我同陈一鸣单独联系），听取他对工作的指示。

另外，在宾州大学的中国同学中也开展了一些工作。和一些较进步的，对祖国向往的同学经常座谈或漫谈时局，谈论政协《共同纲领》等。这些同学中有彭兆元（后在北京工业学院工作）、梁植权（协和医院）、杜连耀（北京大学）。我们四个人大约每两周聚会一次，有时也约别人参加。我们四个人也多少推动了学校里的留美科协工作。

10 在美国加入中国共产党

前面谈了我在美国的一些活动情况，现在说一说我那个时期的思想和入党问题。

我觉得共产党坚决抗日，并且有许多出众的领导人才，我愿意在他们领导下，做好我该做的抗日工作。但我的思想水平，大致上只停留在这儿了。对共产主义社会虽有一些认识，也感到将来中国必定要走这条路，但要求并不是迫切的。这当然是受自己阶级出身的限制。同时，我当时还有个人打算，希望抗战胜利（对这，我真是有十足的信心）后，继续搞科学事业，我觉得这才是我应当做的。至于将来的社会主义革命，我会是同情的，支持的，但不想参加这种活动，因为它和我的科学业务将会有矛盾。我只希望做革命的同路人，做革命工作，但不参加组织。正是这种思想作祟，使得我在抗大学习时，虽然两次发展我入党，我都拒绝了。当时我还有这样一些想法：一、或许以后有入党的要求，以后再争取。在党外提高自己也是可能的。二、在党外，工作可以不受拘束，说不定比在党内工作更有效率些。当时对党的组织性和纪律性认识很差。觉得入党后，可能活动受拘束，没有现在这样自由。三、同来的同志间有较严重的技术观点，大家互相影响，有的就不愿入党。不过，在以后的十几年中，这些人的绝大部分，都先后参加了中国共产党。

当时我没有革命到底的人生观，只想把日本人赶出去就可以。社会主义是好事情，但可以由别人继续做，打完仗我要继续上学，将来做科学家。这种观点不是无产阶级的，但当时不觉得我自私。要自私，就不出来抗战了，我还真的这样想过这个问题。

离开延安回到后方工作，我思想基本情况跟在抗大差不多，但我的见闻可不一样了。这期间，我目睹国民党统治实行极端反动的措施，蒲城的白色恐怖是相当厉害的，大约是因为它离边区太近的缘故。我们县的另一个中学有教员被暗杀了，学校中也逮捕了几十个学生，都送到集中营去了。国民党这样做，反倒使我更加认为只有共产党是中国唯一的希望，只有跟着党走，中国才有希望富强起来。但这并不是说我有入党要求。白色恐怖并没有吓退我，我一直很镇静。有时还觉得在党外工作也可以，不必东逃西躲，更方便些。没能把共产主义事业和自己的事业结合起来，总觉得这当中有一些矛盾，不易解决。当李明动员发展我时，我又想法推托掉了。我怕入党会毁掉我科学工作的梦想。同时我下决心，一定要好好做党交给的工作，做个好同路人。

在没有到美国前，对美国的社会性质和生活方式，我已有了一定程度的了解。在那里生活了一个时期后，就认为"科学界"和多数"科学家"是在不知不觉间为着财政托拉斯工作的，为准备反动战争出力。而在我所接触到的大大小小科学工作者当中，没有一个愿意管"政治"。他们满足于四年一度投总统选举的票，满足于把政治交给自己选出的人。难道我也要像许多美国科学家那样把自己的命运交给反动统治者那里，而自己却沾沾自喜于试验室的小天地吗？这是我当时的想法。

经过了多年的反思、求索，大洋两边的实践，我体会到，我学到的业务、技术、科学，假若不跟中华民族的复兴相结合，不跟中国人民的最高利益相结合，将是毫无意义的。我认为在中国革命取得决定性胜利后，党领导我们还有许多艰难的路程要走，其中很重要的是，将满目疮痍、贫弱的旧中国建设成国强民富的新中国。就这样，我产生了入党的要求。

1948年秋天，薛宝鼎同志（后在国家建委工作）从纽约路过明州返国时，和我长谈了两天。在谈话中我知道了他的身份，我正好借此机会向他提出了入党申请。1949年4月，徐鸣同志（后在驻瑞典大使馆工作）自纽约到明州，告诉我党在考虑我的申请，并要我写篇简短的自传。当年8月，我从明州到纽约交上自传，并由徐鸣和浦寿昌（后曾在国务院工作）介绍，参加了中国共产党。

11 归国船上被选为同学会主席

1949年全国大陆基本解放后，美国又开始了系统地阻止同学回国。1950年6月朝鲜战争爆发后，学校和美政府当局对进步中国学生也逐渐加以注意和监视。因此党决定要我早日回国。我于6月中辞退工作（聘期到8月底），等了将近两个月，8月乘船归国，9月回到北京。同船回国的同学有120多人，是历来最多的一次。同行的熟朋友有唐孝宣、彭兆元。还有张炳熹（党员）和池际尚（民盟），后两人回国后都在北京地质学院工作。船上组织了同学会，并推选我做主席。我们在船上条件许可的情形下，组织了学习，开展了文娱活动。

1950年9月21日，香港报纸头条刊出了我们回国的消息，大意是说：归国留美学生一百余人由领队涂光

1950年9月涂光炽（左1）在归国途中的轮船上。右1为叶笃正

全体归国留美学生在船上合影（倒数第二排左5为涂光炽）

炽率领，于9月20日下午登上新中国土地，受到热烈欢迎。当时安装在罗湖桥头的扩音器反复播放欢迎留美学生的口号和歌曲。车站门口挂着大标语："欢迎留美同学返国服务！"在车站广场举行了欢迎会。广东省文教厅的代表致欢迎词，我作为留学生代表致答词。我说：回到祖国是非常兴奋的，祖国的欢迎，我们衷心感激！回到新中国，在共产党、毛主席领导下，我们一定要用满腔的热血和智慧，把新中国建设得繁荣富强！

香港《大公报》、《文汇报》都分别用大量篇幅，报道了1950年9月20日由涂光炽带领回国留美学生抵达香港的情况。《大公报》刊登了回国留美学生致该报的信和《告全国同胞书》，还刊载了回国留美学生名单（见本书附录）。1981年，涂光炽专为留美学生回国一事写过一篇文章：《听从党的召唤》（1981年6月26日，载《贵州日报》第2版）。

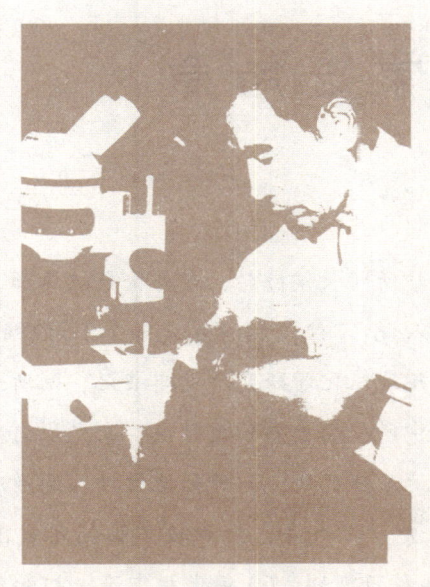

急国家之所急

第3章
急国家之所急

中国科学院地质所所长侯德封，在与涂光炽参加工作时的一次长谈后，深有感触地对人说："他（指涂）是一个干大事的人！"

首任中国科学院地球化学研究所党委书记、副所长杨敬仁，谈涂光炽在中国地学发展中所起的重要作用时说：涂光炽自苏联深造回国，被分配在中国科学院地质研究所，一开始他便投入到最艰苦的祁连山区地质综合考察工作中去。1956年，他积极参加制定我国第一个科技发展远景规划，即12年科研规划。60年代初期涂光炽和侯德封所长，叶连俊、李璞等研究员积极承担在全国寻找铀矿的地质考察工作，为发展我国原子能科学贡献力量。另外他们还积极投入到在全国寻找稀有元素的地质考察工作中去。

涂光炽不仅是国内外知名的地质科学家，还是杰出的科技组织者和管理专家。他孜孜不倦，呕心沥血，不辞劳苦，辛勤工作。地质所起初人员少，学科涉及面很窄，仪器设备陈旧。但自1956年党中央提出了"向科学进军"后，发展甚快。通过派大批人员去苏联留学、到大学进修等，培养科技人才，原来没有的学科填补建立起来（如同位素地质室、稀有元素研究室、矿物物理研究室等)。这个研究所从小到大，由弱到强，成为学科齐全，科技力量雄厚，仪器设备基本齐全的大研究所。这就为中国科学院地质研究所分成几个所奠定了基础。1956年分出30个科技骨干到兰州建立了中国科学院兰州地质研究所。1958年还抽调杨敬仁到中国科技大学建立了地球化学系，涂光炽兼任这个系的副主任，讲授地球化学课。中国科学院地质研究所"文革"前17年在组织建设和科研上所取得的成就，都是与涂光炽分不开的。那时，他已是地质研究所副所长，党领导小组成员。回想1955年时，他是地质研究所唯一的党员科学家，是当时公认的又红又专的地学专家，不仅地质研究所领导和群众，中国科学院、地质部领导也很重视，凡是有重要活动都请他出面。

(摘编自杨敬仁祝贺涂光炽院士从事地学工作60周年所写的文稿)

我是1955年5月到中国科学院地质所工作的。我与老地质学家、所长侯德封，有一次深谈。那时我国大规模经济建设已经开始了。我们谈起这事，总觉得地质工作应该走在前面，方能给经济建设提供不竭的动力和支援。所以我说，我们有许多事要做，而最先需要做的应该是对一些重要的山系，做一些综合考察，这是非常紧要的地质基础工作，这要集中相当多的地学工作者，费些时日，认真去做，方能完成并做出成果。比如西北跨甘、青两省的祁连山脉，它是巨大中亚高原的一个组成部分。它所处的地理位置和复杂的地质构造条件，迫切要求对它进行系统全面的综合研究。目的是初步查明它这个地槽褶皱带的地质构造、地质发育史和矿产分布规律，以利往后寻找更多的矿物原料和能源，为祖国经济建设服务。

新中国成立前，虽说有一些外国人早在19世纪末即插足祁连山，如俄罗斯地质地理学家普尔热瓦尔斯基、奥布鲁契夫、波丹宁、柯兹洛夫,德国旅行家洪堡德、斯坦因等人。他们的书,我读过,可是我越读越发现疑点和许多空白点、未知数。毕竟那些人带有旅游或冒险色彩,他们对祁连山的考察是有限的、片断的,其判断很可能还有错误。总之,我对侯先生说:这类大山须综合考察,义不容辞,该由我这样年纪(我这年35岁)和更年轻的人去做。我想国家会为我们提供多方面的前人所不及的条件,我们自己要愈快愈早地组织、准备才好。我愿意参与其间。它的好处,我以为还可以锻炼培养刚出学校门的青年人,扩大有素质、能做事的地学新生力量队伍,所以我觉得这是一件有战略意义的事。我所分来了好些刚从学校毕业的年轻人,不要让他们长期关在研究所或实验室里,要他们走出京城,先去野外工作中学习、磨炼,这对将来长期从事地质工作的他们,是至关重要的。

我们谈得很融洽,很知心。侯先生是个非常好的长者、领导者。在这之后,1956年中国科学院组织了科学院地质研究所牵头的祁连山地质综合考察队,我的同事李璞、陈庆宣和我担任领队,负责组织实施。赋予我们的任务是,在三四年内通过对地层、岩石、构造、矿床等方面的调查研究,初步阐明祁连山区域地质特点、地质发育史和矿产分布规律,结合路线地质和专题研究,写出祁连山地质志。为完成这个任务,需要动员各方面的力量,为此我做了些组织协调工作。数年间,先后集中了7个单位近百名科研人员,进行野外与室内工作。三年间全队共进行15条路线的地质考察,填制了路线地质图,开展21个专题研究,出版专著10本和论文22篇。这样高速度、有质量的总结和出版,在当时国内外还比较少见。它既改变了祁连山地区地质空白状态,又提高了理论水平,而最重要的是,锻炼培育了我们的地质工作队伍。

我跟铀矿界的朋友有广泛联系，至今我还是铀矿地质学会的顾问呢！我曾说过四句顺口溜："生性活泼，易聚易散，深源浅成，后来居上。"这是我写的华东某铀矿的地球化学性质，是1963年矿方要我写的，后来我和这个矿区一直有联系。据他们讲，矿区这些年的发展跟我的找矿思想分不开。我国铀矿的成矿远景良好，铀矿类型多，赋存铀的地质条件好。我国古老变质岩和中、新生代火山岩很发育，火山岩型铀矿很有远景。花岗岩型铀矿常在大范围内与花岗岩型钨、锡、铌、钽矿共生，我国南方花岗岩多，钨、锡、铌、钽矿发育，也有一定远景。另外，碳酸盐岩—硅质岩—泥岩的类型在我国也有远景。

找矿要实践，要方法对头，合乎中国地质实况，不能生搬硬套外国的一套去找我国土地上的铀矿。在铀矿地质的考察、研究中，基于对我国地质背景及演化的分析，我及时提出某些在国外十分重要的矿床类型在我国被发现的可能性十分局限的意见，如我在南非、加拿大考察时看到的占世界铀储量及产量很大份额的古砾岩型铀矿类型在我国的具体地质环境中是难于形成的，因而不宜在我国提出寻找这一重要铀矿类型的要求。我的这一认识已被我们的找矿实践所验证，并被我国广大铀矿工作者所接受。

对于地球化学和矿物学来说，实验室是一个重要的阵地，没有实验室就可能一事无成。我们应该在有机地球化学、岩矿分析测试、同位素测试和实验地球化学等方面都成为一流实验室。如果实验地球化学得不到及时的、较快的发展，将不可避免地影响矿物学、矿床学及其他地球化学分支学科的发展，甚至，对整个地球科学也要拖后腿。

1　带队考察祁连山

赵大升①：我 1956 年毕业于北京地质学院金属矿床系。毕业时同学们都有准备，要服从国家需要、组织分配，到最艰苦最边远的地方去，为祖国寻找矿藏。我也是这样准备的。我没料到的是把我分到北京中国科学院地质研究所，而我的上司——确切地说更是导师，是留美、留苏归来的地质所副研究员兼岩石、矿床研究室主任，我很钦佩的涂光炽先生。我为什么佩服他呢？因为我在地质学院听他讲过勘探课和找矿课，他教给我们鲜活丰富的知识、与众不同的严密辩证思维，听他的课是一种提升，一种精神享受。而今，天天看见他，自然很好。凡是上班或开会，他总是衣冠整洁，打领带，穿一身合体西服，皮鞋光亮，显得精神抖擞、容光焕发，更有一种高贵的学者风度。但我也感觉他是不是有点严肃，甚至威严？他专注于工作时，似不太爱同他人打招呼。因之，我平日未敢就近向他求教。接到通知让我参加祁连山综合考察，我真是喜出望外。后来我才知道，让我们刚从学校毕业、实践经验少的人，加入野外考察行列，在干中学习，增长见识、才智和野外地学业务能力，这正是光炽先生一番苦心，也是他的正确决策。而我心里却在嘀咕：像他这样一位大教授，参加野外考察，尤其听说祁连山气候高寒，生活艰苦，有些地方人烟不见，还有野兽出没……这样艰苦的环境，涂先生能适应吗？

可是出发之后，从旅途直到目的地，带领我们大队人马进山的涂先生完全变样了，与在地质所工作的他，完全是两个样子，穿着跟我们一样的

---

① 赵大升，中国科学院地质与地球物理研究所研究员。

普通工作服，足蹬翻毛皮鞋；谈笑风生，无拘无束；爬山，走路，住帐篷，和我们一样，没有一点点"特殊"；与我们打成一片，一点架子没有。有时还带头引吭高歌，活跃我们的队伍，大家不禁跟着他一起唱歌。他的老同学、老友李璞对我们年轻人说："你们还不大了解涂先生，他与地学有缘，一到自然山野，他就精神百倍。做野外地质工作带来的风险、困难，艰苦的生活环境，对他完全不在话下。我听他讲过，他在俄罗斯乌拉尔山区好长时间做他的毕业论文，天天爬山。那时二战后的苏联并不富裕，他在山区吃的常是黑面包，喝的是凉水，住帐篷飞蚊叮咬……他都战胜了。他的毕业论文答辩通过后，导师们个个称赞他，讲他论文做得好。还要告诉你们，在南开中学，他是个很沉静钻研功课的人，他的专注、用心，谁也比不上。可是课余时间，他是个活泼的人，爱好唱歌，还当过学校里乐队指挥呢！你们能想到吗？"

第一次进山，我们是分几条路线走的。涂先生带着苏联专家，沿中部偏西一条路线走，在祁连主峰之东，那里更艰苦，山峰多是白头，高 5 000~6 000 米。我在的那个队，是从青海省北部的天峻县附近进入祁连山南部。那时我们的生活供应运输主要是靠地方政府为我们雇请的老乡的骆驼队，只有少量马匹。骑马较少，一般走路多。我们走过的地方，附近有个煤矿，修了一条简易公路，但坑坑洼洼，极难走。每个队都雇请了当地的向导，还有翻译（因是在少数民族地区，此地有藏族、哈萨克族，还有蒙古族、土族、裕固族等，有个语言沟通问题）。在没有路的地方，只能大致上朝着某个方向走，有向导带路一般还不至于迷路。但走这没有路的路，有时要趟水过河，那高山上流下来的水冰凉彻骨，人可以经受；而骆驼腿在水中打滑，卡在鹅卵石中拔不出来，那就费时、费事了，它是负重的，只好卸下它沉重的负担再拔，有时骆驼也会受伤。每个队有做饭的大师傅，伙食还算可以，有大米、白面，蔬菜较少，都是事先准备好，运进来的，有时还能买到老乡的羊，吃得就"改善"了。因为每天要走很远的路，帐篷是一天一换。对了，有些人迹难至的地方，狼较多，有野牛、黑熊等大型野生动物出没，还有野驴、黄羊、大头羊、狐狸等。野牛和熊，是不敢随便招惹的。野牛我们没碰到，熊却遇到了几回，都是有一定距离，它在树林中，看着我们，我们避开它，各走各的路，就没事了。熊一般不惹人，特别在人多时，但千万不能开枪打它，把它惹火了就麻烦。有时狼在晚间，就近围着我们帐篷转，还发出令人发憷的嚎叫。对付狼有办法，就是点燃火，将灯火放亮，它怕火，就跑了。另外人居住的地方，画些白圈也可以防狼。是的，为了工作安全，我们每个队都配有带枪的保卫人员。因为那时解放才几年，公安部门告知我们，深山老林，有的地方，还藏有残匪，他们也有枪，人数虽不多，有时还出来抢劫行人、商旅，所以要提高警惕。就是这第一次进山考察，涂先生和苏联专家他们走的那一路，还险些遭遇土匪。土匪已打听出来，有科学考察队进山，这天晚上，将住在某个山谷的某某地方，土匪跃跃欲试。但恰好这天夜晚，涂先生他们的科考队行程推迟了，没有到达土匪要去的某某地方，有惊无险。据说，后来土匪打听到进山的科考队比他们有更多的枪支，人也多，他们就远远逃逸了。

  这次出发前，我们的领队涂先生，还有李璞和他的夫人（地质所的池际尚先生）、陈庆宣这些有经验的前辈，他们是做了充分准备的。他们把资料的搜集放在第一位，同时认真仔细查看、辨析、思考，弄清楚了前人留下的有关祁连山的资料。因此进入现场，他们心中有数，有预见性；出现了问题，也知道该怎么着手。这跟我们这些新参加工作的人不一样。他们为我们做出了榜样。尽管他们知识面非常广，实际资料的搜集却不放过任何可能性，必须看清楚。对得来的第一手材料，很看重。涂先生虽不是学古生物的，但对采集的化石，仍然认真进行研究，看完了，他还动手修整化石，给我印象很深。这次考察，我虽不在涂先生一个队，但涂先生工作严细、治学严谨的范例，却在同去的我的同辈中广为流传。在野外探查中，任何地质上的"小"问题，他都不会放过。比如一个断层，一个矿化点，必须自己亲自去看，亲自量产状，记在笔记本上，做素描图。对所有能够记录的，不仅记录，有的还用相机拍照。有的人看见涂先生笔记本上的素描、文字记录，相当详细，书写工整。涂先生关心他的同行后辈，常和蔼亲切地询问：你对岩体做了些什么工作？他对地质现象是非常认真的，他一再告诫，你们要搞清楚！他对初次采集标本的年轻人，要求也是严格的，到了宿营地要他们逐一检查采集的标本是否新鲜面；是否有用，无用的即时扔掉；没有采集到的，第二天去补。这些处处见出涂先生从事科学工作的思路：严谨、细致、周到，让年轻人在工作一开始，就培养一丝不苟的优良作风。

1958 年第三次去祁连山，在野外，我是在涂先生指导下工作。他先介绍 1957 年第二次去祁连山（第二次我没有去），他做的一些点的工作。1958 年这次来，他要我们做些补点的工作。他要我跟王秀芳到天祝县去做花岗岩地质补点。比之他 1957 年去的祁连山中偏西北段地势高峻、人烟稀少的肃南县，天祝这边人较多，两旁的浅山多为藏族牧人的草场，牧放牛羊。我们跑了两天，深入山中看点，对一些地质现象，仔细观察、记录，非常认真，生怕漏看。他来视察、验收，仍一再告诫我们要好好搜集材料，要仔细。他还对我们讲：1956 年至 1958 年，我们的多路考察队伍，为什么到中西部最接近祁连顶峰处深入考察，又从南到北，从东到西，整个穿越祁连山，我们的目的是什么？不是为了猎奇，跟以前来过的外国人完全不一样。有个外国人史迪文也深入顶峰附近，当时目的是为猎奇，也想窥探我们的地下资源，但未必掌握。还有些外国人，个别做过南或北某一段，不是，也不可能整个穿越，留下一些零星资料，可供参考。但不要学有的人只凭片断资料，便得出看法。我们的综合考察，是在一个重要的地质构造复杂地区，掌握第一手基础地质资料，为将来国家的建设需要服务。我们对很有希望成矿的空白处女地了解研究，虽处于初期，但意义很大。例如军阀马步芳时期，在他开发黄金矿之前，这个地区怎么回事是不清楚的，现在比较清楚。了解空白地区地质构造、矿产分布，这对我们往后在祁连山地区找矿，是个好开端。

这次与涂先生同行，他和地方同志打交道的好作风，也给我留下很深印象。他曾去当地的地质队和矿山了解情况，对地质队员、矿山技术人员，非常尊重，认真听他们讲，自己抱着学习态度，没有任何架子。当他们知道他是留学归国的教授，吃惊之余，更加敬服。

那时正逢全民大炼钢铁，我们一面补点，有时也应邀检查他们找的矿是不是能炼钢的材料，发现不是。涂先生对我们讲：你们不要当面说，给群众泼冷水；我回到县里可以跟他们领导去讲。据我所知，涂先生对地方领导是非常尊重的。我们有好些事，需要向他们报告，取得他们支持、帮忙，事情才好办。因此在各种不同的不熟悉的野外环境工作，跟当地的领导有很好的人际关系，是非常重要的。据说，这是涂先生野外工作一贯的好作风。

李锡林[①]：1956—1958年，涂光炽教授在祁连山考察期间，对西北地区干旱气候条件下形成的硫化物矿床氧化带很感兴趣，竭力主张开展深入

---

① 李锡林，中国科学院广州地球化学研究所研究员。

研究，认为这是一个既有学术意义又具实用价值的研究课题。他安排了课题组成员，并亲自考察了锡铁山、照壁山、花牛山、白银厂等几个具有代表性的硫化物矿床氧化带。

他认为我国西北干旱和极端条件下形成和发育的硫化物矿床氧化带具独特之处，世界上只有智利北部等少数地区可以与之相比。智利北部是世界上著名铜矿产地，那里是极端干旱地区，多年无雨。那里的硫化物矿床氧化带十分发育，多种多样的硫酸盐矿物大量产出，矿物学上许多硫酸盐矿物的研究材料源出于此地。我国西北地区硫化物矿床氧化带当时尚无人研究。涂先生认为，这一专题内容丰富，大有开展研究之必要。

涂先生在亲自研究西北硫化物矿床氧化带的基础上，整理了他的详细野外记录，与李锡林合作，发表了具有代表性的论文《干旱和极端干旱气候条件下硫化物矿床氧化带发育特征》（以西北五个矿床为例说明），全面总结了干旱地区硫化物矿床氧化带的垂直分带、矿物成分、元素运移和固定、形成条件、发育特征，并和我国南方潮湿地区硫化物矿床氧化带进行了对比。到目前为止，这篇文章仍然是研究干旱地区硫化物矿床氧化带内容最丰富的高水平论文。

解广轰[①]：在对祁连山地区的综合地质研究中，涂光炽教授借鉴苏联专家西尼村意见，将祁连山区划分为七个构造—岩相带。这种划分对在复杂的地槽区进行地质工作具有重要意义。因为它将许多地质作用高度概括到简明的概念中，阐明了地壳的某一部分在地层和沉积物的发育、构造类型、岩浆活动、变质程度和成矿作用。在他主编的《祁连山地质志》第二卷第一分册中，他亲自撰写的《祁连山构造—岩相带》是一篇提纲挈领之

---

① 解广轰，中国科学院广州地球化学研究所研究员。

作。这些见解和资料,至今仍发挥着重要作用。

涂光炽和李璞、陈庆宣教授领导的祁连山考察队在地层工作中突出而有开创性的贡献是:首先对地质界沿用多年而含义不确切的"南山系"进行了详细的划分,建立了标准剖面,指出"南山系"应包括寒武系、奥陶系和志留系,从而结束了地层系统上的某些混乱现象。其次,发现并肯定北祁连山加里东褶皱带和南祁连山加里东褶皱带的存在,并指出前者具"优地槽"性质,而后者相当于"冒地槽"。同时肯定了柴达木北缘古老基底上的下古生界为陆台盖沉积,与华北同期沉积很相似。第三,在南祁连山发现了鲜为人知的上古生界和三叠系,最早指出南祁连山海西—印支拗陷带的存在。

在大量第一手资料的基础上,涂光炽教授对祁连山作了精辟的概括。最早阐明南、北祁连山既有对称性又有差异性。对称性表现为中祁连山前寒武纪褶皱带两侧有南、北加里东褶皱带。而加里东褶皱带的外侧又是前寒武纪褶皱带。差异性表现为在南祁连山,石炭—二叠—三叠纪时有广泛的海浸,在前寒武系和下古生代基底上形成了既独立又相互联系的两个构造岩相带,即南祁连山古生代—三叠纪拗陷带和南祁连山印支褶皱带。指出前者为陆台盖层沉积,后者为冒地槽型沉积。另外还阐明东、西祁连山也有着若干重要差异。

此外,涂光炽教授还对祁连山地区若干代表性矿床作过深入研究。他特别提出了"干旱地区硫化物矿床氧化带发育特征及分带"意见,同时对造山带海相火山岩中块状硫化物矿床的组成、分类、发育、演化等问题阐述了自己的见解。这些意见和见解对当时刚兴起的块状硫化物矿床的找矿、评价及研究工作具有一定的指导意义,获中国科学院重大科学技术成果奖。

涂先生在注重基础研究的同时，还很重视找矿工作。那年在互助—宁搀沟的路线调查中，快完成任务时，一位藏民牧童带了两块镜铁矿矿石来报矿。本来可以"打道回府"了，他却坚持要去观察露头。于是一行人又带上干粮与帐篷，翻山越岭前往。当翻越宁搀大坂时，十月间的祁连山，大雪纷飞，银装素裹。因天色已晚，只好在雪地上架起帐篷，度过寒冷的一夜，第二天继续前进。

总之，涂光炽教授开拓的祁连山地区地质综合考察，是我国研究地槽区的先声，至今在国内仍处领先地位。他所阐述的地质理论和找矿思想，在西北地区起了奠基和先导作用。在地广人稀、设备简陋、自然条件极差，又是地质空白的高寒山区进行长期的野外考察，充分地反映了涂光炽教授在学术上的开拓、探索和创新精神。

2 为自主发展原子能找铀矿

李朝阳[①]：1955年，我国开始了铀矿地质工作，当时技术指导主要由苏联专家负责。1959年，苏联单方面撕毁合同，把所有专家都撤走。我国决定自力更生，以中国专家来代替苏联专家，并把这一任务交给了中国科学院。地质研究所承担了这一任务，由侯德封、涂光炽、叶连俊和李璞四位教授组织地质所的铀矿研究队伍，并由他们亲自率领奔赴东北、华北、华南、华东和西北等地，进行指导和研究工作。从这时开始，近三十年来，涂光炽教授几乎跑遍了全国大多数铀矿床，考察和研究了花岗岩

---

① 李朝阳，中国科学院地球化学研究所研究员。曾任所科技处处长、矿床地球化学开放研究实验室主任。

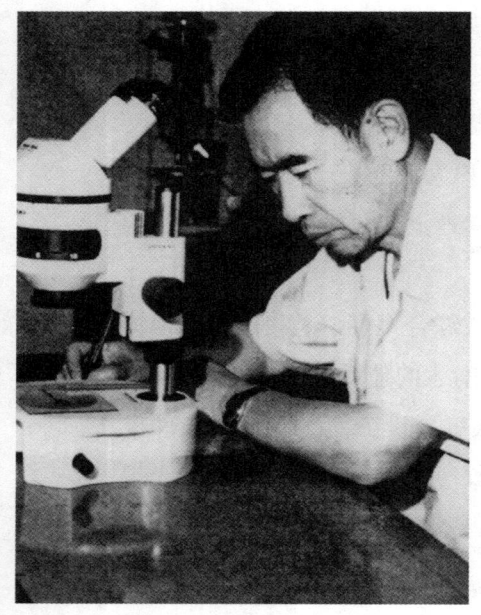

"文革"初期涂光炽在双目镜下观看铀矿标本

型、碳酸盐岩型（即碳硅泥岩型）、火山岩型、砂岩型和古老的混合岩型铀矿。他虽说任职和兼职甚多，还是想方设法挤时间去铀矿现场。1977年在桂林开会，有一天自由支配的时间，他就抓紧到100多公里外的全州铀矿去考察。为了利用有限时间多看地质现象，涂先生常对同行的人说："我们晚上看资料，星期天赶路，这样就不会耽误时间。"他是这样说，也是这样做的。1964年他到贵州504铀矿考察，当时他胃溃疡比较厉害，加之淫雨霏霏，矿区内到处是稀泥，矿体的硅化露头滑溜难行，但涂先生毫不在意，坚持在露头上爬上爬下，仔细观察，精心研究；1965年12月他在考察陕西丹凤、山阳地区铀矿时，由于交通不便，很多地方全靠步行，为了看到更多的地质现象，有时晚上10点多钟他还摸黑在野外奔走；1980年2月初，正值数九寒天，从湖南雪峰山到贵州铜仁，已是白雪皑皑，公路凌冻溜滑，但涂先生不顾危险，坚持该区的野外工作。这样的例子还有很多。总之，涂光炽教授把国家的重任，牢牢放在心上，克服了身体病痛、时间紧和气候恶劣等困难，亲临铀矿现场进行考察和研究工作。

我国主要铀矿类型明显不同于国外。涂光炽教授认真分析了我国地质特点和现有铀矿类型，总结我国铀矿的成矿规律。湖南郴县铀矿，原来苏联专家一直认为矿化围岩是硅化作用形成的，后来在叶连俊、涂光炽两位教授的指导下，经过张焘、郑楚生等的研究，发现该矿床产于下二叠系当冲组，受层位控制明显，"硅化"实际是沉积的。主要由石英和微晶石英组成硅岩。铀成矿与层位有关，应属于沉积改造矿床。南秦岭铀矿产于志留系中、下统的硅岩和灰岩中，附近没有花岗岩体，成矿物质到底来自何方？在当时确是一个问题。涂光炽教授与他领导的研究人员，通过多次实地考察和大量室内工作，他首次提出该矿床为沉积再造矿床（后改为沉积改造矿床），其成矿物质是"就地取材"，通过改造作用而富积成矿的。这一理论圆满地解释了我国产于不同构造单元的碳硅泥型铀矿床的形成机理。

火山岩中的铀矿很容易被认为是火山热液顺着火山机构形成的。但很多产于中生代酸性火山岩中的铀矿床的成矿时间往往要晚于火山喷发时间几十百万年。涂光炽教授认为这一部分火山岩铀矿也是改造成矿的产物。

涂光炽教授在提出我国东部地壳发育六大特点（陆壳固化晚，地壳活动多旋回，晚期地壳运动频繁而强烈，大面积、长时期发育的碳酸盐构造，壳源花岗岩广布和深大断裂发育）的基础上，指出在我国找古老砾岩型铀矿床的条件不理想。华南地区不论花岗岩型、火山岩型，还是碳酸盐岩型的铀矿，成矿时期主要在燕山晚期；碳酸盐岩型铀矿在我国占有重要地位（这种类型在国外并不重要）。他结合我国地质情况，指出了我国找铀的时空方向。

容我再作一简约概括：涂光炽教授，他首次提出了我国相当多的铀矿床系改造成矿作用产物的新见解。他指出，从中国多数铀矿床地质实际情况出发，很难用沉积成岩成矿、岩浆和岩浆热液成矿、变质成矿三种传统的成矿理论去解释铀矿床的形成机制。因而，他提出了第四种成矿机制——改造成矿。这一机制较合理地解释了成岩成矿的较大时差及中、新生代铀矿可产于不同时代的花岗岩中等问题。20世纪70年代他将这种成矿机制引入其他一些类型金属矿床（如某些汞、锑、铅锌及金矿床等）的研究中并取得良好效果。之后，他正式提出将矿床成因分类的三分法改为四分法。这一见解得到同行的支持与共识并加以引用，其研究成果获全国科学大会奖。

1988年11月，核工业华东地勘局邀请涂先生和我参加华东地区的铀矿考察、评价，参加这次华东铀矿地质学习考察团的还有徐克勤、张祖还和李文达。我们先后到达浙江、江苏、安徽、江西的铀矿区和研究所考察，历时23天，行程2500公里。矿区和科研单位的领导与科技人员说："专家们以认真负责的态度，对我局地质工作提出了许多宝贵的指导性意见，必将极大地推动我局今后的地质科研和铀、金找矿工作的开展。"

> 1999年9月18日，中共中央、国务院、中央军委在北京人民大会堂召开庆功大会，隆重表彰为研制"两弹一星"做出杰出贡献的400多名科技专家，涂光炽是其中来自中国科学院的四十五位之一，以表彰他在寻找铀矿方面的杰出贡献。

3 引进新技术开创地学新局面

刘永康[①]：涂光炽院士在中国地学发展史上，可谓是前无古人的矿床地质地球化学大师，他在20世纪后半叶，引领了中国地学的诸多方面和分支学科走向现代化。是他首先把美国和苏联地学的多门先进技术和理论

---

① 刘永康，涂光炽先生的第一个研究生，中国科学院广州地球化学研究所研究员。

引进到我国。1950年，他首先在清华大学开讲地球化学课程。当时，国内只有一台沙利文的钻机，是台浅钻。整个中国未进行过地质勘探。涂光炽院士从苏联回国后，1955年首先在北京地质学院开设找矿勘探课程，同时在找矿与勘探杂志上，发表找矿勘探讲座，系统介绍这门工程技术和理论。

他是从事矿物人工合成，成矿实验的第一位华人。上世纪40年代他在美国明尼苏达大学所作博士论文即是关于云母和绿泥石的水热合成。后来在他直接领导的中国科学院地质研究所岩矿室组建起我国第一个模拟成矿作用的成矿实验室，从此中国的地质成矿作用研究由单一的野外观察推理走进使用近代物理化学理论和模拟实验研究的新阶段。

1955年他就要求中国科学院地质研究所工厂仿制苏联叶尔巴科夫院士发明的矿物气液包裹体显微加热台，并安排筹建包裹体实验室，在国内首先建立起系统的实验室并将此项技术广泛推广到成岩成矿作用的研究上。从此，我国的成岩成矿研究，进入精确测定成岩成矿温度和压力的新阶段。

1955年，他派助手专门出差到新疆去采集铁陨石样品进行研究。之后领导建立专门的研究室从事大量的研究工作，使我国陨石和天体化学研究在世界上占有一席之地。

从20世纪50年代开始，他就支持他的亲密战友、中国同位素地质研究的开创者李璞教授建立起我国第一个同位素地质年代学实验室。从60年代起，他先后组织安排一批学生和助手分别去攻钻近代物理的、化学的新技术，新理论，并引进地学进行结合创新，如电子探针分析、电子显微镜观察、红外光谱实验、电子顺磁共振实验、穆氏堡尔谱技术等等。相应地建立起了一系列近代理化技术实验室，同时开展了多方面的创新研究工作，形成了地学与其他学科杂交的一系列新兴边缘分支学科，如：矿物材料学、岩矿波谱学、微束矿物学等。70—80年代，由他领导的中国科学院地球化学研究所，在当时条件极其艰苦的贵阳，发展成了中国近代地学研究中心，在世界上也占有一席之地。据我们所知，在同时期世界上，除美国地质调查所之外，世界上还没有第二个地学研究所拥有这样众多系统完整的近代地学实验室。

地质研究，特别是矿产资源的成矿规律研究，首要的研究工作是野外地质考察和对比，研究工作极为艰苦。涂光炽院士几十年如一日，不畏辛苦，不仅踏遍了中国的山山水水，考察过我国上千个大小矿山，涵盖了各种金属和重要的非金属矿种。他的足迹，还走遍了亚、欧、美及大洋洲的许多典型矿床。古往今来，不仅中国没有任何一个地质学家考察过这样多的矿床和地区，在世界上也鲜有其右。

王道德[①]：现在回想起来，在20世纪50年代中期地质所创业阶段，涂光炽先生所起的作用，是不那么容易估量的，说他是先驱者、开拓者、创业先锋，都是可以的。他所想的和所做的，是别人无法想到和做到的，当然也是前无古人的。就拿他思想的超前性来讲，那种高瞻远瞩，人所莫及。他很重视找矿和区域地质的综合研究，认为这是打基础的工作。除了考察祁连山，他还派我当四川队的队长，到川西去，对该地区的铬、镍、钴、铂、金刚石及稀土元素矿产资源进行综合考察。在野外工作期间，当他听说我曾患雪盲，还亲笔写信向我道歉，称行前未向我交代防护措施。他对他亲自领导的二室成矿试验组成员十分关心，他从国际书店购回有关高温高压技术的新书，人手一册，要大家都读读，并说以后会派上用

---

① 王道德，中国科学院广州地球化学研究所研究员。

场的。

赵斌①：涂光炽先生的做人、做事和做学问影响了我一生。尤其是他在做学问方面的风范：不随波逐流、不人云亦云，敢于根据中国地质实际标新立异，提出新的学术思想、概念或发展新的学科。

他在美国留学时就搞过地质科学中的高温高压矿物合成及模拟实验研究，深知高温高压实验对提高地质理论特别是矿物、岩石和矿床形成理论研究水平的重要性。我有幸在1957年大学毕业时被分配到中国科学院地质研究所由他和李璞先生领导的岩矿研究室矿床组工作，涂先生分管矿床，所以我直接受涂先生的领导。由涂光炽先生推荐，党委决定，我在1959年11月被派往苏联科学院矿床矿物岩石地球化学研究所和维尔纳茨基地球化学和分析化学研究所进修高温高压实验。在当时，高温高压实验算是一项高科技，把高温高压实验技术和物理化学、热力学基本原理引进到地球科学中来是一件新鲜事物，是建设现代化研究所的一个重要举措。1962年夏，我回国后仍留在涂先生手下工作，主要任务是建设高温高压成岩成矿实验室。大概是在1963年的一天，涂先生率领包括我在内的几个人去参观地质科学院矿床所，在主人介绍他们从苏联引进了5 000大气压1 300℃内加热装置的图纸后不几天，涂先生让我们去联系要这份图纸的事。在较高温度下工作的高压容器必须用优质合金钢、不锈钢和特殊钢材制成。所以，涂先生又联系科学院新技术局，把我们的大型高温高压设备列入军工产品在上海大隆机械厂研制，我和王道德同志专门到该厂搞高压设备的设计图纸。由于涂先生的直接领导和关怀，我国地学领域的高温高压成岩成矿实验室，在中国科学院地质研究所初步建成。1966年，高

---

① 赵斌，中国科学院广州地球化学研究所研究员。

温高压成岩成矿实验室随研究所分迁而搬到中国科学院地球化学研究所（贵阳），到20世纪80年代，该实验室建设已具有相当规模，可以进行地壳1~15公里深的成岩成矿作用模拟实验和体系物理化学实验研究。涂先生十分关心成岩成矿实验室的建设和发展，"文革"期间，成岩成矿实验室濒于取消状态，我们向有关单位散发传单，呼吁领导支持和同行坚持，涂先生还在牛棚里偷偷修改我们呼吁书的初稿。我们实验室比较重要的会议都要请涂先生参加，希望听到他的指示。涂先生几乎每请必到，而且热心为我们出主意。作为一个所长，经常亲自到一个实验室参加会议是不多见的。自从中国矿物岩石地球化学学会实验矿物岩石地球化学专业委员会成立以后，成岩成矿实验改称为实验地球化学，使之具有学科意义。涂先生觉察到只靠高温高压模拟实验还不够，还不足以提高成岩成矿作用研究的理论水平。于是，他先后选派地球化学所6人到美国进修1~2年的高温高压实验研究，其中，我们实验室就占4个。1996年，涂先生为《地质地球化学》第11期（专门报道中国科学院地球化学研究所的新进展、新成果）写了前言，充分肯定了实验地球化学对整个地球科学发展的重要性。

渡过"文革"难关

第 4 章
渡过"文革"难关

要说"文革"中的遭遇,过去了,已经过去了。记得香港《文汇报》1994年8月15日,一位记者采访我的一篇文稿,那上面有几行:"时光倒流二十八年,涂光炽被关在'牛棚'里,还时不时被拉出去戴上两尺高的纸帽游街。他的名字前面有两项'冠':'反动学术权威'和'双料特务'。据说事出有因:他1949年在美国获博士学位,1951年又去苏联进修;再说他老爸还曾是国民党外交官。"在"文革"期间靠边站时,我在室内看了大量光片、薄片。我认为只有在野外和镜下观察的基础上,才能提出合理的测试和实验方案。反过来,实验测试结果应当与野外和镜下观察相结合,否则,片面强调数据,认为它们客观,便有可能作出错误判断。

20世纪60—70年代,我组织并领导了地球化学所华南花岗岩类研究工作。我和同事们的工作侧重于地球化学方面。1979年出版了《华南花岗岩类的地球化学》专著,系统地阐述和总结了闻名于世的华南花岗岩类物质组成、岩石化学、类型划分、微量元素和同位素地球化学、形成时代及成矿作用等。这本专著于1982年获国家自然科学奖二等奖。

我除指导本项工作外，还提出了一些见解：我认为华南花岗岩类无论就形成方式还是物质来源而论都是多成因的，个别时代很老的小岩体可能与基性岩浆分异有关，早期加里东及更早的花岗岩类的形成过程中交代作用是关键因素。而大量的、分布广泛的印支期，燕山期花岗岩类主要是重熔成因的；我提出伴随着花岗岩类时代由老而新，其空间展布也由内地朝向沿海，由西北而东南的规律；更重要的，我阐明了为何钨锡成矿常产生于复式杂岩体中的晚期偏酸、富碱和挥发分、强蚀变的小岩体中的道理，即多期多阶段的选择重熔与演化，愈到晚期含矿热液就更多地富集了碱金属、挥发分与钨锡等成矿元素，因而多期多阶段花岗岩类活动是华南花岗岩之所以富锡钨矿化的重要原因。

在80年代对花岗岩类的研究中，我又增加了新的论点：（1）花岗岩类成矿机制除本身的结晶分异作用外，不可忽视的是岩体固结后的改造成矿作用及花岗岩类对固岩成矿元素的萃取的活化作用。（2）在70年代末兴起的国内外有关花岗岩类类型划分的讨论中，我强调了因地而异的重要意义。我指出在宏观上十分近似的华南、北秦岭和北疆的S型花岗岩，在微观方面（如同位素与微量元素组成）却存在较大差异，因而不能套用澳大利亚和华南的划分类型的标志。（3）虽然花岗岩型钨、锡、铌、钽等矿床常与小岩体有关，但与花岗岩类存在空间联系的铀矿床、金矿床却常与较大岩体有关。这主要是不同的成矿机制在起作用。前者以岩浆热液成矿为主，成矿部位常在晚期富挥发分的小岩体顶盖相或翼部转折处。后者以改造热液成矿为主，大岩体可提供较充沛的物质来源。因而片面强调花岗岩类小岩体成矿是不全面的。

在花岗岩类地球化学研究的基础上，我进一步在80年代初提出了富碱侵入岩带的新概念。富碱侵入岩包括富碱硅不饱和岩石如霞石正长岩等和富碱过饱和岩如碱性花岗岩等，这几类富碱侵入岩在前人的工作中常被认为具有不同的形成机制、物质来源和分布规律，因而它们之间不存在时间、空间及成因上的联系。基于对我国南方两条富碱侵入岩带（闽浙沿海带及哀牢山—金沙江带）的研究，我提出这几类富碱侵入岩在空间、时间上密切联系在一起，都具有上地幔部分熔融成因。富碱侵入岩与稀土、铌、锆及其他稀有元素成矿有密切联系。在岩石圈演化过程中，富碱侵入岩的发育意味着造山期的终止，侵入环境为拉张状态，而不是像花岗岩侵入环境呈挤压状态。在本人这一观点的启示和带动及亲自参与下，在80年代后5年于新疆北部发现9条富碱侵入岩带及与之有联系的锡矿、金矿。这样密集的富碱侵入岩带在世界其他地区是罕见的，是北疆地质特色之一。之后，我又对华北北部富碱侵入岩的研究进行了些指导性工作，并于90年代在海峡两岸地质交流会议上作了有关全国富碱侵入岩带地质与地球化学特征的报告。报告系统地阐明了我国富碱侵入岩带的产出地质背景，在地质演化历史中的位置及岩石学、同位素与微量元素组成。

我谈谈我国水土资源污染和环境污染问题。这的确是上世纪60年代末、70年代初，我常思考、感兴趣的一个课题。20世纪50年代是原子能科学技术大发展阶段，60年代是激光和探空技术，而70年代环境科学和生命科学将异军突起，成为自然科学领域中生命力强大的新生点。在70年代的前3年中，我们已可以明显地看到环境科学蓬勃发展，扶摇直上的趋势。

国际上，环境机构、环境科研、环境刊物、环境专业、环境学术活动，如雨后春笋，在70年代初期迅猛发展起来。英国1970年成立了中央部一级的环境部，同年稍晚一些，美国建立了环境保护局，1971年加拿大成立了环境部，日本成立了环境厅。除中央一级的领导机构外，各部门也设有与本部门有关的环境工作单位，地方政府有相应的执行机构，如美国各州政府内部都设有环境保护局。环境科研从60年代零星、个别、不系统的工作到70年代初期即汇总为环境科学的洪流。70年代初期各种专业会议显著增多，仅以环境地质与人类健康为例，几乎每年都有全国性或国际性的学术会议。如1970年6月，美国密苏里大学召开医学地质会议；9月在日本东京召开"国际水地球化学和生物地球化学会议"，专门讨论了环境污染与人类生活关系问题；同年12月在美国芝加哥召开"微量金属元素地球化学环境、健康和疾病"讨论会；1972年在加拿大举行的第24届国际地学会议上，专门讨论了"地质环境与人类生活"问题。在刊物方面，70年代初期的环境科学更是加倍兴旺，新的、专门的刊物不断涌现，1970年英国创刊了《环境通讯》，1971年英国又发行了以环境地质为主要内容的《地质论坛》。同年，在荷兰创办了《水、空气和土壤污染》，1972年荷兰发行了国际性的《全环境科学》。这些仅是与环境地质有关的刊物，其他专门的环境污染与治理、环境与健康的刊物就更多了。一些发行年代已很长久的地质刊物，如美国地质学会学报、专刊等，大量刊载环境地质与人类健康的论文、报道和评述。各国的综合性自然科学刊物如《自然》、《科学》等，刊载的环境科学文章也与日俱增。

70年代初期，大专院校的环境科学专业在多处开始创办。仅以环境地质为例，美国得克萨斯、密苏里等大学都创办了环境地质系，在德国（当时为联邦德国）还成立了环境学院。1972年美国《地质新闻》回顾美国1971年环境科研情况时，认为"自从1971年以来地质学在解决环境问题方面的应用大为增加。虽然新的环境地质专业毕业生已陆续出现，但这方面的专业人员仍赶不上需要"。各种自然科学都主动地、积极地向环境科学靠拢、渗透，赋予环境科学以新的内容；同时环境科学的发展也丰富了各种自然科学。

环境科学是一门综合性很强的新兴学科，它的领域十分广阔，它不仅包括各种自然因素，也包括一定的社会因素。它与许多自然科学、技术科学（如地学、生物学、化学、医学、工程等）领域都有密切联系。由于环境科学与其他自然科学边缘杂交，在70年代初期已开始出现了一些新的分支学科领域，这是环境科学欣欣向荣的又一个体现。可以举两个例子说明。

环境科学与地球化学的互相渗透，产生了边缘分支学科——环境地球化学。地球化学是研究各种元素在地球（当前着重地壳）运动、分散、富集规律的学科。各种金属元素、各种无机和有机化合物在自然界的运动遵循着一定的地球化学规律。

工农业发展到一定阶段可能会有环境保护问题伴随出现。所谓环境污染从地球化学的角度去看，无非是一些人为的金属元素、非金属元素、各种无机和有机化合物叠加在自然界这些物质运动的基础上而已。因此，一些地球化学的指导思想、工作方法（如元素在地壳分散和富集的规律，地球化学区划的概念等）也可用于环境科学问题。这就必然导致环境科学与地球化学的密切结合，导致了环境地球化学这一门新的分支学科的产生。环境地球化学既是环境科学的重要分支，也是地球化学新兴分支学科。环境科学与分析化学的互相渗透产生了另一新的边缘分支学科——环境分析化学。分析化学这一门基础学科其内容是伴随着工农业和科技事业的发展而日益提高和深化的。在60年代由于半导体工业和科研的兴起，促使了微粒、微量分析化学的发展。70年代环境工作的需要必将更进一步使微粒、微量分析化学向纵深开拓，从而导致环境分析化学的产生。环境分析化学既丰富了环境科学的内容，也开辟了分析化学的新领域。

类似的环境科研工作在不同国家不约而同地大量开展，如同60年代初期激光科学技术在不同国家大量而迅速开展一样，70年代初期环境科学技术在一些工业先进的国家也是如此。美、英、法、日等资本主义国家在制定环境质量评价的方法与准则，建立环境监测网站，确定各种环境标准，研究各种污染的工程处理和防范措施等。甚至在具体的环境科研课题上，各国也在进行类似的工作。明显的例子是心血管病与水质关系的调查研究，日本、美国、英国、瑞典等国在60年代后期和70年代初期进行了大量调查和数值处理，得出了类似的看法，即心血管高发病率和水质软有关，这当然只是表面现象，但对进一步探索病因是有帮助的。对肿瘤病因，各国也开始注意除病毒、遗传、营养等因素以外的环境因素。

不同技术手段在环境工作中大量使用。如果说在60年代环境工作所采用的技术方法和手段比较零星、比较落后的话，那么在70年代初期，一个宏观和微观相结合、大量引进最新科技成就的环境技术体系已开始形成。人造卫星的观察、制图已应用于环境工作中，大量环境数据在用电子计算技术进行处理，环境遥感设备在试制，各种适应环境工作的高灵敏度、快速分析测试方法和仪器不断涌现。

经过60年代的准备之后，70年代初期环境科学虽还没有定型，还处在少年时期，它的领域还不十分固定，但它的发展远景是很开阔的。

（以上内容可见于涂光炽：《七十年代自然科学领域中一个新生长点——环境科学》，《环境地质与健康》，科学出版社，1973．1~3）

一个人应当怎样搞固体地球科学研究，这也是我经常思考的问题，通过几十年来的实践、提高、弯路、迂回，我逐渐得到下面的认识与体会，也可以当做对这一问题的回答。

首先是实事求是，不人云亦云，不随大流。我认为应该理论联系实际，实际应指中国的或某一地区的实际；提出某种找矿的思路，必须结合中国的地质实际。

1974年我国掀起了寻找富铁矿的高潮。当时颇为强烈的找矿指导思想是寻找前寒武系古风化壳型富铁矿，领导这样号召，同行也如此论证。我根据自己对中国前寒武系条带状铁矿的实践与剖析，认为这样的找矿思路，即认为加拿大、澳大利亚、苏联、美国、巴西这些产富铁矿国家的主要富铁矿对象是前寒武系古风化壳型，因此，我国也应主要寻找古风化壳型富铁矿，存在着问题。我在多次富铁矿会议上阐述了自己的观点：我国早前寒武纪经多次变质，很难在其中出现未变质或浅变质的铁的硅酸盐、碳酸盐和硫化物建造，而这些正是后期形成风化壳型富铁矿的基础；我国早前寒武纪主要产出铁的氧化物建造，很难在后期风化作用中富集；我国地质历史晚期相对剧烈的构造活动也不利于风化壳的深透发育与保存。我还指出，富铁矿形成机制多种多样，因而应广开门路，不局限于找古风化壳型富铁矿。当时，一些好心同志都为我捏一把汗。因为1974—1975年正是"文化大革命"晚期的批林批孔时期，极左思潮泛滥，弄得不好，很有可能被再批斗，并戴上"无矿论者"的大帽子。

1 "文革"受冲击　工作照样干

孙枢[①]：成立地球化学所时，正好赶上了十年浩劫的开始。我于1966年7月30日从河南省禹县"四清"工作队回到北京时，所里已经开始有

---

① 孙枢（1933—），江苏金坛人，地质学家。1953年毕业于南京大学地质系。1989年当选为第三世界科学院院士。1991年当选为中国科学院院士。中国科学院地质研究所研究员、所长，国家自然科学基金委员会副主任。从事沉积学、沉积大地学研究和地质综合考察。

了关于涂光炽及同他有关的几位同志的大字报。随着"运动"的发展，此类大字报越来越多，调子也不断升级。在某天下午召开的"批判"他同另外几位同志的大会上，所发生的事情使我震惊了，不但侮辱性调子很高，而且他们都被强行扣上了两尺多高的纸糊高帽子，在一片喧嚷声中结束了"批判"。会后，同样使我惊讶的是涂光炽依然那么镇定。此后，他一如既往地每天都按时到所，名义上是上班，但实际上他已被剥夺了工作的权利。我记得那时常在地质所大楼一楼楼梯口附近碰到他，他穿着一件有着补丁的"四清"工作队员的棉袄，镇静地从点名批判他的大字报前走过。那时的他看到我时，由于怕连累我而无法打招呼，而我却软弱到不敢开口，我们只默默地互相点一下头。不久，他去了贵阳。后来听说他经过几年"内查外调"获得"解放"之后，就立即背上小包去考察各地矿床了，学术研究继续运转起来。

陈毓蔚[①]："文革"期间，涂先生蒙难，受苦，从精神到物质，他付出很多。但他科研业务工作照样干，从不计较，从无怨言，不发牢骚。最让人感动的是，改革开放，涂先生复出，他是学部委员，新的地学部主任，兼任地球化学研究所所长，领导着学术工作。国家恢复科学研究人员学术职称评审，涂光炽直接领导、主持着地球化学研究所科技人员的职称评审工作。但他实事求是，秉公办事，不偏不倚，对所有参加评审的业务人员一视同仁，不怀成见，实行民主评议，该评什么就评什么。当然"文革"造反的人，批斗他的人也是一样，该评什么还评什么。他早已原谅了他们。这跟某些复出之后对下属进行报复的掌权领导者，是很不一样的。

---

① 陈毓蔚，中国科学院地球化学研究所研究员。曾任副所长、所技术委员会主任。

李朝阳：十年浩劫中，涂光炽也在劫难逃，他被诬陷为"反动权威"，遭批斗，关进"牛棚"受尽折磨。他的处境非常艰难，但每次"革命行动"后，他依然那么镇定从容……他的心里仍在勾画着地球化学研究所未来的宏图，思考着一些学术问题。

1969年底的一天，在全所开完涂光炽先生的"批判会"后，所里决定把他"发配"到我们放射性地球化学研究室，并要求我室安排涂先生工作——只是室内工作，不能出差。随即，我就领着涂先生往3号楼我们室的办公室走，一路互不说话，但我心里一直在嘀咕，心想：涂先生是留美留苏的，过去又一直是我的领导，给他安排什么工作呢？待到了138房间，我一眼看到了地上放着两箱连盖子都未打开的标本箱，于是灵机一动，就说："老涂，这里有两箱四川202队送来的510矿区的铀矿样品，他们要求鉴定矿石的物质成分，现在无人做，你就做这项工作怎么样？"涂先生二话未说就接受了这一任务，我随即把房间的锁匙交给了他。从此，涂先生每天准时到3号楼上下班，他一个人从此就根据样品箱中的清单开始了样品整理，选出磨片和化学分析的样品，然后进行光薄片鉴定、照相和数据的分析研究等大量室内工作，整整工作了近一年的时间，最后总结出了一本约6万字的研究报告——四川510矿区第六号简报。事后，我和其他很多在该矿区工作过的同志私下议论，大家一致认为：涂先生的基本功很深，动手能力很强，研究报告的水平高，而且图文并茂（报告中涂先生附了很多薄片、光片和电子探针的照片），这是我们13份简报中最好的一个。

1966—1969年的4年中，涂先生是在遭受批判和"管教室"中度过的，直至1972年初才正式恢复工作和允许出差，并被任命为地球化学研究所生产组副组长。他一"解放"，就投入了梦寐以求的广阔的地质天地，马上率领地化所一批科研人员，费时近两个月乘汽车对黔、桂、闽、浙、赣、湘等南方诸省的一批矿床进行野外地质考察，试图弥补几年来所耽误的时间。此时，他除了本人积极深入实地获取第一手资料外，还以身作则地教育大家仔细观察地质现象和观察、搜集新的地质资料。在考察途中，他还没有忘记我们几位未去野外而留在室内的同志，专门写信给张焘和我等几位同志，信中除简要地介绍了他们的考察情况外，特别还语重心长地告诫我们说："你们不要去做家具（当时研究所内外工作人员做家具成风），应该抓紧时间多看点资料。"他的这种关心和提示，在当时的社会背景下是非常难得和卓有远见的，我们由衷地感谢他、钦佩他。同年 6 月，贵州省生产指挥部要求地化所应该加强贵州境内的地质科研工作，涂先生很清楚，当时只有少数人曾于 1963—1968 年在贵州搞过铀矿床（点）的评价。此时，正好核工业 206 地质大队在和地化所联系合作事宜，于是涂先生马上决定，让我带一个组研究、评价黔北地区的铀矿。为了表示对这一工作的重视，涂先生亲自陪我到贵州省凤冈县进化公社落实科研任务。在去凤冈县的途中休息时，涂先生突然问我："老李，你对汞矿成矿有什么看法？"我说我曾经在湖南凤凰县猴子坪汞矿考察时，发现汞矿是没有根的。他又说：锑矿你觉得怎么样？我说也差不多。紧接着他就说："砷矿，我指的是雄黄雌黄的砷也是一样。"我们的这次简短对话给我印象很深，因为我觉得涂先生虽然"靠边站"了多年，他却仍然在思考一些重要的地质问题，我预感到涂先生正在酝酿着某一新的学术思想。

1972 年 10 月，传达、学习和落实周恩来总理关于科学院工作的重要指示：必须把基础科学和理论研究抓起来，同时要把理论研究与科学实验结合起来。地化所广大科技人员心情振奋，掀起了查阅文献、调研国内外地质发展动向的热潮。各研究室纷纷开展学术活动，制定规划，力争在地球化学领域赶超世界先进水平。在继续完成矿产资源物质成分与综合利用研究的同时，安排了地壳与上地幔物质组成和化学演化、矿物晶体结构、实验地球化学等基础科学研究。创办了全国第一份地球化学专业学术期刊《地球化学》，涂光炽任主编。

1972年12月5日，涂光炽创导、组织和领导召开了全国稀有稀土元素地质科研工作交流会（简称12·5交流会）。说是工作交流会，实质是一次学术交流会。这也是我国地学界在"文革"期间召开的唯一的一次地学基础理论学术会议，很多因"文化大革命"而行动受到限制、管制的地学界的一些"反动学术权威"都来参加会议了，如南京大学的徐克勤教授等，对全国地学界颇有影响。涂光炽在会上作了再造成矿作用、华南海西运动和花岗岩成因问题的学术报告，其内涵之丰富、思路之新颖，在同行中引起很大的反响。两个月后，他又对再造成矿作用的定义、术语来源、再造时间等作了补充研究和发挥。这些报告对矿床地球化学与层控矿床的研究乃至全所的科研工作都具有重要的指导意义。

2　逆境中支持青年人上环境课题

洪业汤[①]：涂光炽教授是国内外著名的地球化学家，是我国地球化学领域公认的奠基人和学术引路人。在涂先生率领下，地球化学在资源和环境两大领域获得了长足、系统的发展。可以说，对今天从事资源研究的地

---

① 洪业汤，中国科学院地球化学研究所研究员。曾任环境地球化学研究室主任。

学科学工作者来说，没有人会不知道地球化学所具有的基础科学意义和发挥的重要作用；从事环境研究的科学工作者今天对地球化学重要性的高度评价，也是地球化学工作者始料未及的。的确，在地球化学向人类生存环境领域发展的过程中，涂先生做了大量的倡导、组织和促进工作，在各个重要发展阶段做出了特殊贡献。

记得1967年冬，西安医学院克山病研究室几位医学工作者远道来到贵阳，在地化所作了一次报告，讲述黑龙江、陕西等省区农村克山病、大骨节病、甲状腺肿病肆虐情况。许多贫困农民被病折磨，导致终身残疾或失去劳动能力，有的甚至被弄得家破人亡。奇怪的是这些疾病发生都有强烈的地区性，被称作"水土病"。西安医学院的医生们深情地呼吁地球化学工作者参加到这一新学科领域中去，用地球化学知识来揭开水土病的奥秘。受这些医生们强烈的责任感驱动，地化所一群年轻人走上了研究地球化学环境与人体健康关系的征程。一天晚上，我和李长生到宿舍拜访涂先生。那时他身处逆境，仍高兴地接待我们。他欣然地说，你们想作的研究很有意义，既能结合国家、人民需求，在学科上又可能开拓出一个新的方向。明白无误的支持，使我们大受鼓舞。他又语重心长地说，地球化学和人体健康的研究是个很复杂的问题，下乡以后，要注意从各个环节进行仔细的观察研究，要和医学科学工作者密切合作。涂先生还从书架上找出一本关于硒与植物和动物营养健康的英文书籍送给我们，说国外在缺硒与羊的白肌病关系方面做了很多工作，让我们注意。这一席谈话对我们至关重要。几个月后，1968年我们到重病区的黑龙江省北安县，很快就了解到克山病区的羊普遍发生白肌病。这就揭示了克山病区环境可能是缺硒的；羊的心肌病—白肌病与人的心肌病—克山病同时存在，暗示它们可能都与硒有重要关系。对此，我们很快与北安地方病研究所及医学科学院的科研人员合作写出了第一份报告。此后发生的一系列事情，证明涂先生的判断是正确的，地球化学在环境与人类健康关系领域的确大有可为。例如发现卤碱能较好地预防慢性克山病并对卤碱进行地球化学和矿物研究；对饮水水质与人体健康关系的研究及在黑龙江和陕西农村开展大规模改良水质预防克山病、大骨节病的试验；发现克山病、大骨节病在中国大陆上的条带分布规律及围绕这一条带的地质地球化学开展的全国地学和医学的数次联合大调查；大规模的口服硒片预防克山病、农作物喷施钼肥预防克山病，以及硒、钼等微量元素的地球化学研究等等。这些研究吸引了全国大批的地学和医学工作者，他们之间的密切合作和学术交流不仅促进了各自学科的发展，而且为若干原因不明的地方性疾病和多发病因的研究与预防，提出了重要线索和方法。地球化学工作者也首次被邀请作为中国医学科学院学术委员会成员和卫生部地方病专家咨询委员会的成员。这种学科之间的融合和新的研究方向一直延续到今天而不衰。

如果说在动乱的60年代，涂先生身不由己，还没有机会充分阐述地球化学这一新的方向的话，到70年代初期，随着环境污染问题的出现，他开始更加全面地、深刻地论述环境科学与地球化学的关系。当时许多人对环境科学是否科学还有疑问，搞地球化学的人是否值得去搞环境问题也拿不定主意。涂先生则在许多场合明确论述了环境科学的重要性，专门著文论证"70年代环境科学和生命科学将异军突起，成为自然科学领域中生命力十分强大的新生长点"。在他发表的《七十年代自然科学领域的一个生长点——环境科学》的学术论文中，指出："一些地球化学的指导思想、工作方法也可以用于环境科学问题。这就必然促使环境科学与地球化学相结合，从而导致环境地球化学这一门新的分支学科的产生。"这是在我国正式的科学文献中第一次提出"环境地球化学"这一科学术语,并阐明其研究方向,宣告了环境地球化学在中国的诞生。紧接着,他和刘东生教授一起,于1974年在中科院地化所的机构建制内设置组建了中国第一个环境地质地球化学研究室。之后,由于涂先生的积极推动,在中国矿物岩石地球化学学会下又成立了环境地质地球化学专业委员会。这是促进我国环境地球化学学科发展的两个部署。从此既有了专门的环境地球化学研究机构,又有了团结全国同行进行学术交流的讲坛。1987年环境地球化学研究室获准参加利用世界银行贷款发展重点学科的申报工作。1988年在成都举行的中国科学院世界银行资助重点学科评审会上,他和刘东生教授对环境问题的深刻理解和学术思想上的水乳交融,更是环境地球化学发展史上的佳话,直接导致我国第一个环境地球化学国家重点实验室在激烈的竞争中脱颖而出。进入90年代,全球环境变化成为关注的焦点,涂先生从可持续发展的高度更广泛地推动环境科学研究。一方面,他作为中国科学院地学部主任,积极组织地学部的院士和专家对重大环境问题开展调查研究,提出科学建议,为党中央、国务院解决上述问题出谋献策。另一方面,他作为一名学识渊博、经验丰富的地球化学家,也常常就有争议的学术问题抒发己见,引导我们开阔思路,努力创新。他曾在中科院地化所和环境地球化学研究室的学术报告会上,多次论述地球历史上的环境变化,讨论地球去气过程对环境变化的可能影响。确实,如何区分、识别或恰当地评估自然作用过程和人类活动对全球环境变化的影响,是当今全球环境变化研究的核心课题之一,而地球科学恰恰能从认识地球环境演变的历史中获得解决这一问题的重要线索。我深信,涂先生这一高瞻远瞩的思想,必将同他在地球化学学科重要发展阶段的深入思考一样,对环境科学的进一步发展产生重大影响。

万国江①：涂光炽教授对环境地球化学学科的发展和环境地球化学国家重点实验室的建设给予了极大的关注和支持。1988年5月，中国科学院在成都召开重点学科发展论证会，以决策我院利用世界银行贷款组建国家重点实验室的布局。论证会上，我们的学科获得了全院专家的高度评价，确立了环境地质地球化学国家重点实验室的立项和建设。涂先生作为地球科学领域专家组组长，对环境地质地球化学的发展给予了极大的支持。论证会期间，当刘东生院士作为环境地质地球化学学科的开创者报告了学科发展和研究展望之后，有人提问：刘先生为什么既是西安黄土室主任，又是贵阳环境室主任？刘先生站在地球科学发展的高度风趣地回答：我作为一个科学家，能够从黄土与环境两个不同的学科方向指导科学发展，感到十分荣幸！继之，涂先生则幽默而意味深长地补充道：刘东生同志不仅是西安黄土室主任，是贵阳环境室主任，还是北京第四纪室的主任。

作为环境地球化学国家重点实验室名誉主任，涂光炽教授指出："现在很多地球化学异常问题……是叠加在一个长期历史发展的地球化学过程中，把现在的全球环境变化放到更广阔的时空角度上去考虑"，"把它（环境地球化学）作为一个关于地球环境历史演化的科学"。同时，涂光炽教授对《现代地幔去气作用》、《区域地球化学背景》、《资源与环境结合》等研究的选题方向都给予了精辟的论述；对碳酸盐岩地区的资源—环境地球化学研究给予了特别的重视。

---

① 万国江，中国科学院地球化学研究所研究员。曾任环境地球化学国家重点实验室主任。

3 带病考察华南花岗岩

吴学益[①]：1973 年夏我们在执行《华南花岗岩类的地球化学》的科研项目时，涂先生亲自率领我所包括岩石、矿物、矿床、构造、地球化学等多部门学科的 20 多位年轻人，乘坐一辆大卡车，赴江西、浙江、福建一带进行华南花岗岩类地球化学的野外考察。在野外工作期间，涂先生不怕苦、不怕累，身先士卒，每天早饭后带领大伙上山，仔细观察地质现象，认真做好记录，采集样品，中午在野外随便吃点东西后，下午接着干。记得有一次在考察江西省北部九岭花岗岩岩体时，由于山区偏僻没有饭店，无法进行正规午餐，只好在山上的小卖部买了些饼干，大家围坐在水井旁边，高高兴兴地边吃饼干、边喝井水充饥，而后继续工作，直到太阳下山才返回驻地。吃过晚饭后，涂先生不顾一天的疲劳又带领大家整理白天所带回的样品，组织讨论，让大家各抒己见，畅谈当天所见的地质现象，让我们既感到劳累一天有收获，又增添了地质工作的乐趣。

涂光炽在进行华南花岗岩野外考察

---

① 吴学益，中国科学院地球化学研究所研究员。

1987年12月广州国际花岗岩讨论会后,涂光炽在答谢与会代表的宴会上致辞

赵振华[①]:花岗岩类及其成矿作用,是涂光炽教授一个重要的研究领域,他亲自参加并领导中国科学院地球化学研究所部分科技人员对华南花岗岩类进行了深入研究,他提出了花岗岩类多成因演化的观点和"断裂重熔"形成花岗岩质岩浆的理论。

从20世纪70年代中期开始,花岗岩类的研究进入按其母源物质特点划分类型的阶段。涂光炽根据我国花岗岩类地质地球化学特征,于1982年正式提出将我国花岗岩划分为壳型、壳幔型和富碱侵入体三种类型,1985年又进一步把壳型花岗岩划分出四个亚类。特别是富碱侵入体的提出,由其特殊的矿物组合,岩石化学、微量元素含量和组合及产出的特殊地质背景,为研究全球构造与花岗岩类关系提供了典型实例,从而引起国内外同行的重视。

---

① 赵振华,中国科学院广州地球化学研究所所长、研究员。曾任涂光炽的业务秘书。

与花岗岩有关的成矿作用是国内外学者关注的重点之一。"花岗岩成矿万能论"长期统治着矿床学界，70年代又出现一种"花岗岩成矿无能论"。通过对花岗岩类及层控矿床的研究，涂光炽打破了万能论，也批判了无能论，提出花岗岩的成矿作用是本身的岩浆结晶作用于周围地质体所产生的成矿作用，概括出花岗岩成矿的九种方式，把花岗岩成矿作用置于比较恰当的地位，丰富和发展了花岗岩的成因、分类和成矿作用理论。

艰苦朴素的工作作风和严谨的治学精神始终贯穿在涂光炽教授几十年科研工作中。野外地质工作是艰苦的，而地质科研工作的每一项成果，没有坚实的野外工作是难以想象的。每年他至少有2~3个月时间是在野外度过的，他的足迹踏遍了除西藏以外的山山水水。长期的野外艰苦生活，损害了他的身体健康，使他患了严重的胃病，他还有先天性心脏病，但他从不因此而中断野外考察工作。1973年，他乘汽车长途跋涉一万多公里，对华南花岗岩和有关矿产作了广泛和详尽的地质调查，在野外工作中他胃大出血，生命垂危，不得不进行了胃切除手术。在一次登山中荆棘刺穿了他的鼻梁，造成了出血、化脓，他只到诊所进行了简易包扎，又继续到野外工作。在野外工作中，他从不以专家自居，不摆架子，不讲条件，坚持与大家同吃同住，最简单的饭菜他不在乎，几十人住一间简陋旅店也不嫌弃。野外工作途中，在拥挤不堪的火车上和旅客一样挤上挤下。没有卧铺，他就坐硬座，有时甚至站到目的地。

涂光炽考察的矿床遍及全国，大小各异，设备不同，既有现代化的矿井，也有民间开采的连腰都伸不直的小矿坑。举世瞩目的青藏高原，被认为是打开地球奥秘的金钥匙，也是涂光炽朝思暮想着云工作的地方，只是在医生和地球化学所党委的多次劝阻下，才没有成行。但他仍然十分关心青藏的科学考察，每次出队他都进行认真指导，并亲自组织领导了科研总结。

正是由于他几十年如一日地坚持进行野外工作，他取得了卓越的成绩。1984年，他由此获得了中科院颁发的"竺可桢野外工作奖"和贵州省劳动模范等光荣称号。

4 广开门路找富铁矿

赵振华、乔玉楼①：1975年国务院下达开展富铁矿研究的要求。其实在这之前，涂光炽带领地化所的科技人员走南闯北，穿山过海，积极承担了寻找富铁矿的科研任务，已在为钢铁工业寻找"食粮"。在对我国不同类型铁矿床的调查实践和对我国地壳发育特点认识的基础上，涂光炽总结出我国铁矿床十大特点，明确提出"我国的地质条件不适于大规模风化壳型富铁矿的形成与保存。因此我国应该在探寻富铁矿时广开门路，而不应该过多地考虑风化壳型富铁矿"的学术观点，建议不要把寻找风化淋滤型铁矿矿床作为战略方向，同时他总结出一套对生产部门有实际指导意义的寻找富铁矿的方向和方法，受到生产部门的重视，也避免了生搬硬套国外经验造成的损失。涂先生还进一步提出，根据我国铁矿具体地质条件，结合国外某些实践，说明前寒武纪富铁矿是多成因的，既有原生沉积成岩富铁矿，也有风化壳型，还有变质热液型和受到后期岩浆热液作用叠加形成的富铁矿，不宜拘泥于混合岩化热液形成富铁矿的唯一思路。应该根据某一类型矿床的具体成因制定找矿及研究方案。他还说：看来，今后在我国东部发现较多大型风化壳富铁矿的可能性不大。但是所谓夕卡岩型和混合岩化型富铁矿和沉积型富铁矿可能会发现一些，只是一般规模都比较小。

---

① 乔玉楼，中国科学院广州地球化学研究所研究员。

特别是涂先生通过对我国著名的白云鄂博矿床和海南石碌铁矿的地质、地球化学和矿床地球化学的对比研究，论证了我国多数菱铁矿矿床主要是海相沉积或沉积改造型层控矿床，所总结的分类方案和形成条件等成果开拓了菱铁矿矿床的找矿前景。

涂光炽翻山越岭在野外考察矿山

涂先生所主持提交的报告《中国富铁矿地质地球化学综合研究》，获得中国科学院 1979 年重大科技成果一等奖。

任务带学科发展

第5章
任务带学科发展

我总是把双眼紧紧盯在经常变化而又丰富多彩的学科前沿上，并结合国民经济需求不断提出新方向、新课题，亲自组织实施，在工作中逐渐提出新看法、新见解，并在理论上力求有所创新。

为了找到更多的石油天然气资源，必须研究石油天然气的生成、演化、运移、富集的规律。在这方面，过去只强调了构造的重要性，现在应当注意强调有机地球化学的作用，还要强调外生矿物的矿物学研究，这对阐明石油天然气成因也有重要意义。我所在有机地球化学、矿物学、同位素地球化学、沉积地球化学等方面，开展对石油天然气的研究工作，具有自己的特色。找矿应当学会运用辩证思维。比如在讨论层控金属矿床与油气矿床的异同时，我总是尽力排除人为因素的影响，列举金属改造成矿作用与油气成藏作用的许多类似和不同之处，它们之间并没有截然分明的界限。近年来，我多次强调煤、石油、天然气、金属矿床、非金属矿床、盐类矿床被人为地分割了，单独地研究它们的成因和分布，而忽视了它们之间的有机联系。煤成油、煤成气、盐类矿床与金属矿床的联系，某些天然气与汞的联系，油气与一些低温热液矿床的联系等的被揭示逐渐使人们开始注意它们之间的有机联系。有意识地组织这方面的研究有可能使成矿有新的突破。

1 "中国层控矿床地球化学"

早在20世纪60年代初期，在对我国沉积岩、火山沉积岩中铀矿床进行研究后，我首先提出了与现代层控矿床概念相一致的成矿机制。70年代在对铅锌、铀、锑、汞、铁等矿床系统综合研究的基础上，进一步明确提出层控矿床的概念、形成机制和地球化学特征。而在70年代后期，那时"文革"刚刚结束，我觉察到层控矿床研究的重要性与紧迫性，组织中国科学院地球化学研究所部分同志围绕层控矿床的概念、分类、形成机制、时空分布、国内外对比等问题展开深入系统讨论，并引导大家进行层控矿床理论总结；在这一学术思想指导下，我组织领导了对我国17个矿种、250个矿床的大规模研究，持续7年，终于在80年代推出了由我主编，大家协作完成的《中国层控矿床地球化学》150万字三卷专著。所提出的创新性理论与观点主要有：（1）规范层控矿床概念，认为层控矿床是水成—火成、内生—外生、同生—后生作用的综合产物，因而独立于传统矿床

《中国层控矿床地球化学》专著

（沉积矿床、岩浆及岩浆气液矿体）之外；（2）归纳了层控矿床的5种成矿方式，包括沉积—改造、沉积—变质（及混合岩化）、热水沉积、沉积岩浆气液叠加、沉积—表生氧化作用；（3）创造了改造成矿作用术语，提出矿床成因分类四分法：沉积、变质、岩浆和改造；（4）深入讨论改造矿床成矿物质来源，成矿介质条件，改造热液运移的驱动，矿床定位的因素、方式和场所等形成机理；（5）分析了层控矿床元素地球化学性质与矿床类型的关系；（6）总结了中国层控矿床的特点，解释了我国层控矿床特别发育的原因。

王秀璋[①]：涂光炽于1979年提出了在中国科学院地球化学研究所开展中国层控矿床地球化学研究的任务，并组织全所科研技术人员协力工作。该课题在1982年被列为中国科学院的重大研究项目，得到了院领导的支持。

由于当时国内外对层控矿床概念没有一个统一的理解，为了更好地完成这项研究任务，涂光炽提出了自己的层控矿床概念以统一科研人员认识，并给大家讲课。有的术语如"改造"、"叠加"等都经过了多次讲解后才为大家所理解接受。在课题实施过程中，涂光炽对工作进展抓得很紧，每年都要开几次工作汇报会，及时讨论所取得的成果，找出问题，部署下一阶段的任务。在会上大家各抒己见，自由讨论，最后取得一致认识。由于贯彻了学术民主原则，层控矿床的研究始终按计划进行，从不后拖。涂光炽除进行组织工作，亲自承担一些研究选题及撰写报告外，还对各研究组提出的研究成果、书稿抓紧审阅，提出中肯的修改意见。即使是他手术后休养期间也未曾放松过：1985年动了心脏大手

---

① 王秀璋，中国科学院广州地球化学研究所研究员。

术去青岛疗养期间，也捎信叫把《中国层控矿床地球化学》第二卷书稿寄到青岛，并及时进行审阅。他这种呕心沥血的忘我精神对全课题组人员教育很深，鼓舞了全队争分夺秒保质保量地去完成任务。

涂光炽对中国层控矿床的研究作了周密的计划和安排，他拟定把铅、锌、铜、菱铁矿、金、铀、汞、锑等中国最主要的层控金属矿床作为研究对象。当研究工作结束写出第一卷书稿后，立即又把稍次要的层控金属矿床以及分布广泛的层控非金属矿床（银、钼、钨、雄黄、雌黄、黄铁矿、重晶石、水晶、萤石、冰洲石）列入下一轮研究计划（第二卷内容），稍晚又把不同类型层控矿床的成矿机理及时空分布作为研究对象（第三卷内容），并在全所组织相应人员进行攻关。当层控矿床研究结束通过评审后，为了扩大影响，他接受了国内评审专家意见又将《中国层控矿床地球化学》英文版的编写工作列入了议程。他提出该书应包括上下两篇。上篇为总论，讨论中国层控矿床的特点及各种层控矿床的成矿机制；下篇为各论，涉及各种层控金属及非金属矿床的具体分析。计划确定后，马上组织人员予以实施。中国层控矿床地球化学研究工程浩大，时间长达10年（1979年开始到1988年三卷书稿出版），英文版也在1996年问世。

陈先沛[①]：笔者有幸曾断续以学生身份在涂光炽教授关于层控矿床思想萌生、发展和成熟过程中参与有关的课题，聆听他的一些报告，陪同他对一些矿床进行考察。就个人观察和思考所得，我谈谈自己对他的层控矿床学术思想的体会和漫忆。

萌发时刻（1961—1973年）

1961年末，涂先生和侯德封、叶连俊、李璞等教授一起，考察了我

---

① 陈先沛，中国科学院广州地球化学研究所研究员。

国相当一部分的铀矿。这几位专家专业不同,但却对我国南方产于沉积岩中的某些铀矿床的成因,得出有别于传统用岩浆热液解释的看法。根据铀矿与含矿岩石类型、地层位置的密切关系、矿区缺乏岩浆岩、蚀变不明显等特点,他们认为铀矿的形成与构造动力作用(变质)的侧分泌作用有关。学术报告的记录在核工业地质系统内部广为散发。这可能是涂光炽先生层控矿床学术思想之发端。

1965年9月,正值景色宜人的金秋季节,涂光炽教授率领中科院地质所十余人来到南秦岭西段的510地区考察铀矿。该区铀矿地质工作刚刚开始,条件相当艰苦。考察即将结束时,山上纷纷扬扬地下起了鹅毛大雪,在这"胡天八月即飞雪"的日子,涂先生冒着风雪,踏着雪水浸透的泥泞,步行十几里路来到工区现场,与野外地质工作者座谈。在这次座谈会上,他系统地提出了对该区铀矿成因的新认识:由原来含铀高的地层,经后期地质作用活化富集成矿;并把这种成矿作用称为"沉积再造作用"。其后不久,改称"沉积改造作用"。

70年代初,涂先生还详尽地对510矿区一矿段的铀矿石物质成分作了近半年的深入研究,撰写了研究报告,明确指出该矿区的矿物和元素组合有低温、浅成的特点。这个认识成为他后来明确定义的"改造作用"的奠基石。

发展时期(1973—1979年)

1974年涂先生在长沙召开的全国性地质学术会议上作了题为"叠加与改造——被忽视了的成矿作用"的学术讲演。这可能是他第一次较系统地向国内同行阐述他对中国矿床地质的长期思考结果。

早在1956年,他招收了5名国内首批硕士研究生,在他指导学生论文和亲自考察南方、西北的矿床地质时,已经显示了涂先生的广博和兼容。他是当时中国科学院地质所内生矿床研究室的负责人,而他的学生就有以沉积铁矿作为研究课题的。

50年代末到60年代初,林格伦岩浆热液成矿论一统天下的局面受到国际和国内的一些学者的挑战,出现了"矿源层"、"同生成矿"、"土生土长"等概念或学说。科学史证明,一个新学说兴起和传播过程中,若只是由与新学说相近的学科的学者积

涂光炽在考察层控矿床

极宣传,往往易被人们认为是专业知识的夸大,只有与新学说相距甚远的学科,尤其是与新学说相对立的学科的学者,也加入到宣传这种新学说的大合唱中时,才能被学术界认真对待。涂光炽教授既具有严谨而豁达的治学态度,又有内生成矿理论的高水平造诣,他在国内积极倡导层控成矿理论,并成为国内该理论的杰出人物。如果回味一下科学史中上述现象,就不足为奇了。

在1973年之后,涂先生一方面大量考察国内的矿床地质,与当地的地质工作者座谈;另一方面在一些学术会议上,在公开的刊物上与广大读者研讨层控矿床的地质背景、岩石、矿物、地球化学方面的特点。与此同时,国内其他层控理论的宣传者,也都积极地倡导。在短短数年中,中国矿床学界探讨层控成矿理论达到一个高潮,使层控成矿理论迅速撒向华夏大地,生根开花。

成熟时期(1979—1988年)

层控理论在中国广泛传播之后,涂光炽教授清醒意识到,必须有扎实的工作、多种学科手段、翔实的资料、大量的数据,才能使之更加深入,

更为系统，研究工作才能推向一个更高的水平。1979年，他正式提出了"中国层控矿床地球化学研究"的课题。

在课题的开题报告中，涂先生对层控矿床的定义、内涵，作了深刻的阐述，并对若干概念、术语的使用给予明确的统一规定。他的设计思想为参与专题研究的四十余位同志所接受，从而保证了长达八年的课题执行中，有共同认识和严密的系统性，体现了涂光炽先生所强调的把地质研究与地球化学研究紧密结合的指导思路。

在层控专题研究过程中，涂光炽先生亲自主持二级课题的开题，听取课题执行情况的汇报，参加课题完成时的总结性学术报告会、评审会等。他仔细审阅全部文稿，认真修改，直到最后完稿。他善于集思广益，反复推敲，反复论证，不断丰富修改和发展他的学术思想。可以说，他既是层控课题的设计者、主持者，又是执行者和完成者。

中国科学院于1986年8月组织专家评审委员会，对《中国层控矿床地球化学》一书进行了审定。称"此书是我国第一部层控矿床系统研究专著和理论总结，它在系统性、概念理解以及对一些问题的讨论深度上超过了国外以《层控矿床及层状矿床》（1976—1985）12卷册为代表的成果"。"在矿床学理论方面取得突破性进展。沉积—改造矿床成矿作用为层控矿床重要形成方式的提出，澄清了过去矿床界争论不休的问题，是对矿床学的重大贡献。本项成果在学术上居于国际领先地位。它不仅为我国的矿床地球化学这门边缘学科的发展奠定基础，而且对开发我国的矿产资源具有重大指导意义。""它不愧是我国矿床学和地球化学研究中一部里程碑式的巨著。"

1987年1月5日，《科技日报》头版刊登由该报和中央电视台共同评选出的1986年我国十大重大科技成就，对其中之一的《中国层控矿床地球化学》，该报评论说："（它）在理论上有创新，在方法论上很多是初次在地质研究中应用。""它对我国矿床学、地球化学的研究将起推动作用，对世界矿床学是一个重要贡献。"

1988 年《中国层控矿床地球化学》获得国家自然科学奖一等奖。

2 "攻深找盲"采金矿

说起参加开拓我国黄金资源的研究，我说个再平凡不过的一件小事。上世纪 70 年代末，我的同事卢焕章在上海路过城隍庙，看见附近一家店铺门前弯弯曲曲排队的人群，不知要买什么，走近看，人家告诉他，是要买小小的金戒指、小金项链之类的东西。他回来说给我听。其实我在北京，也看见过相似的现象。这说明什么？我国这样一个大国，在人民生活略有改善后，他们有购买黄金饰物的要求。然而黄金的产出，却难以满足需要，作为研究找矿、成矿的我们，负有责任。我们应该急国家、人民所急，赶快行动起来。在 80 年代初期我便和科学院孙鸿烈副院长、学部委员陈国达联名写信给国务院，建议在发展我国黄金资源和加速黄金开发工作中充分发挥中国科学院多学科综合性的优势。其后，从 1987 年开始，我投身金矿地质研究。西方某几个国家的前寒武纪古砾岩型金、铀矿床一直是广大地质工作者十分关注的找矿对象，因为无论就储量、产量而言，这种类型矿床多年位列世界前茅，我国也有不少地质同行提倡应寻找古砾岩型矿床。在 70 年代末 80 年代初期，我从剖析我国前寒武系发育演化的具体条件出发，论证了在我国产出古砾岩型金、铀矿床的前景不佳，实际上较大规模的这种类型矿床在整个欧亚大陆都未曾找到过。我的论点是符合我国实际地质情况的。

我提出了我国金矿床类型划分的意见并论证了哪些矿床类型在哪些地区最有前景。同时,我也强调了某些在外国重要的类型在我国出现几率不高。

我国多年寻找富铁矿、金矿、铀矿的实践说明我是力求从中国的地质实际出发,实事求是,而不生搬硬套别人的经验、看法的。因为这种见解比较接近客观,我决不随波逐流,人云亦云,甚至冒一定风险也要坚持下去。

参加金矿地质研究后,我在这方面的主要学术收获是:(1)划分了中国金矿床主要类型,提出了它们的特征和找矿方向,讨论了在其他国家很重要但在我国出现前景不佳的各种类型,这对金的找矿十分重要。这些剖析引起了金矿地质界的重视。(2)深入解剖了原生金矿与砂金矿之间可能存在的各种关系,对我国重要砂金产地主要为高寒冻土带的原因提出了解释。(3)多次强调了某些类型金矿,特别是绿岩带型金矿深部找矿的重要性,这对拓展金矿资源有现实意义。(4)对比了世界上两个最重要的卡林型金矿密集区(中国扬子地块西缘及美国西部内华达州和邻区),提出了它们的异同及找矿背景的差别。(5)区分了陆相火山岩和海相火山岩中赋存的金矿,它们在物质组成、控矿因素、成矿背景等方面存在着不同,而长期以来它们是被笼统地称作火山岩型金矿。

刘秉光①:金是"人类认识最早的金属"。将近20年里,光炽先生非常重视我国金矿的找矿及勘探、开采等方面的事,直接去现场实地考察,从我国的东北到西南,从西北的崇山峻岭、荒漠戈壁,到东部沿海,他走

---

① 刘秉光,中国科学院地质与地球物理研究所研究员。

过的崎岖路、下过的矿井真是不胜枚举。从20世纪50年代中期起，我作为一个地质工作者，从青年、中年到老年，记不清跟随涂先生跑野外去过多少次。现只谈谈20世纪90年代和涂先生一起参加黄金勘察工作的情形。

（1）考察国内的金矿

涂先生将我国金矿分为六大类，其中一类是绿岩带金矿，山东就有胶东绿岩带、鲁西绿岩带。原国家黄金总公司邀请涂先生去看广袤的山东胶东莱阳盆地金矿点。像招远、三山岛、玲珑、焦家等几个产金多的大金矿，涂先生都去了，他了解这个地区，一大片绿岩带花岗岩，原来打钻采矿的深度仅300米至600米，他对已经采完而废弃的矿井，一个个下去仔细考察后说，深度太浅了，在更深的位置上，可能还有更多的大矿。于是他提出了"攻深找盲"的点子。当年很强调科研、教学、生产部门三结合探矿。经过讨论酝酿，立了个"30100"工程项目，即用3年努力，达到黄金100吨的目的，请涂先生当顾问。打钻的点扩大了，钻探深度达到近1000米。后来事实证明这个三结合找矿的方法及这个"攻深找盲"的金点子效果非常不错，拯救了9个废弃的矿山，确实见到可喜的成效。项目获国家科技进步奖二等奖。

（2）考察南非金矿

1995年，南非阿弗瑞干（Afri Raqns）大学尼柯（Nic BeuRas）教授来我国访问。离京前，这位地质矿床学同行邀请涂光炽教授赴南非考察世界闻名的金、白金、矾、钛、磁铁等贵金属和稀有矿床。对于这次南非学者的盛情邀请他很高兴，组织了四个人前去。他明确指出：看别人的，自己有个对比、借鉴；其目的是我们"洋为中用"，依据自己的国情，做得更好。他是领头人，我们几个都是他的学生。

尼柯教授安排的第一个考察点是西威斯特的曳方庭（Dr：efon tein）矿区。这个威特瓦特斯兰德金矿是世界最大的古砾岩金矿之一。后又去考察世界著名的布什维尔德大岩体白金矿床，它的面积很大，是层状超镁铁岩体，多元素矿床。下面是铬铁、矾、钛等，质量并不太好，但上面是非常好的世界第一大层状铂矿床，储量大，品质高。涂先生第一个走向靠近岩体东部的布什维尔德杂岩体，下到距离地面3 000多米，我们紧随其后。到了井底下，又步行3公里，到达375号矿井。我们都感觉累，更不用说近80岁的涂先生了。回到住地，我特意选择一个两人间，陪伴涂先生。这天晚上在宿舍里，我发现他腿上有几处黑点，他说可能是坑道里石头碰撞的。

中午吃饭遇见了想不到的事：茵帕拉矿山请我们吃午饭，东道主很热情，在饭桌上喜形于色地谈起他们的超大型金矿床，已产金1 200吨。涂先生则从容微笑着说："我们条件不一样，你们有的，我们没有。但我们有适应我们自己的成矿条件和找矿方法。"这时一位女士忽然问涂先生："你要不要一点饮料？"众人这才发现，涂先生脸色苍白，不知怎的一小块牛排卡在了他的气管。这时南非一位地质同行急中生智，一只手迅速拿笔把牙齿撬开，另一只手往涂先生后背一拍，被卡的那小块牛排落地，解了涂先生的危难，大家也舒了口气。

我们住的地方实际是野外的草棚子宾馆，那天晚上又发现涂先生腿上有来历不明的黑点，我为他健康担心。但第二天早晨起来，涂先生仍是兴致很高。这天按东道主安排，先去看科马提杂岩体。接着，又去看北部地区法拉波瓦多元素矿床，包含铜、金、磁铁等十二种元素，储量非常大。

涂先生有个习惯，在野外看了矿点，不管多累，晚间还是要将大家召集在一起，畅所欲言，谈谈各自的想法、看法、收获。每人还要写出一份材料，最后形成一个小结，这必须在当地完成。

每次跟涂先生去现场考察，我非常注意涂先生有些什么想法、看法，他的见解总是别具新意，与众不同，给人以启示。这回看了世界金储量占首位、产金第一的南非金矿，他对我们说："看看是必要的，可以增长我们的见识，不做井底的蛙。但许多人曾认为，中国也可以照他们那样去找寻大金矿。我总是说，南非兰德型金矿很大很老，但中国没有，何必劳民伤财去做这样的事呢！我们要依照我们的国情、地情，去发展我们的事业，包括金矿的发现、开采和扩大，这是完全能够实现的！"

涂先生在南非的事，我还没讲完呢。晚上在灯光下，我又细看了他的腿，那黑点比昨天还多，他仍说没事，就是走路有点累。回到约翰内斯堡，我找了尼柯教授的保健大夫给他做检查，全身照了七张片子。医生说，腿部可能是微血管出血，别的没看出什么问题。然而涂先生睡觉、吃饭都不好，买营养品他也吃不下，躺了两天。我有点害怕，查好了一所大医院的电话。我怕出问题，还找了中国留学生来帮忙。这天晚上，急救中心的人还没到，涂先生起来想上厕所，我和同来的李朝阳扶着他走了两步，他突然发生休克，于是我们打电话喊来了一辆急救车。可是李朝阳上去的这个急救车，车上却没有大夫，只好再找大医院的急救车，大夫马上给病人供氧气，急救车直奔医院，涂先生被安置到重病室抢救、检查。快到深夜12点，医生告诉我，大意是用来防血凝固的药用量太大，血跑到微血管回不去。那时我们跟南非还没建立外交关系，只有一个研究所可直接与我国外交部打电话。电话接通，我们为涂光炽院士办医疗费，外交部快速拨来一万美元。研究所帮我们选了南非最好的医生给涂先生治病。两天后，涂先生病见好转，遂换到普通病室。我们准备陪涂先生飞回北京，仍是留学生帮忙为涂先生办了个头等机舱的票。18个小时后，涂先生平安飞回北京。这是我和李朝阳亲历的涂先生去海外交流学术所遇到的一次生命风险。从中我们可以窥见涂先生"轻伤不下火线"的敬业精神。

（3）赴北美（加拿大、美国）考察金矿

那是1988年9月，为了更好地做好中国黄金的找矿工作，涂先生牵头组成7人的黄金考察团从北京直飞加拿大东部城市多伦多，接我们的是在加拿大齐库梯米大学读研究生的涂先生的学生，他做我们此行的陪同，直奔目前世界上仅次于南非兰德金矿的赫姆洛（Hemlo）金矿矿区。涂先生和我们下到3公里深的矿井，涂先生看了后，认为它成矿年代是36亿年，年龄老，而矿物新。按说辰砂、毒砂不易保存，易跑掉，挥发，为什么没有跑掉？涂先生要我们回答。而涂先生告诉我们，它跑不掉，是因为它上面有很厚的粘土层不透气，把它盖住。这是值得你们学习、认识的。

涂先生还讲到火山喷发形成金矿：下坑道去看，有的是陆相成矿，也有海相成矿。陆相喷发比海相更好，如台湾的金瓜石矿（黄金100多吨）。中国大陆应找绿岩带绿片岩、火山沉积碎屑岩和花岗岩等，金在花岗岩边上，也有在岩体里面。像我国山东、河北、内蒙古等地的矿属于这一类，加拿大也有六七个这样的矿。

绿岩带型金矿，对中国很重要。加拿大是很老的地块。中国成矿比较新，中国老地块在活动，有侵入，有喷发，原矿改变。而加拿大的矿看样子是新的，而实际是老的，没有太大变化，岩

1995年6月涂光炽在加拿大野外考察中与外国学者交谈

浆侵入也不一样，金没有受后期地壳活动的影响。这样对比有可借鉴的地方，重要的是还要找出和我们的区别。

加拿大的考察结束，9月28日，我们离加赴美。出发前在加拿大，发生了小问题，机场海关提出7个人中有3个不让走，包括涂先生。主要是他们外事局档案上有材料，记载了涂先生等去美国已多次，要待查。我们4人先到了美国西部的旧金山，由斯坦福大学一位涂先生认识的华人教授刘忠光接待我们。第二天，光炽先生他们3人过来了。第三天，我们去离旧金山不远的杰姆斯通金矿，涂先生说，这样的矿中国不太多，它的金颗粒很细微，这就是美国的卡林金矿，这样的矿对中国有很大的启发。美国人叫做"卡林"金矿，我国称微细粒浸染型或沉积岩型金矿。目前卡林型金矿密集区仅见于美国和中国。中、美两国的卡林型金矿，尽管含矿地层时代不一样，但都是产在海相沉积碳酸盐岩、碎屑岩中。美国卡林型金矿含矿地层比较老，容矿岩石主要是不纯碳酸盐岩和碎屑岩；而中国西南部的卡林型金矿含矿地层时代较新，容矿岩石主要是碎屑岩，少数是不纯碳酸盐岩。由于矿石氧化作用，原生矿石之上常见氧化带出现大规模雌磺、雄磺、辰砂，氧化带中的金也容易提取，这在美国卡林型金矿床中比较常见。而在我国卡林型金矿却少见砷矿物，这跟氧化带不发育有关系。美国对卡林型金矿已大规模开采，收获颇丰。而我国西南、西北卡林型金矿的开采正在兴起，前景看好。

最后我们还看了斯里伯金矿和科罗拉多金矿。

这次行程中，涂先生曾流鼻血，休息两天，血止住。我们10月11号飞回北京。

（4）去澳洲考察金矿

1994年10月，涂先生应澳大利亚西澳大学之邀去交流学术，同时又去考察西澳很具特点的几个大的金矿及其他有特色的矿床，我随他同行。同去的还有我国科技部一位司长。西澳产黄金的地方，人烟稀少，大片的盐碱地，却出黄金上千吨。多是变质绿岩、花岗岩，30亿年前的古老地块，很稳定，与加拿大一样，基本是花岗岩绿岩地质体。我们在那儿看了几天，涂先生很感兴趣，好像有新发现，觉得有点像我国胶东的石英脉型金矿。澳大利亚还有个铅锌矿是世界最大的，有2500万吨。而我国云南的南坪金顶铅锌矿只有1000万吨。涂先生说，铅锌矿如何形成，也对我们有很多启发。还有很特别的南澳大利亚的奥林匹克坝，它的形成很特殊，跟火山作用有关，又有花岗岩侵入，有黄金1000多吨，铜1200万吨，还有铀，是世界级的超大型矿床。我们坐着汽车开进坑道，看他们机械化的开采。我们也看了铀矿（一般不让人看），是得力于涂先生在西澳大学的一位研究生，他的学生，他和矿上的人很熟，为我们开绿灯。

还有西澳卡尔古利金矿，是石英脉型，金储量大，品位高，面积分布广。他们露天开采，中国没有这样的矿。

总之，澳大利亚有得天独厚的矿产资源，使之成为世界矿业大国。

此后，涂先生除了去西澳大学作学术交流，还应邀去了堪培拉、悉尼的几所大学作学术报告。回国之时，他对我们说：考察了澳大利亚的矿区，了解到他们的特色，比照之后，重要的是从我国的国情出发，去解决我们的问题。

王秀璋：涂光炽教授一直关心我国的黄金地质工作。早在1975年曾到我国主要金矿床——吉林夹皮沟进行过地质考察。近几年又先后去过一些大型金矿床如山东招远、广东河台，以及新疆、浙江的一些金矿考察，提出了一些有益的见解，推动了我国金矿地质工作的开展。他参与了中国科学院黄金工作的重大决策，决定院黄金工作的方针政策和解决具体执行中出现的问题。

1987年，他以专家身份出席了全国"七五"期间金矿地质攻关项目评审会，出席了首届冶金地质金矿讨论会，参加了第四届全国矿床会议。在一系列院内外的会议上作了重要的学术报告及发言。他的见解对推动我国金矿成矿理论研究及找矿工作都有重要意义：

（1）金的改造成矿作用。"改造作用"，是涂光炽教授研究我国层控矿床时提出的一种新的成矿作用，系指"矿源岩（层）中的分散的成矿元素或物质在后期地质作用中活化转移，或深部非岩浆分异来源的成矿物质在地壳浅部的构造软弱部位，即相对开放部位富集成矿的作用"。对于这类矿床的形成，有人认为系前寒武纪变质成因，有人认为是晚期岩浆成因。涂光炽教授根据自己的研究指出它们应属于变质岩或混合岩化变质岩为矿质来源的改造矿床，即变质后或混合岩化后的改造矿床，属于一种新的成矿作用的产物。

（2）构造控矿。南非的含金铀砾岩受不整合面控制，加拿大太古代斜长岩、超基性—基性岩、火山岩、沉积岩、变质岩中的金矿受韧性剪切带和破碎带控制，看来金矿体、金矿床甚至金矿田都明显受构造控制。韧性剪切带在变质岩及侵入岩中较发育，但不少剪切带中的金矿沉淀在剪切作用之后的张开阶段，此时的构造提供了容矿空间。

（3）中低温蚀变及元素组合类型。金矿床的围岩蚀变大都属于中低温型，不管哪一类岩石中的金矿硅化都是明显的，同时还有绢云母化、铁白云石化、绿泥石化等都属于中低温范围。按照伴生元素可分两种组合，即产于沉积岩中的 Au-Hg-As-Sb-U 型（As 呈雌黄、雄黄存在），产于花岗岩及变质岩中的 Au-Ag-Cu-Pb-Zn 型，在轻微变质岩及火山岩中这两型均有发育。因此金的地球化学性质介于十分活泼的 Hg、Sb、As、U 与较稳定的 Ag、Cu、Pb、Zn 之间。

（4）两种不同类型花岗岩中的脉型矿床。花岗岩中的脉型矿床是指产在花岗岩体中，接触带或离花岗岩接触带不远（100~200 米）的矿床。很长一段时间内，这种矿床都被认为与花岗岩岩浆热液有关，当然不排除有岩浆水类型金矿存在，但相当多的是由被加热的地下水形成的。因此花岗岩中的脉型矿床可以分为两类，各具特点。岩浆水类型矿床所伴岩体分异好、高侵位、成矿温度高、与成岩间基本无时差。加热地下水形成的矿床则相反。

（5）超大型金矿的成矿找矿问题。涂光炽教授曾多次提到 20 世纪 80 年代国外发现的重要超大型矿床主要有两种，一为金矿床，另为铀矿床。而我国发现储量大于 50 吨的金矿床却为数不多。因此要对超大型金矿形成的理论进行剖析，研究如何找，何处找，并说中国科学院有多学科多手段，应为国家找大型金矿床提供依据。在他的倡议与组织下，1989 年 5 月首次在贵阳召开了全国超大型矿床寻找及理论研讨会。

（6）陆相火山岩型金矿的突破。涂光炽教授曾在多次会议及谈话中提到我国找寻陆相火山岩型金矿的前景问题。他指出，国外近年来对此类型取得了大的突破。20 世纪 80 年代国外发现的金矿主要属于这一类型。国内对这类矿床的寻找多少有点悲观情绪，认为国外为新生代火山岩，而我国大陆为中生代，金矿发育在火山岩偏上部，有可能已剥蚀掉。涂光炽教授指出，在新疆石炭纪和河南元古代火山岩中找到了陆相火山岩金矿，而赣东、浙西一带中生代盆地中火山岩保存很好，剥蚀不深，因此我国寻找此型金矿仍有突破的可能。

（7）新类型金矿床的寻找。由于金矿床类型还处在一个不定型阶段，因此我国发现新类型金矿是有可能的。涂光炽教授提出找寻对象：第一，铜金型。由于铜与金地球化学性质相近，在表生带、岩浆岩、变质岩中的行为类似，因此要注意在铜矿中找金矿。第二，铁帽型金矿，特别是含铜块状硫化物矿床的铁帽，如现在长江中、下游发现的铜矿床铁帽型金矿。第三，碱性花岗岩及碱性岩中的金矿，加拿大有此类金矿，我国也有。第四，火山岩受到后期花岗岩叠加改造活化形成金矿。

（8）浅变质黑色岩系找金问题。从世界范围考虑，沉积岩与浅变质岩中金矿出现几率高的是含有机质、碳质高的岩石。黑色岩系中多少含有金，当变质时（板岩—绿片岩相）金被活化成矿，但如变质太深，金就跑掉了。因此黑色岩系中的金矿床与浅变质作用有关，金矿具低温组合，在新疆有可能打开该型金矿的局面。

对我国金矿床类型，目前中国地质学会矿庆专业委员会已提出了我国金矿床成因分类方案，这对金矿事业是重要推动。涂光炽教授强调以含矿岩系作为划分金矿类型的主要根据。含矿岩系基本上反映了矿床的宏观地质背景，含矿岩系经过野外调查和少量室内工作即可确定，确定后不会在以后发生大的变动。这种方法简便易行，不像成因类型划分常需作大量测试实验工作。根据涂光炽教授的看法，以含矿岩系为依据，我国金矿大致可划分为五种类型。第一类：前寒武系主要是太古界绿岩带型金矿；第二类：变质碎屑岩型金矿（相当于浊积岩型，黑色岩系型）；第三类：沉积岩型或碳酸岩—细碎屑岩—硅质岩型（相当于卡林型、微细浸染型）金矿；第四类：火山岩型金矿，可再分为海相、陆相两个亚型；第五类：侵入岩内外接触带型金矿。涂光炽教授还分别论述了上述类型找矿前景。

张竹如[1]、陈世桢[2]：我俩是贵州工业大学的普通教师，早在涂光炽教授任中国科学院地球化学研究所所长时就拜在先生门下做学生，至今已20多年。先生学术上的创见、思辨方法、渊博学识、敏捷才思、严谨求实是众所周知的。自20世纪90年代以来，我们又有幸在先生指导下进行金矿地质科研，在胶东于前人找金矿盲点——中生代陆相盆地中发现含炭岩系层控金矿床，完成的国家"八五"攀登项目A30-11专题成果受到生产部门高度重视，并应邀具体指导金矿找矿的深部验证工作。经我们指导设计的深部钻孔连连见矿，初步获得较好的找金效果，为胶东金矿开拓了新领域。我们现以在胶东金矿地质工作中得先生的帮助、指导为例，看先生为人、为师的品格。

1990年秋，我们在山东牟平—乳山的王格庄乡及峰子镇做金矿普查填图，这是前人找金的盲区。工作中有一些发现，有一些思路，但进一步工作遇到很多困难，亟须导师点拨。我们想到的能给我们帮助的第一人就是涂先生。但我们已有三四年没跟先生联系了，只好凭运气寄封信到北京三里河中国科学院地学部。这封从胶东山区寄给先生的信，立即得到了回音。先生的亲笔回信洋溢着愿意帮助我们的热情，这给了我们信心。按先生信中指点，我们带上填好的图件资料及矿石样品乘火车赶到北京。我们用站前公用电话给先生通话，话筒里传来了先生亲切的声音："你们现在在哪儿？有地方住吗？到我家来住吧，可抽时间多谈谈。"记得那是周六晚上，先生就用晚上和周日休息时间，详细了解我们的填图工作，认真看完图纸和样品后，给我们写推荐信和出主意。在先生推荐和关注下，我们获得了国家黄金管理局金矿地质科研立项。在项目执行过程中，先生给予

---

[1] 张竹如，贵州大学资源环境学院教授。
[2] 陈世桢，贵州大学资源环境学院副教授。

极大关注，并到野外进行具体指导。随着对这片原是盲区的研究工作的深入，先生的超前思维已看到这片新区潜在的找矿前景。

在我们得到先生指导的过程中，深深体会到他在关心你的工作、认真了解你思想的时候，总不断启发你深层次的思考，引导你进入新的领域。胶莱盆地东北端白垩系莱阳群下部砾岩中有不规则的网脉状金矿化并散布有古采金遗迹，这种现象早被有关地质部门发现并相继做过地表揭露、化探检查及物探工作，但随后又被摒弃。当我们向先生汇报这一现象后，先生亲自和我们一起到现场做了考察，又专门与我俩讨论，建议要做细致扎实的基础地质工作。我们领会到先生的意图，把研究工作重点扩大到胶莱盆地，并开始对白垩系进行路线剖面调查。我们发现在网脉状矿化的砾岩层底部有一层与之不整合的含炭岩系，它不整合在基底变质杂岩之上，富含有机碳、硫与金等，其层间破碎带有层状、似层状金矿体产出。我们立即将此现象函告先生。先生回信指出这一发现十分重要，现在已报道的与含炭岩系有关的金矿，其含矿系属海相沉积，地质年代多为古生代或更老；白垩系及陆相沉积含矿系尚未见报道。先生叮嘱我们认真对待，不仅重视它的矿床学意义，更要重视它的工业意义。在执行A30-11专题时，先生明确指示应把野外工作重点放在胶莱盆地中。我们在野外首先对含炭岩系进行大比例尺实测剖面和系统地层岩石采样。先生进一步要我们与中国科学院广州地球化学研究所有机地球化学开放实验室傅家谟教授及中国科学院地质研究所范德廉教授联系，共同做野外及实验测试工作。1993年8月，先生与卢家烂教授、范德廉教授、刘金钟博士和我俩一起考察了我们实测的下白垩统莱阳群含炭岩系剖面，在现场边观察边讨论，气氛热烈而和谐，先生又要我们广泛搜集胶莱盆地内地质、物探、化探及深部钻孔资料，要求沿盆地周边作调查，把工作范围扩大到盆地西南段的五莲、诸城等地。先生一层层加"码"加"压",使我们走出金矿地质范围,主动与胜利油田联系,通过交流资料和联合野外调查,进一步确认了赋金的含炭岩系是胶莱盆地中第一生油层。根据已搜集到的地质、物探、化探、深部钻孔及遥感资料,我们对胶东金矿的研究及找矿远景探索一步步深入。先生循循善诱,激活了我们的思路,使我们对找新类型金矿及在崖子地区可能找到颇具工业规模的金矿做了较为中肯的陈述,并建议有关部门重视这一找金新区。1997年我们同时得到牟平金矿及山东地质矿产局的邀请,要我们对新区新类型金矿的找矿给予指导,并告知按我们意见设计的钻孔连连见矿。最近,烟台黄金公司已决定,在20个钻孔见矿情况良好的基础上,要下竖井进行坑道勘探与开拓。

  先生在生活上十分简朴。他在地学部上班,中午往往不回家,在办公室吃方便面。但在做学问上却严谨、求实,有时达苛刻的程度。1991、1993及1994年,先生3次到胶东野外考察,我们对此深有感触。1991年先生到牟平重点对王格庄乡至崖子乡一带经我们工作中发现的各金矿化段进行野外考察及指导,同时参与考察的还有省、市、县的黄金局地质测量部门主管技术人员及贵州工业大学教师。正值7月中旬,山东已久旱无雨,骄阳似火。同行的20余岁的小伙子都大汗淋漓,先生却不管山高路险,对每个点都要仔细查看。就在这次考察结束后,先生指示要重视加强胶莱盆地中的基础地质工作,跨出新类型金矿新区找矿的第一步。1993年8月,又是盛夏时节,先生来到胶东重点考察胶莱盆地白垩系含炭岩系地层剖面,以及含炭岩系控制的一系列金矿床、矿点及矿化段。考虑到天气太热,要看的地段多,有的地段交通很不方便,而先生已70多岁,加上动过胃与心脏大手术,为了不使他太劳累,我们事先将各地段照片及采集样品陈列出来,向先生详细汇报,然后安排交通方便和比较重要的地段

涂光炽回忆与回忆涂光炽
Tu Guangchi: Reminisces and Reminisced

1998年涂光炽考察山东金矿

与先生一起做野外工作。当这一切完成后,先生提出要看余下的矿点,他说:"那些照片上的点我都要看。"无奈,我们只好把这些矿点的交通状况告诉涂先生的夫人蔡凤英医生,请蔡医生劝阻,但是没有办到。先生执意要安排继续进行野外考察。有一处要考察的地段有100多公里的土路,常年因车辆多及疏于管理已布满大坑小洼,有些地段又开挖重建,加上天旱无雨,地面满是黄土,车过尘扬。我们六人挤坐车中,不敢开窗,汽车在黄尘中慢慢颠簸在搓衣板似的公路上,车内气温越来越高,空气闷极了,我们都饱受其苦,可想先生更苦。还有一个点,要步行,记得那天十分闷热,当我们从山坡下到谷底,没有一丝风,我们憋得透不过气来,从山谷再往坡上走,腿都迈不动,先生这样心脏动过手术的人感觉会更糟。但先生不要旁人搀扶而坚持走到目的地,在刺眼的阳光下仔细观察地质剖面。先生如此认真对待野外工作的态度使我们感触很深。一位博学的人,一位考察过国内外若干重要矿区的人,一位身体动过大手术年逾古稀的老人,

119

对地质事业如此执著，对野外地质工作如此认真，以他具体的一言一行给我们以教诲。面对这样的真诚，我们还能马虎草率对待野外第一手资料吗？我们作为教师，能不把这种执著的敬业精神传给新一代的地学工作接班人吗？

蔡凤英介绍

蔡凤英，1933年生，昆明医学院毕业后，先后在贵阳市花溪区人民医院、贵阳市第二人民医院任妇产科主任医师。1970年12月与涂光炽先生结婚，在先生心脏大手术后，为了照顾先生的身体，她提前退休跟随先生一道出野外，并从1987年起一直坚持记着日记。

【蔡凤英的日记】

1991年8月26日　晴　山东招远县 三山岛之行

一位地质科学家的追求。

我爱人涂光炽今年已70有余，而他又曾做过两次大手术，他到野外工作考察，作为妻子的我也总是提心吊胆，放心不下。因此，只要有条件我都要求同行，也可给他洗点衣服，条件差的地方也可供给他一点能量。否则70岁老人也和年轻人一样，一点营养补给也没有，别人吃什么他就吃什么。而他又不喜欢吃零食，若准备的有，叫他吃他也吃。

在山东超大型金矿的初步考察中，我发现他总是那样认真，走到各个矿山，只要对找金有联系的每一个矿点，他总是要去认真地察看，只要认为有价值，不管山高地滑，多么崎岖难行一定要去。在烈日下青年人都感到吃不消，他走得汗流浃背也要到目的地。

今日一行11人最高寿是他，下矿井坐的是一种从未见过的铁架子车，车轮的滚动和山共鸣，真有震耳欲聋之感。下到海平面100多米下一个已开完矿石的废井，里面一切设施和照明通风都没有，伸手不见五指，只是用微弱的电筒光指示前进。

脚下的水深淹过膝，高低不平的泥道，若不小心就会陷入深洼，提脚都困难。老涂他们根本不顾脚下，都全神贯注用电筒光细心观看着两壁的岩石走向及矿化现象，想借此进一步了解地层含金情况。因通风不好都感到有些胸闷，但当找到一块好标本时，各自的喜悦真是用语言难以形容，老头子脸上的五线谱已经谱出了美妙的乐章。我给他们提着标本袋，心里也是乐滋滋的！

4号井也是挖完的金矿石井，同样没有电灯，路全是烂泥，脚上满是烂泥，走一步是一步，也是沿着坑道观看着，采集标本，到处是采空的矿井，黑洞洞的。世人哪知这就是每年向国家交纳一吨黄金的大厂。

80—90年代的青年、中年、老人、妇女用来装饰的金耳环，金戒指，手镯，胸花是那井下矿工用青春及汗水换来的，他们的心比金子还要发光，有些矿工子孙后代都为矿山服务挖金矿，他们的无私奉献真是值得后人学习。

地质工作我认为在国民经济中占有重要位置，地质工作者也比较辛苦，尤其是那些野外地质队。若没有一些献身地质工作的先行者，那么选矿—开矿—冶炼也就不可能形成。

地质工作如果不是对国家、对人民那么重要，就老涂来讲，他也犯不着这样跟着一些年轻人跑，每年、每月、每日这样地东奔西跑，马不停蹄，这是为了什么？为的是一种追求，一个共产党员的追求，一个地质工作者的追求，一位老科学家对一种观点、一种学说、一种自己见解的追求，也为祖国富强而追求着。

3 "低温地球化学"和"分散元素可以成矿"

在金矿及其他矿产地质、地球化学领域的多年实践，使我确信，在低温条件下（<200 ℃，包括常温和零下温度）的一定介质中，金与其他金属都可以成为活泼、易溶、可迁移元素，并可富集成矿；但经典成矿理论却认为热液金矿床主要是高、中温矿床，而砂金则主要靠机械搬运而非化学搬运形成。除汞、锑之外的热液金属矿床也是在高、中温条件下形成的。岩石学研究存在类似情况，即大于 300 ℃ 和常温的成岩实验是大量的，而 50～250 ℃ 区间的实验数据则很少，因而低级变质作用、埋藏变质作用、成岩作用研究水平较差。上述情况不仅制约了成岩成矿理论的深入发展，对找矿评价也是不利因素。当 20 世纪 80 年代末，国外文献中出现较多讨论成岩成矿的文章时，我抓紧这一时机，90 年代伊始，便提出了低温地球化学研究课题，得到了国家自然科学基金委员会的支持。我对这一课题进行了设计与领导。在我的学术思想带动下，本课题在总结中国低温金、银成矿作用，低温下金与硅关系的实验，低温水—岩石作用、退变质作用、低温吸附实验等方面取得了进展。

一、肯定了低温成矿的重要性。长期以来，国内外矿床学界多只承认汞、锑、雄雌黄及少数铅锌矿床是低温形成的。通过本项目，确定一些金矿类型，如卡林型金矿、火山岩型金银矿床，还有砂岩铜矿、一些独立银矿床和许多非金属矿床，如水晶、萤石、重晶石、冰洲石、明矾石、膨润土、粘土等，均属低温形成。这为讨论上述矿床的形成机制及分布规律提供了新的依据。

二、通过这项工作，发现湘西、贵州、川南、滇东、桂西北是我国重要的低温金属及非金属矿床密集区，我提出了中国西南大面积低温热液成矿域的概念，这一成矿域其面积之大，矿种之多，矿化类型之复杂，成矿带之密集和找矿之前景，均具重要意义，在全球范围内都是十分罕见的。这是我国首次提出这种认识。我还探讨了这一巨型成矿域的形成机制和地质背景。

三、从野外观察及模拟实验解释了低温条件下硅化作用的普遍性及其形成机制。

四、对金在低温条件下，各种介质中的溶解度、络合性能进行了较多试验，证实了自然界金在低温条件下是完全可以活化迁移的。

五、较深入地认识了我国北方一些独立银矿床、华南一些萤石矿床、粘土矿床、非金属矿床的矿石物质组成与成矿地质背景。

六、阐述了低温条件下若干分散元素成矿的可能性。分散元素是指那些在地壳中含量稀少，且十分分散的元素，如碲、硒、铊、锗、镓等，它们很少形成独立矿物。《大百科全书》否定它们成矿的可能，矿床学界和地球化学界一向认为分散元素不可能成矿。但无独有偶，近年来在我国西南地区接二连三地出现了锗、碲、铊、镉等分散元素形成独立矿床或矿体的报道，这让我兴奋不已，夜不能寐，反复追思其奥秘所在。我想，究竟是什么因素、条件、介质、环境、背景导致这些元素不趋向于分散，而趋向于富集成矿呢？

1994年涂光炽在云南墨江考察分散元素矿床

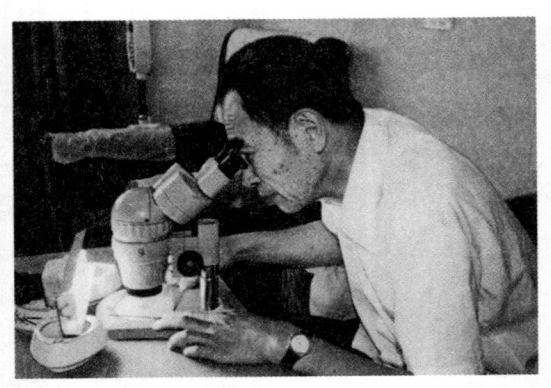

涂光炽在双目镜下观察低温条件下形成的矿物

这显然是找矿和成矿理论上的重要课题，与环境保护也有密切联系，某些分散元素还具独特新能，如铊对超导体十分重要。本项工作为开拓新的矿产资源起了一定作用。于是我又及时组织力量，向国家自然科学基金委员会提出了申请，获得批准并已启动。初步认识是分散元素可以成矿，但条件十分苛刻。我国的分散元素成矿作用，在全球背景中很具特色，它们主要集中在我国西南地区，是全球研究分散元素成矿作用最理想的场所。研究成果确定了锗、铊、硒等分散元素可以形成独立矿床的理论体系，突破了分散元素不能形成独立矿床的传统观念。首次发现9种分散元素新矿物。确定了分散元素成矿专属性和我国西南地区分散元素矿床集中出现的有利因素，提出了分散元素的找矿方向。

  1998年2月，由科学出版社出版了涂光炽等著的《低温地球化学》专著。在《自然科学进展》杂志（1999年3月）中的《评〈低温地球化学〉》一文指出："低温地球化学的特点之一是充满了新信息、新思路和新观点，突破了目前普遍接受的某些传统观念……对低温矿床的地球化学做了非常出色的论述，对我们今后研究地表及其浅部的地质地球化学过程具有非常重要的指导作用，尤其是对认识低温开放体系条件下元素的活化、迁移、沉淀就位，这些与成岩、成矿以及环境污染和防治过程直接相关的重大科学问题，将起到积极的推动作用。"

  成岩成矿低温地球化学研究，获1999年中国科学院自然科学奖一等奖。

2002年，由贵州省科技厅主持的成果鉴定，评审专家一致认为：该项研究成果内容丰富，在矿床学和矿床地球化学领域中对分散元素研究工作取得了重大进展，奠定了分散元素地球化学与成矿学的基础。丰富了矿床学理论，开拓了矿床研究的新领域；在找矿方面为分散元素资源勘查奠定了理论基础，开拓了找矿思路和找矿方向。这是一份在国际前沿领域具有开拓性、创新性的优秀科研成果。该项成果获2003年贵州省科学技术进步奖一等奖。

鉴于《低温地球化学》和《分散元素地球化学及成矿机制》两项成果，虽有差别，但也互相联系，研究的矿种大都分布在中国西南地区，研究的内容都涉及低温成矿作用。因此将其组合成"分散元素矿床和低温矿床成矿作用"的研究成果，获2005年国家自然科学奖二等奖。

4 加速查明新疆北部矿产资源

1987年5月涂光炽在新疆野外考察

在过去10年（1985—1995）中，我参加了国家科委组织的对新疆北部有色金属及贵金属矿床寻找、踏勘及研究的攻关项目。这一攻关目前还在继续中。在工作中我得到一些新看法：（1）提出了中亚—东亚巨型成矿域的概念；拓宽了过去只将成矿域的成矿时代局限于中亚地区的看法，指出这一成矿域的成矿时代以海西晚期为主，但在一些地方叠加了后期成矿作用。

（2）长期以来新疆产出的银主要为多金属矿床的伴生组分。我提出了新疆天山南支存在独立银矿床并可能形成矿带的新认识，这对新疆寻找贵金属有重要意义。（3）新疆还展布全球性第三条汞锑矿带，它向西延伸到苏联中亚部分，向东延长到秦岭。这一巨型成矿带的存在已为近年找矿实践所证明。（4）指出岛弧发育过程中陆相火山岩及其对成矿，特别是对金矿形成的重要意义。而在过去，它是完全被忽视的。（5）划分和阐述了北疆金矿床的主要类型及其特征，为合理找矿提供了依据。（6）指出北疆地质发育特点之一是多条富碱侵入岩带的密集。

> 20世纪80年代中期，为了加速开发新疆的矿产资源，涂光炽率领地化所和有关单位的科研人员，执缨请战，亲自负责"北疆主要矿产成矿规律与找矿方向研究"的攻关课题。为新疆矿产资源的"八五"、"九五"攻关打下了坚实基础。他提出阿尔泰山和天山是中亚成矿域的组成部分，但又具有若干非造山带成矿特点。他强调北疆火山岩低温热液型金矿呈带状分布，找矿前景良好，加强了新疆找金的信心。

章振根[①]、倪集众[②]：涂先生是理论与实践相结合的典范，在新疆的工作是一个明证。20世纪80年代，他曾多次去新疆，尤其是在负责国家305项目V14课题以后，每年都要去新疆进行野外地质考察，指导项目的进行。他曾多次提出要注意在含炭岩系与碱性岩中寻找矿床的问题。而目前已找到的几个金矿，确实与含炭系有关；北疆发现的几个碱性岩体确实与锡矿有关。他曾3次到金窝子金矿区，认为该区210金矿床可能与苏联

---

① 章振根（1929—2009），1955年毕业于重庆大学地质系，1956年至1961年，苏联莫斯科有色金属及黄金学院研究生毕业，获苏联地质—矿物学副博士学位，中国科学院地球化学研究所研究员。

② 倪集众，中国科学院地球化学研究所研究员。

穆龙套金矿床（现属乌兹别克斯坦共和国）有类似之处。他还认为金窝子金矿床系非岩浆水热液成因。涂先生还特别重视新疆的非金属矿产，考察过膨润土、高岭石、蛭石、石墨、蒙脱石、珍珠岩，以及与建材有关矿种的十多个矿床和矿点，以他渊博的知识，对非金属矿床的开发、利用和勘探、研究工作提出指导性意见。自1985年以来，新、甘两省区的崇山峻岭，戈壁沙漠留下了先生的足迹，洒下了他无数的汗水，也播种了他的学术思想。他的一些包含新思想、新概念的新理论，以其新颖的思路、清晰的条理和简练的语言而为地质界所称道，正在为野外地质所证明，因而正在逐渐成为地质工作者的共同学术财产。一个科学家的理论与实践为广大同行所接受，正是他的成功之处。

刘铁庚[①]：我谈谈涂先生在新疆工作的一些生活片断。

（1）1987年涂先生考察新疆北部矿产资源期间，在考察阿巴宫铅锌矿床时与我们相遇，我们非常高兴。除聆听涂先生关于"哈萨克斯坦与新疆北部地质和矿产比较"的精彩报告外，在生活上还感受到涂先生对我们的关心，他让我们中午与他吃饭，饭后还和我们一起吃西瓜。为了表达我们对涂先生的敬重心情，蔡大夫代表我们将西瓜四周匀给我们吃，中心部分献给涂先生吃。这就是以后传说中的"红心方块"。"红心"表示涂先生爱护、关心一般研究人员的心，我们尊敬、敬仰涂先生的心。"方块"表示我们都是来自五湖四海，融洽得像一家人一样。

（2）1992年我们陪同涂先生考察新疆北部白杨河铀铍矿点，时逢涂先生臀部长一个大脓疱，疼得非常厉害，坐卧不安，但他还是坚持下野外考察。第一天乘坐越野汽车从乌鲁木齐出发，行了几百公里来到和氏托尔

---

① 刘铁庚，中国科学院地球化学研究所研究员。

盖,已是傍晚时分。涂先生疼得晚饭没吃,医生和我们都劝他休息一下,但他仍坚持要到矿点去。第二天我们坐越野车行了几十公里山间小公路,高高低低,弯弯曲曲,好人都颠簸得受不住,但他到矿点以后强装好人一样,高高兴兴到处观察。这样搞了一天,晚上回到克拉玛依住进招待所后,痛得就忍受不住了,只好连夜送往乌鲁木齐医院,医院下了住院通知书;如果不行,就准备派专机送往北京医治了。结果在乌鲁木齐治疗数月后才出院。涂先生这种对工作兢兢业业,脚踏实地,为了工作生死不顾的精神实在让我们感动。

【蔡凤英的日记】

1987年7月21日　星期二　晴

昨夜我们一行10人住在可可塔烈队,他们是三班工作,钻机一天24小时不停。我们的帐篷离钻井2公里远但仍然听到钻机声,因此我没睡熟,8点老涂叫我起床,上午就在这里工作。

下午1点15分离开可可塔烈队向北屯进发,在出队的山间小道我们的驾驶员小刘同志就遇到了24条小溪沟,沟深狭,汽车一过总是碰到一点,因此每次都得下车来检查,真怕碰坏,不能前进,坐车的人都处于紧张状态,20多公里路竟走了2个多小时,好不容易才走完。到了喀拉额尔齐斯大桥,因为挖沙金人多,把有些好路面都破坏了,到处都是路,因此我们又走错了路,好不容易才找到穿进山谷的路,进山谷要走河沟,才爬上九道湾,俗叫九道湾,实际十几道湾都有,真不敢往下看,因为下面是悬崖峭壁。听说只有100多公里,但我们竟走了9个多小时,而且都是在大戈壁滩上走,岔路又多,根本没有路标,车上人都注意电线杆,唯一能指路的就只有太阳、电线杆,走一段路不见电线杆大家着急,因怕走错路。大戈壁一走错就是几百里，吃宿都会成问题，若太阳落了更无办法。幸好新疆日落比北京迟两小时，晚上10点才见日落，此刻我们仍未见柏油路，都急了，各人肚子也都饿了，中午1点吃的饭，现已10点，还没有见到目的地，好不容易碰到一部拖拉机问了一下路才知没有走错，那种庆幸的心情把一天的疲劳也赶走了。11点左右才赶到北屯，找到一家此地最大旅馆"鸟馨园"，卫生差。不管那么多了，先填满空空的肚子再说。因此大家就埋头苦干起来，我们吃饭的时候一手拿碗一只手还得不停地赶苍蝇。我抓紧安排让老涂休息好，明天他还要在这里工作。

1987年7月24日　星期五　晴　可可托海—富蕴

10点过10分由可可托海出发到富蕴县加油，2点到喀拉通克矿务局。

下午4点贾科长带我们下矿井，各人武装一下，都穿上皮衣裤，带上安全帽，因矿井有250~300米，要拉矿石上来，其他同志就没有下矿井，而仅有我和老涂、章振根、贾科长4人能下矿井，我们是站在一个1米大小的圆形铁桶中，头及手均不能放于桶外，用钢绳滑下去，听到一种铃声告诉已到终点，几个年轻小伙子头戴安全帽，准备接我们。只见四周是用铁皮搭的一个平台，我们吊桶离平台有一尺多，桶下又是深水，老章个子小上到平

蔡凤英(左1)陪涂光炽在野外考察

台不感到有多大困难,而我及光炽上去就困难多了。一开始下井我的心就非常紧张,多么害怕万一在下井时出现一点什么问题。但他们3人好像对这些却不关心,全神贯注地看什么断裂带,哪层又是什么走向,哪层镍、铁最多,又含什么锰矿,拿着锤子打样品,10多个矿工用小铁皮车装上钻下矿石往矿井上送,一车又一车,井下可见到一些钻孔仍在流水,虽有通风孔,但我仍感到空气少,有些二氧化硫的气味,催他们三人不要老在井下讲不完,到井上讲,听了我的意见他们才站进吊桶往上。在井口上的许多同志都面带喜悦地接我们,而我们也以一种胜利者的喜悦去回答他们。

1987年7月27日　星期一　阴　布尔根

今天早上因要赶路,就没有吃早饭,8点10分就从青河县出发,顺青格拉里河而下,看一个矿点,谁知走了100多公里问两个牧民老头说要再走80公里,因当时才12点,大家信心足。每人吃一个馍,虽干但饿了啃着也很香。都担心走错路,结果真走错了,走到沼泽地,蚊子真多。好不容易走出沼泽地,接着就是大戈壁滩,若走错一天也转不出,又怕越过国境,真是心急如焚。我想起老涂曾说要把骨头放新疆,我真担心。在这一望无边际的大戈壁,若走不出去车又无油,加之车上一点吃的也没有,唯一有的就是两个西瓜。现在北京时间已6点,大家的心都七上八下,此刻风又是那样的大,心都像被大风吹凉了。坐在车上的人今天没有一个打瞌睡,都全神贯注地找绿洲、电杆、蒙古包。又走10多公里才见一个蒙古包,同时也看见电杆。到了大路不管怎样不会在大戈壁上过夜。此刻又碰上几架拉木柴的汽车,心中就更踏实。约8点到野马泉兵站,在一个招待所住下,兵站同志知我们一天没有吃饭很快就开火给我们做饭。老涂今天被折腾了一下,在车上坐了12小时。65岁的人不知为什么还要这样东奔西跑，国内野外考察，国外野外考察，而时间又安排那样紧。跟他野外考察我才真正体会到野外地质工作是多么辛苦，随时都要做出遇到各种困难的准备，饿肚子就不在话下，有一个落脚点只要有水就什么都感到满意。从这几天的体会，我在想，为什么多数地质队员都患上了"慢性胃炎"，这跟他们长年跑野外，饱一顿饥一顿，冷一餐热一餐，吃不好睡不好的职业有关，没有胃病那真是耐力好。

1998年7月13日　雨雪转晴

我们昨天看了伊犁新源铁矿，今天去独山子、积雪站考察，然后去奎屯。

雨不停地下，我们的车正在爬坡。当地老百姓管翻过的山梁叫大坂。刚从大坂下来，又要翻越更高的山。到达第一个山顶，司机说此地高度已在4 000米左右。我感到有点胸闷，很可能是高山缺氧反应。但既然来了，光炽在前，我在后，还是去看了山顶的煤化石。矿区主任要我们稍事休息，吃顿午餐。他说等会儿还要翻越两座更高的山峰呢。这正是走的西天山腹地。下午3点钟，开始爬哈希勒根大坂。3点40分才穿过防御雪崩的那条走廊，廊内积雪如山，有一条通车的窄路，里面空气稀薄。在玉希莫勒盖大坂那边，只见小雪纷飞。而一出雪崩走廊，就见晴空万里，又是一重天，真有一种魔幻感觉。此时我们又在峡谷中行车，一边是深沟，一边是大山。山上寸草不生，因此到处可见滑坡，山石风化严重。个别地方那山壁真像刀切一般。公路沿途有许多护栏，但仍挂不住由山顶滑下的石头。令人欣慰的是在这深山里，找到了多层矿脉。难怪老涂常说，不跑野外他就脚痒痒的，他把出野外地质考察当成乐事。他辛苦了一天看到矿脉时那种兴奋的样子，让我都感到自豪，也同样乐在其中！

5 超大型矿床的基础研究

我认为,一个国家重要矿业的开拓与工业基地的建立一定要依托于一批超大型矿床,而不是仅有众多分散的中、小型矿床。澳大利亚、加拿大、巴西等工业的后起之秀在矿业开发上完全立足于少数超大型-大型矿床。中国矿产资源目前形势严峻,人均占有量不及世界人均的一半,位居全球第53位。中国急缺资源,如金、铜、铀、银、锰、铬等,均主要以中、小型矿为主,缺少超大型-大型矿床。因此,专门寻找与研究超大型矿床,在中国具有迫切的重要意义。一些超大型矿床的发现是找矿及成矿新思路、新见解的产物。超大型矿床的深入研究常激发重要成矿理论的提出。如澳大利亚著名超大型矿床奥林匹克坝的发现,一部分应归功于当时提出的铜可以从固结的玄武岩中淋溶出来并形成矿床的新概念。而中国白云鄂博超大型矿床的系统深入工作导致了在中国有重大影响的多成因成矿理论的提出。层控矿床理论的启发有助于滇西超大型铅

1994年,涂光炽(前右3)在云南个旧矿井考察锡超大矿床。夫人蔡凤英(前左1)陪同前往

锌矿和四子王旗大型萤石矿床的发现。尽管不同矿种的金属与非金属超大型矿床在世界范围内早就有所发现，但最集中的突破是在20世纪70年代后期以后。如1976年在南澳找到的铜-铀-金-银综合矿床，它的铜储量几乎相当于全中国铜储量的总和，铀储量也名列全球榜首。1981年，分别于智利和阿

涂光炽在广西大厂坑道中观察岩体

富汗发现了铜储量超过千万吨的超大型矿床。同年在加拿大东部矿业发达的阿提比提地区找到了金储量达600吨的超大型矿床。紧接着在日本及太平洋西南的巴布亚新几内亚都有规模近似的超大型矿床的突破。在巴西和葡萄牙，同一时期找到超大型铜矿。我不想细细列举80年代后期的发现，只举一个例子。1988年加拿大北部找到了大而富的铀矿。据1992年报道，它的铀储量不少于10万吨，而平均品位是百分之五。正是在近20年来国内外超大型矿床需求、发现和理论探讨推动下，1987年国际地球物理与大地测量联合会（IUGG）提出的当前十二个地学重大问题之一就是"超大型矿床的全球背景研究"。进入90年代以来，加拿大、美国、澳大利亚都在组织对超大型矿床的寻求与探索研究。1994年1月专门召开了国际超大型矿床讨论会。我国近两年在这方面已经取得了若干有意义的，尽管还是初步的成果。像在胶东地区首次提出中生代盆地中存在层控型金、银多金属矿床，有一定规模。过去对这个地区只注意到古老地层及有关花岗岩中的金矿化；对焦家、玲珑、新城、三岛四个具有特色的超大型矿床进行了较细致的剖析，指出它们形成超大型规模的某些机制；对一些蕴藏超大

型矿床前景较好，但在我国研究程度较薄弱的含矿建造，如含炭建造、陆相火山岩建造等进行了区域性踏勘；在全国四个地区进行了寻找超大型矿床的综合探讨，初步提出了有利地段；对若干在世界范围引起浓厚兴趣但在我们中国刚刚起步的关键理论课题，像热水沉积作用、同生构造、大型构造等同超大型矿床形成的关系作了较多探讨；在前人工作基础上，经过我们的努力，已基本上肯定若干分散元素如锗、碲、硒、铊等可以形成独立矿床，甚至达到大-超大型规模。国内外传统概念认为分散元素只能作为伴生元素回收，本身不能成矿。这个认识与实践的突破将为寻找分散元素矿床带来重要依据；对一些有待突破的矿床类型，如我国北方的斑岩型矿床、西南的低温热液矿床、富碱岩石中的矿床等做了较多踏勘工作。上述工作有的本身已是科研重要成果，有的将为今后工作打下良好基础。"九五"期间，我们将对我国若干超大型矿床阐明具有形成超大型规模的地质背景、形成机制、成矿模式及找矿方向；剖析我国以铜、金、银、铀、铅、锌等为主的超大型矿床远景区、带，以及某些含矿岩系、矿床类型对超大型矿床的成矿前景；力求更深透地说明若干关键理论问题，如大型构造、同生构造、热水沉积作用等与形成超大型矿床之间的联系。在这样的基础上，结合我国固体地球科学实况，建立和完善超大型矿床成矿理论体系。

> 由涂光炽任首席科学家的超大型矿床研究项目于"八五"期间高水平完成预定任务。1997年经国家科委批准，超大型矿床的基础研究工作继续列入"九五"攀登计划预选项目，首席科学家为赵振华，涂光炽为顾问。该项目重点以成矿动力学为指导，在超大型矿床的形成和分布的主控因素、远景类型和构造动力学背景等方面进行深入的研究。与寻找超大型矿床有关的基础研究成果，获2005年贵州省科学技术进步奖一等奖。

6 有机无机相渗透

在层控矿床研究中，我还将活泼元素如汞、锑、铀、铅、锌等的改造矿床和油气矿床进行了系统对比，指出它们在成矿机理、成岩与成矿时差、控矿构造、沉积因素、运移方式等方面都有许多相似性，因而在找矿评价中可以相互借鉴，这就打破了传统的有机与无机、固体与液体矿产在研究和生产上的互不问津的陈规，在矿床理论和找矿实践上是有新意的。

涂光炽是搞矿物、岩石矿床，搞固体地学研究的。但他非常关心、重视，并大力支持有机、液体、气体的地球化学课题。1979年，涂光炽把石油天然气研究列为地球化学所的第一项重点科研项目，在人、财、物条件方面给以倾斜。1982年10月，涂光炽带领所内人员到新疆克拉玛依油田考察。1985年，有机地球化学研究室被中国科学院批准为首批开放的有机地球化学开放研究实验室，室主任傅家谟。1989年，被国家计委批准为国家重点实验室，主任傅家谟，学术委员会主任涂光炽。1989年，有机地球化学国家重点实验室分迁到地球化学所广州分部，1993年起进入中国科学院广州地球化学研究所运行序列。

傅家谟[①]：涂光炽教授架起了油气与金属矿床联系的金桥。几十年来，涂光炽教授一直在科学路上探索、开拓和奋进。在学科开拓和许多研究领

---

① 傅家谟，地球化学与沉积学家，中国科学院院士。曾任中科院地球化学研究所，中科院广州地球化学研究所有机地球化学国家重点实验室主任、副所长，上海大学环境与化学工程学院院长。长期从事有机地球化学研究。

域起到了积极的学术带头作用。长期以来他十分关注我国油气资源的勘探和有机地球化学学科的成长,提出了一些重要的、新的学术观点,推动了科研工作的发展。

涂光炽教授最突出的贡献是详细论述了油气矿床与活泼元素改造矿床在成因上的异同。所谓活泼元素改造矿床系指 Hg、As、Sb、U、Mo、Pb、Zn 等化学行为比较活泼的元素在改造阶段富集形成的矿床。他认为油气矿床和改造矿床的成矿机制是十分相似的。油气矿床的生油层(岩)相当于改造矿床的矿源层(岩),储油层相当于储矿层。区别在于,一些改造矿床的基底常是矿源岩,提供大量成矿物质。而油气矿床的基底则一般不起这种作用,不是生油岩(不排除在特定条件下有深部来源气的可能)。油气矿床与改造矿床一样,都是层控矿床,沉积阶段提供了一定的成矿物质基础,但较分散。富集成矿发生于后期地质作用阶段。

涂光炽这一新的学术观点指导和推动了我国油气成因评价工作和金属有机成矿理论研究的发展。在这一学术思想指导下,我国南方业已查清了某些油气矿床与层控矿床密切相关的关系。例如碳酸岩地层的层控矿床在空间分布上不仅常与富含有机质的地层伴生,更重要的是常常与油气演化固体产物——固体沥青或与古油藏共生。因此,从热变石油沥青入手研究古油藏,就可以深入探讨层控金属矿床的形成与分布。反之,这些层控矿床与古油藏的共生又可成为寻找热变质成因天然气的标志。

层控矿床与古油藏在空间展布上的相关性及"源容盖"组合与"生储盖"组合的相似性为层控矿床的成因研究提供了重要的线索,也为层控矿床的普查勘探提供了预测的方法与依据。

层控矿床和油气在成因上是否确实存在密切的联系?成因机制上的相关性又是怎样的?为了回答这些问题,在涂光炽教授的学术思想指导下,已开展一些研究，并得到了初步结果。

黔西南产出重要的卡林型金矿，为 Hg-As-Sb-Au 矿化组合，共生的有机质属腐泥型和腐殖—腐泥型，干酪根属成油型，并经历了较高的热演化阶段。微细浸染状金矿与固体沥青共生，证实金的富集与油气生存演化有关。实验表明原油和油田水在金的活化、迁移和聚集中确实起了重要的作用。

7　同位素地球化学的新路

于津生[①]：涂光炽教授早在 20 世纪 60 年代就注意到矿石铅同位素组成不仅可用于定年，还可用来探讨成矿作用和示踪成矿金属的来源。长期以来尽管国内外许多学者热衷于搞全球性的铅同位素演化模式，但他始终不渝地坚持走结合矿床与找矿实践，从地质应用角度思考问题，开拓矿床铅同位素地球化学研究的新路。

涂教授在 1975 年第一届全国同位素地质工作经验交流会上就提出了矿床同位素地球化学五个方面的研究内容。

（1）普通铅同位素在地质计时中的作用：他指出矿山铅的普通铅同位素组成对中、晚前寒武纪地层的计时是可取的。

（2）我国接近单阶段演化的矿石铅同位素组成：根据当时的资料他提出自 19 亿年前到 5 亿年前左右，可以初步建立我国接近单阶段演化的矿石铅模式年龄。这些矿石基本上是地层铅，老于 19 亿年的矿石铅在东北南部及华北的某些矿床中有可能出现。

---

① 于津生，中国科学院地球化学研究所研究员，曾任同位素地球化学研究室主任。

（3）与岩浆活动或火山活动有关的方铅矿铅同位素组成：我国东部与燕山期花岗岩类有关的铅锌矿床或多金属矿床中方铅矿的铅同位素组成一般接近正常铅，部分为异常铅。涂教授特别指出燕山晚期矿床的方铅矿 $^{208}Pb/^{204}Pb$ 值常偏高。以后的工作进一步证明了中国大陆演化具有明显的富钍特征。考虑到 U、Th、Pb 在部分熔融过程中，其固液相分配系数具有 DPB/DTH/DU 的序列，因此只有古老残留地壳源物质派生的铅才具有富 ^{208}Pb 的特征。这一论断说明我国中生代铅的源区是古老地壳。

（4）与岩浆活动无关，多半产生于碳酸盐地层中，层控的多金属或铅锌矿床中方铅矿的铅同位素组成：涂教授早在 70 年代初就提出了层控及成矿物质多来源和地下热渗滤搬运成矿的概念，指出我国西南地区和桂北、粤北等地，产于碳酸盐地层而与花岗岩类岩浆活动无明显联系，矿石物质成分简单，蚀变微弱的层控多金属或铅锌矿床，其方铅矿的铅同位素组成常为正常铅，也有一些异常铅。这些矿床的铅很可能不是一次，而是多次形成的；其物质来源可能包括原生沉积的和在后期地质作用中从围岩或基底经地下水热液渗滤搬运过来的铅。

（5）普通铅同位素与铅锌矿床的成因分类：他利用普通铅同位素资料，结合地质条件提出了下列成因分类方案：①岩浆气液矿床；②火山（气液或沉积）矿床；③沉积矿床；④沉积—改造矿床；⑤后成矿床。

以上这五方面基本奠定了矿床铅同位素地球化学的研究基础，在以后的花岗岩与成矿和层控矿床地球化学研究中得到了充实和完善。近年来，涂教授在铅同位素对矿床成因和成矿作用的制约方面又提出了一些新的概念，例如：

（1）古老铅的改造成矿：他认为一些与燕山期花岗岩类岩浆活动有关的夕卡岩型多金属矿床中方铅矿的年龄属元古代，铅可能来源于元古界围岩。甚至有的花岗岩中长石铅的年龄也是老的，它们代表被重熔的原岩年龄，而不是侵位年龄。同时在一些矿床中也观测到元古代的铅在中生代构造运动中被浅成热液搬运到另一地层中成矿。

（2）变质作用程度与铅同位素均一化：中国南方和西南地区发育有许多不同时代的类似西西比河类型的铅锌层控矿床，但是二者的铅同位素组成截然不同，前者为正常铅，而后者为异常铅。涂教授提出了用多期次构造运动来解释这种差异的新观点。他认为中国南方的基底经历了多次强烈的区域变质作用和构造活动，从而导致放射性元素的丢失和铅同位素组成的均一化。

涂光炽教授这种善于提出问题，敏捷地捕捉灵感，激流勇进的开拓精神，是值得我们学习的。

（摘自于津生所写《矿床同位素地球化学研究的开拓者》一文）

胡霭琴[①]：涂光炽在长期的科研生涯中，对于事业的追求始终不渝。他对新疆北部地区的同位素地球化学研究精辟的分析和中肯的指导，给我留下深刻的印象。他对这一课题的研究，明确指出要抓两个方面的问题：(1) 在年代学研究中首先应确定古老基底的时代。(2) 研究成矿作用时要注意成矿"时差"。在一些矿床，提供成矿物质母岩的时代与矿产形成的时间常存在很长的时间间隔。

根据地质、岩石和构造的研究，一些地质工作者认为塔里木的基底是太古界。然而新疆地区是否存在太古界至今尚无十分有力的证据。为了取得第一手地质资料，涂先生十几年来带领我们考察了塔里木北缘库鲁克塔克，阿尔泰，天山，东、西准噶尔以及阿克苏等地区，并采集了大量的样

---

① 胡霭琴，中国科学院广州地球化学研究所研究员。

品。在室内研究中，我们使用了各种年代学研究方法，特别是锆石 U-Pb 和 Sm-Nd 方法为确定地质体时代提供了重要依据。20 世纪 70 年代至 80 年代初，我们在天山东段对中天山隆起带星星峡群时代的研究以及中天山隆起带隆起冷却历史的研究，是一项开创性的工作，为新疆地质年代学的探讨打开了路子。近几年来，随着新疆矿产资源的开发，新疆北部地区年代学的研究又取得一些突破性的进展。

新疆北部地区前寒武纪老基底主要分布在以下几个地区：（1）塔里木北缘，包括辛格尔、阔克苏、且干布拉克等库尔勒以东地区。岩石类型主要为角闪岩、斜长角闪岩、黑云斜长角闪岩及混合岩等，基原岩为基性至中酸性的火成岩类。（2）柯坪塔格地区，在阿克苏西南约 30 公里处出露的绿片岩。（3）天山地区，包括由最东部的星星峡向西部经过库米什、巴伦台，北支经赛里木湖以南至温泉一带，南支断续出露变质程度不一的前寒武系。岩石类型有角闪岩、斜长角闪岩、眼球状片麻岩、混合岩、片岩等，其中以温泉县南出露的岩石变质程度最深。此外，在特克斯以东出露一套浅变质的灰岩和粉砂岩。（4）阿尔泰地区，对这个区出露的岩石时代划分不大一致，而且随着研究工作的进展，不断地改变划分方案。可以说确切的同位素时代等问题还正在研究中。

从 1987 年开始，我们参加国家 305 项目的工作，根据涂先生的指导思想，对上述广大地区分布的前寒武系的时代开展了全面的研究。目前，在库鲁克塔克北缘得到的最老同位素年龄大约为 24 亿年；在辛格尔南托克拉克布拉克群的上覆地层兴地塔克群的中酸性变质火山岩中用 Pb-Pb 全岩等时线得到 24 亿年的年龄；高振家等在为尔勒以东花岗岩中取得了 24.7 亿年的单粒锆石 U-Pb 年龄。以上这些结果均在同一时间范围之内，表明大约在 24 亿年前这个地区发生过一次重要的地质事件。但是，在这一历史期间有无大规模的地壳增生,尚无直接的 Nd、Sr 等同位素证明,据上述研究,也还不能肯定此区是否存在着太古界古老基底。我们相信随着研究工作的深入,一定能确切地回答这些问题。

通过年代学的研究,我们还得到了 19 亿年前、16 亿年前、14 亿年前在此区发生的重要地质事件年龄。其中 19 亿年前的事件与华北、东北、北欧、北美、澳大利亚、南极洲等地区这一时期这一事件均一致,是元古代一次重要的全球性的地壳增生事件。此外在 12 亿年前、10 亿年前以及 8 亿~6 亿年前此地区也发生了不同规模的地质事件,但强度较弱,影响范围也比较小。

对于新疆北部是否存在燕山期花岗岩问题,长期以来争论不休。80 年代初期,当我们应用不同造岩矿物的 K-Ar 年龄讨论天山东段隆起冷却历史时,发现中天山古老变质岩从古生代以后至 190Ma (即燕山运动的早期)发生了缓慢的隆起,不同地区的年龄结果提供了这地区存在燕山运动的证据,也提出存在燕山期花岗岩的可能。从 305 项目开展以来,应用 Rb-Sr 等时线方法已圈定出一些小型的花岗岩体,但大量的燕山期年龄数据,大多反映了这个区域构造运动事件的时代。

在一些重要学术会议上涂先生多次指出,一些化学上十分活泼的元素如 Au 和 U,除了岩浆热水溶液可以对它们进行运移成矿外,在富集这些元素的母岩固化以后,大气降水还可以再次将它们从母岩中淋滤出来,经过运移,富集而成矿。这除了有 H、O 等稳定司位素的证据之外,还表现在母岩体和成矿之间有明显的时差,在同位素年代学研究中应该得到证实。这是一个开拓性指导思想,通过进一步的研究,会对认识矿床成因和开拓找矿方向起积极的推动作用。

我们正在涂先生的指导下全面地开展新疆北部同位素地球化学研究工

作。相信通过大量测试工作和国内外交流、国外新技术的引入等,一定能更好地揭示地质历史的真面貌,在新疆北部地壳演化历史及成矿规律的研究中做出新的贡献。

(胡霭琴:《精辟的分析 中肯的指导》)

8 为矿物学发展做贡献

谢先德[①]:涂光炽先生对我国矿物学的发展做出了重要贡献。

一、矿物物理和矿物材料是20世纪60年代结晶矿物学与固体物理学和材料科学之间学科交叉结合的产物。地化所矿物物理和矿物材料学科的建立和发展,体现了涂光炽先生紧扣国家需求和将古老的矿物学科创新发展的战略决策。

早在1966年,涂先生就带领我所矿物学研究人员到三机部621研究所、大连货物所等兄弟科研单位签署协议,共同研制国防军工所需的无机矿物复合材料。迁贵阳时,有关矿物物理和谱学的仪器设备购置也是涂先生亲自决定的。

1972年,"矿物物理与材料研究室"在地化所成立。到1978年共有10个研究组,55人,是全所最大的研究室,成为当时我国最大、最有生命力的矿物学研究力量。当时,我所在国内举办了多期全国性大型理论学习班,如1978年成都"晶体场理论学习班"(约80人),1980年贵阳"矿物物理学习班"(约100人),1981年贵阳"分子轨道理论学习班"

[①] 谢先德,研究员,俄罗斯科学院院士。曾任中科院地球化学研究所所长、党委书记,中科院广州分院院长,1990—1994年度国际矿物协会主席。现任中国科学院广州地球化学研究所学位委员会主任、广东省矿物物理与材料研究开发重点研究室主任。

（约130人）。我所矿物物理和矿物材料的研究，在全国起着领头的作用，在国际上也开始崭露头角。

1979年4月至5月上旬，第一届"全国矿物物理和矿物材料学术讨论会"在成都举行，68个单位116名代表出席，会议由涂光炽先生主持。会上成立了"中国矿物岩石地球学学会矿物物理和矿物材料专业委员会"，挂靠在地化所。

1972年到1993年研究室共发表论文1419篇，出版专著22本，获国家级奖3项，省部级奖25项。

其中，用于高速飞机发动机的耐高温隔热涂层，用于卫星和"神舟"号飞船等微波通信的介质材料，用于核潜艇动力传输系统的高温耐水、隔热喷刷涂层和用于火箭的高温密封材料等矿物复合材料的研制，多项成果获得国家发明奖和中国科学院奖。

二、矿物研究的国际合作与人才培养，也是涂光炽先生非常重视的。他说："有了创新方向，人才是关键。"

我所矿物物理和矿物材料研究人员在承担国家科研任务之中得到培养与锻炼，研究队伍随之发展壮大，截至1995年，共有40多位从事此项研究的人员晋升为副高以上职称，涌现出一批在国内有一定影响，对学科发展起着重要作用的学术带头人。与此同时，在改革开放新时期，涂先生又不失时机地于1979年做出决定，先后派出15名（次）以上中青年科研人员到西欧、北美、澳洲等发达国家实验室进修学习。这些人回国后对我所矿物学发展起着巨大的推动作用。涂先生又及时"请进来"，先后邀请国际著名矿物物理与矿物材料学者到我所讲学，邀请全国同行一起来听这些国际顶级学者介绍他们的成果和学术思想。这些科学家包括：日本的沙川一郎教授、美国的C. P. Prewitt教授、S. Ghose教授、赵景德教授、毛河光

涂光炽在做矿物学学术讲座

博士、张立豫教授等。其中沙川一郎（1981）主讲矿物晶体生长和S. S. Hafne（1983）主讲分子轨道理论时，听众都达百人以上。

80年代起，我们还开展了多项卓有成效的国际合作项目，促进了我所矿物学、矿物物理与矿物材料研究的发展，许多合作还在延伸着。涂光炽先生积极支持1990年第15届国际矿物学大会在中国召开。申请成功后，又积极支持中国矿物学家在国际舞台上争取发言权，并主动推荐年轻人到国际组织任职（1989年8月，涂先生即推荐我为第15届国际矿物协会主席）。第15届国际矿物学大会在北京顺利召开，谢先德被选为1990—1994年度国际矿物协会主席。

9 "我国陨石学和天体化学研究的引路人"

欧阳自远[①]：在我国最早深刻阐明陨石研究的意义，倡导开拓和推进我国陨石学研究、科学评价与介绍陨石学研究成果的是涂光炽教授。早在1956年他发表的《新疆巨型铁陨石》一文，开创了我国陨石学研究历史

---

① 欧阳自远，中科院地球化学研究所研究员，中科院院士。曾任地球化学研究所所长、中科院资源环境科学局局长、贵州省人大常委会副主任、贵州省科协主席。长期从事陨石与天体化学研究，中国月球探测工程的首席科学家。

的新篇章。他指出："陨石的研究可以帮助对地球和天体的起源和运动规律的了解"，"我国历史悠久，土地辽阔，因此各地文献中关于陨石的记载相当多，但真正找到的陨石则极少。新疆巨大铁陨石的发现应当引起我们极大的注意"。他对新疆铁陨石的产状、形态、化学成分、陨落时间，做了详尽的论述。他提出："对新疆巨大铁陨石应当作为祖国自然的珍贵财产看待，采取措施保护它，不使损害。可能的话，应该尽快把它运到北京或乌鲁木齐，作为博物馆的贵重陈列品。"（涂光炽，1956）陈列的事1964年实现了，大陨石运到乌鲁木齐博物馆陈列。为发展中国的陨石学，涂教授经常强调要发动群众发现陨石并普及陨石的科学知识。迄今，我国已收到近百次降落的陨石。经过涂教授倡导，我国新疆铁陨石的研究得以逐步开展与深化。1964年，笔者发表过这方面的论文。

1976年3月8日，世界最大的吉林陨石雨降落后，涂教授对如何开展吉林陨石的多学科研究、国内协作和国际多边合作，不断提出指导性意见，使后来的研究工作获得了达到国际先进水平的一系列成果。他高度评价吉林陨石的重大科学意义，指出它是"十余年来国际陨石界发生的三大事件"之一，"其重量是目前已知球粒陨石中最大的，虽然它只是普通球粒陨石，但因块体大，对进行较深部研究提供了不可多得的条件"（涂光炽，1984年）。"欧阳自远根据我国一些陨石，特别是吉林陨石的深入研究，对太阳星云中化学元素的分布特征、星云中元素和矿物凝聚过程、陨石母体与类地行星的热历史和宇宙线照射提出若干新论据"（涂光炽，1984）。

吉林陨石蕴藏着极其丰富的有关太阳系起源、行星演化、行星际与银河系空间宇宙线与磁场，以及生命前期化学演化的宝贵信息，引起各国学者极大兴趣与关注。它的研究开创了我国陨石学和宇宙化学研究的新阶段，也推动了世界陨石学的发展。吉林陨石综合研究已经进行了十年，在我国已逐步形成一支多学科，能进行综合研究陨石学、宇宙化学和空间地质学的科研队伍。他们的研究运用了先进技术，对我国地学研究应用新技术起了推动作用。

地外物质撞击地球，使地球表面环境发生突变，从而导致大量生物的全球性灭绝。涂光炽教授密切关注并组织力量从事地外物质撞击地球的灾变事件研究，积极倡导撞击成矿特征与过程的研究。他指出："地球表面突变事件的地球化学依据，地质历史上最富有戏剧性和神秘色彩的事件之一是白垩纪末，巨大陆生恐龙和海洋浮游生物在短期内的突然灭绝，过去一直未发现当时地球的水圈和大气圈有任何出其不意的改变，以致引起这些生物的消亡。近年来人们发现在白垩—第三系接触地带的粘土层中，铂族元素，特别是其中的铱和钴、镍、砷等元素为正常浓度的十余倍到数十倍，接触带的氧同位素测定说明海底和水面温度都曾一度突发变化，碳同位素分析也指出海水成分有异常变化。这些地球化学因素的突变使人想到巨大富镍钴和铂族元素陨石或彗星的冲击，很可能白垩纪末的生物灾难与地球化学变异，便是这种天外不速之客坠入海洋中引起的。"因此涂教授经常强调撞击成矿的重大意义，作为一种新的特殊成矿模式，不仅在理论上，而且在开拓找矿的新思路和资源开发利用上有重大的实践意义。

我国习称 Cosmochemistry 为宇宙化学，涂光炽先生建议用天体化学一词，能更确切地反映本门学科的研究内容与特点。他还对天体化学的定义、任务、发展历史和研究内容作了精辟的论述："天体化学是一门十分年轻的科学，它真正进入青壮年阶段，不过是 70 年代的事。""天体化学是地学、天文学和空间科学三大自然科学分支的杂交产物，它和地球化学有些类似。地球化学是研究地球的化学成分、化学变异和化学演化的学科，而天体化学则是研究天体化学成分、化学变异和化学演化的学科。由于大量野外观察资料的积累和分析测试实验技术突飞猛进，地球化学在本世纪40年代就步入了青壮年时期，而这时天体化学刚开始萌芽；在早期Goldschmidt（1938，1954）和苏联一位地学家〔1941〕的地球化学著作中，主要借助当时太阳系形成理论和对少量陨石的观察测试，写入了简短的天体化学的篇章。自60年代阿波罗登月飞行，特别是对太阳系在认识的广度和深度及资料的积累上有了飞跃的发展，天体化学才脱颖而出，近十年来这一领域的发展速度可以说是惊人的……""天体化学是地球化学的姐妹科学，它们相互启发，取长补短，共同发展。如果说早期的地球化学孕育了天体化学种子的话，那么今天已十分壮大的天体化学正在推动地球化学的发展，特别是地球早期历史的演变和地壳、水圈、大气圈的早期化学演化，都可以从天体化学研究中得到不少启示"。

以上简要叙述，充分表明中国陨石学与天体化学的启蒙、成长和发展，都是与涂光炽教授的远见卓识、高瞻远瞩和精心组织分不开的，他是我国陨石学和天体化学研究的引路人。

（欧阳自远：《我国陨石学与天体化学研究的引路人》）

王道德：60年代初我国成立国家南极考察委员会，涂光炽先生是该委员会第一届学术委员会的委员。为发展我国陨石和天体化学，从第二届起，他推荐我任该学术委员会委员，并要我坚持南极陨石的回收和研究工作，不要放弃。当时因我国尚未在南极回收到陨石样品而承受很大压力，后来我向日本国立极地研究所申请到10块南极陨石样品，并由我负责进行研究，使该项工作得以持续下去。与此同时，光炽先生还去找中科院孙鸿烈副院长，请他关照南极陨石的收集和研究工作。后来我国在南极格罗夫山地区共回收到9 000多块陨石样品。光炽先生还想过与国际陨石学会联系，并建议在我国召开一次国际陨石学年会，为此他亲自跑了中国科学院外事局，为这次会议争取到70万元人民币的赞助费，只可惜因当时国外学者到北京机票太贵而未办成。

他对有希望的学科总是抓住不放，他还亲自出席在德国召开的国际陨石学年会，了解新的信息，以便于指导我国陨石及天体化学的研究。

谢先德：涂光炽先生是我国陨石学研究的先驱者，月球研究的指导思想在涂先生那里也早就萌生了，这就是他后来讲的地学要上天、入地、下海。他认为陨石学和月球研究也应属于地学的基础研究，对天体里像陨石和地球卫星的月球，如果不去探求、研究，那地球怎么搞得清楚？涂先生在"文革"后的1979年参加的第一个国际学术会议就是在德国召开的第42届国际陨石学年会。欧阳自远和我们在70年代中期共同编写的《月质学研究进展》一书得到了涂先生的大力支持。美国人登月之后，70年代布热金斯基来华带来一块送给中国政府的月球岩石样品，我在广播上听到这一消息后很高兴，赶紧找了欧阳自远，共同商量向中国科学院写报告要求研究这块月球岩石样品。涂先生对我们的这一倡议很支持，并为能得到这块样品做了大量工作，包括去找国务院的主管领导，最终才使美国赠送的月球岩石样品到了中国科学院地球化学所，使我国科学家在70年代末就能够对来自月球的珍贵样品进行深入的研究。王道德、欧阳自远后来出版与陨石学、天体化学相关的专著，涂先生都非常支持，并欣然为他们作序。

科研与行政管理

第6章
科研与行政管理

　　我在工作与学术上力求做到民主，即平等待人和可以商量；我从不将自己的见解、意见强加于人。我认为一个研究所、室，可以为发展某一学科而设立，但不应为维护某一学派或某一观点而设立。以行政手段打击一个学派或观点是错误的；同样，以行政手段扶持一个学派或观点也未必正确。只有通过长期实践，才能检验某一观点是否正确。因此，研究单位对于各种学术观点应力求兼容并蓄，各种观点可通过讨论、争鸣，互相补充。

　　多年来我作为一些包括较多单位和工作人员的科研大项目的负责人或首席科学家，深知一方面要坚持学术民主，另一方面也要充分调动各方面的积极性，力求更好地集中群众智慧，在若干关键问题上达成一致。例如，超大型矿床和层控矿床的定义和概念，对这一项目的参加者必须认识一致，否则就缺少最起码的共同语言。在讨论超大型矿床与矿床密集区的空间分布规律时，不同学者侧重点有所不同，如有的从大地构造单元出发，有的提出同位素急变带的见解，有的则与岩石圈厚度、地热流异常等挂钩。此时此刻作为首席科学家就不能只停留在"你说你的，我说我的"

水平，而应力争高屋建瓴，进行多学科综合分析，以便求得高层次的总结意义，做到这一点十分不易，但不能放弃努力。

当初去贵阳办地球化学所，有人问我：你不怕后悔吗？有人说，北京的天时地利，对发展地球化学事业难道不比山城贵阳强多了？……

但我不这样想。我听中央的，这也正是我自己的心愿。

1964年院党组按照党中央建设三线的指示，决定在西北、西南地区建立若干科学中心。在张劲夫同志的报告中，将贵阳选作拟议中的化学中心。北京各所对建设三线的号召都做出了积极的响应。

60年代固体地球科学发展趋势逐渐明朗，地质、地球物理和地球化学已成为它的三大支柱。在我国，地质与地球物理于解放后发展迅速，地球化学相对落后。国际上地球化学学科也属后起之秀。为了发展我国的地球化学事业，建立独立的地球化学研究机构已是大势所趋，条件成熟。在老所长侯德封和我（注：时任地质所副所长）的提议下，地质所所务会议决定，从地质所分出部分同志，组建新的地球化学所，并在即将建设的贵阳化学中心占一席之地。当时，几个兄弟化学所，如大连化物所、应用化学所和我们都在贵阳找新的所址。我们动手较快，新所址的问题迅速解决。因为贵阳已建有由省领导的化学所，省里同意将化学所并入即将成立的地球化学所，后者所址就设在原化学所内。1964—1965年的办事效率很高，从决定在化学中心搞独立的地球化学所，经过选址，搞基本建设，建成实验大楼和宿舍，一直到近400人搬迁贵阳，一共花了不到两年时间。1966年初正式挂出了中国科学院地球化学研究所的牌子。

建所这么些年，尽管有"文化大革命"的严重干扰，地球化学所还是取得了长足的进展。在中国科学院领导下，经过全所同志的共同努力，在各个地球化学分支领域（如有机地球化学、环境地球化学、矿床地球化学等）及相邻学科（如矿物、岩石等）均建立了坚实的实验基地并取得了丰硕的生产及理论研究成果。挂靠于地球化学研究所的还有中国矿物岩石地球化学学会，中英文版的《地球化学》《矿物学报》等刊物。

如果看看全国形势，不少产业部门，如地矿部（后改国土资源部）、冶金部等都有自己的地质研究单位，但只有中国科学院拥有地球化学研究机构。如果不是建设三线的机遇带来了建立独立的地球化学所的可能与现实，谁知道何年何月才能实现这一目标？应当承认，地球化学所对促进和发展我国地球化学事业是立下了汗马功劳的。

因此，我对搬迁贵阳建立地球化学所，从不感到后悔。

"党中央提出科技工作要面向经济，要大力开展应用研究，积极而又有选择地搞一些发展工作，继续重视基础研究的方针。我们全所同志应该按照这个方针齐心协力，再接再厉，开创新局面，把地球化学所办成第一流的研究所。这个第一流，包括下述含义：出第一流的成果，出第一流的人才，办第一流的刊物，建立第一流的实验室，办好第一流的学会，创第一流的组织管理。"

（摘自1984年10月1日涂光炽在地球化学所庆祝建国三十五周年大会上的讲话）

1 学术民主重实际

刘永康：涂光炽院士有很高的领导艺术，是当之无愧的大师级领军人物。他不但善于团结同级同辈的政治的、管理的、业务的领导人才，而且他的下属、助手、学生们都愿意跟他共事，跟随他一起奋斗。他的重大成就，应该说是他正确指导中国科学院地质研究所岩矿地球化学部分和由此发展建立的中国科学院地球化学研究所全体同仁半个多世纪团结奋斗的成果，他的领导之所以强而有力，在于他具有迷人的人格魅力。

首先他有一颗强烈的爱国之心，在他青少年时代，进入延安抗大，后转西南联大参加抗日救亡学生运动，随后赴美留学并入党。1949—1950年组织动员留美科技人员回国（其中包括中国原子弹之父朱光亚、邓稼先，以及航空航天等新中国急需的建设人才）。除此之外，在他半个多世纪从事的学术生涯中，始终狠抓"任务带学科"不放松，科学研究紧密围绕国家紧缺矿产资源这个中心不放松。

其二，是他从不计较个人得失和名利地位。这方面我只举给我印象很深的两个事例来说明：（1）在"文化大革命"后期，那时他刚从"牛棚"出来，革委会分配他在业务处做一些具体琐事，我曾问过他："涂先生，由你动员回国的朱光亚，现在是党中央委员，你却被批斗，关'牛棚'，这太不公平了！"他却淡然地说："我们（指他与朱光亚）之间的学科不同。"并无其他牢骚和抱怨的表现。（2）有一位知名的澳大利亚华人地质学家孙贤铽，在改革开放初期，上世纪80年代，曾多次来华访问，讲学，参加学术会议，他曾在会议上或私下，四处向人说："涂光炽太不合算了，在美国已获得博士学位，到苏联去进修了几年，反而得个副博士学位。"有次我从北京出差回贵阳，在飞机上偶然与孙贤铽相遇，也曾亲口与我讲过同样的话。此话曾多次传入涂光炽院士的耳中，但他对此并不在意，淡然置之。这反倒说明在他求学时代就有为国学习的目标，只要能学到国家建设急需的真才实学，什么名誉地位都无所谓了。

其三，善待他人，虚怀若谷。他对待上级、同辈、同事、下级和学生，都彬彬有礼，平易近人。在我的记忆中，几十年来，未见过他在工作中申斥抱不同意见的下级，他从不把自己的思想强加于人，总是用商量的口吻谈论事情。与他交往过的人，都愿与他合作共事，在中国科学院地球化学研究所很自然地就形成了自愿和他一道工作，由他来领导指挥，以他为核心的共同奋斗团队。就像有人比喻的那样，"大珠小珠落玉盘"，这个玉盘就是涂光炽。

其四，注重实际，不尚空谈。几十年来，由他负责指导的大小课题和论文不计其数，但他都是要到每个课题的地质现场做了亲身考察之后，才发表他的意见，从未见他作过空洞的讲演和无物的猜想。因此每年都有相当多的日月，是在艰苦的野外度过的。

其五，他有很强的记忆能力和敏锐的科学感知能力，这使他能对学科的发展方向做出准确的判断。他对"任务带学科，学科推进任务的完成"的方针有深刻的理解，特别是对基础研究与应用研究的相互结合与推动有他独到的见解。在政策要求偏向应用研究的时候他就特别强调基础理论的研究，总是使科学研究达到平衡的发展。在上世纪70年代，全国发动铁矿大会战，那时的思潮是要丢掉理论研究，而以具体的找寻铁矿为重心。这时涂光炽院士就大声疾呼，不可偏废基础理论研究，他在中国科学院地球化学所的一次全所大会上，激动地宣称："我们就要以不变应万变，坚持基础研究与应用相结合的方针，不能一会偏这面，一会偏那边。"后来的事实证明他的方向是正确的。

其六，以身作则，不辞辛劳。涂光炽院士无论在政治上，还是业务上，甚至在生活上，都事事以身作则，几十年来几乎未听到有人指责过他的行为有不当之处。几十年如一日，无论是他被下放参加劳动，参加"四清"运动工作队，还是在长期跋山涉水的野外地质考察中，他都是和同伴们（包括他的助手和学生）一起同吃、同住、同劳动，处处以身作则。

涂光炽院士的高大形象，做人做工作的态度是他留给后人的宝贵财富，我们有责任将其发掘出来，传承下去。

2　创建一流的研究所

刘东生：光炽同志是一个勇于正视人生，善于把自我完善和科学需要与民族事业相结合的科学家。可能不是每一个人都能体会到在中华人民共和国 50 年发展中，科学研究的历史使命和历史意义。在这方面我觉得光炽同志是意识到自己历史使命的科学家。这和有些只知道自己科学地位的科学家不同。在波澜壮阔的中国科学事业的发展进程中，光炽同志对中国矿产事业、地球化学事业与环境科学的发展，所做出的贡献既有作为一位科学工作者的一面，又有作为一位学术领导人的一面。他需要在许多竞争中进行宣传、说服、争取和共事合作，才能使这门科学壮大起来。光炽同志亲自参与创办的中国科学院地球化学研究所和后来的中国科学院广州地球化学研究所，以及在光炽同志关怀下成长起来的中国科学院兰州地质研究所气体地球化学开放实验室，还有很重要的中国科学技术大学地球化学系的建立和培养的大批人才，以及在他的支持鼓励下在全国各生产、科研

位于贵阳的中国科学院地球化学研究所

中国科学院广州地球化学研究所（1988年成立中科院地化所广州分部，1993年改为中科院广州地质新技术研究所，1994年经中科院批准更为现名）

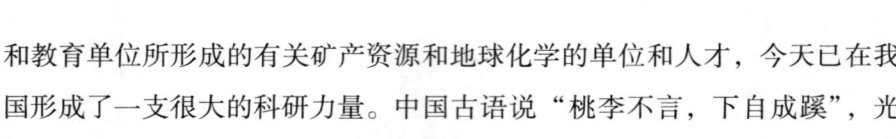

和教育单位所形成的有关矿产资源和地球化学的单位和人才,今天已在我国形成了一支很大的科研力量。中国古语说"桃李不言,下自成蹊",光炽同志几十年来对我国科学的默默耕耘已经走出了一条大路。

陈毓蔚:1979—1988年间我有幸从同位素地球化学研究室抽调所里,在涂先生领导下,协助他做部分行政管理领导工作,这十年光阴在我人生旅程中不算长也不算短。那时我是在涂先生的谆谆教诲下工作和学习的,从中受益匪浅,因此,是我获得各方面成熟和提高的重要阶段,尽管这是我二十年前的经历,但对涂先生在科学事业上所做出的卓越成就以及他的为人之道,仍是历历在目难以忘怀的。

涂先生在学术界是一位德高望重、学贯中西、为人师表、受人们敬重的著名学者,他忠于国家科学事业,以兢兢业业、勤奋忘我的奉献精神,做出了公认的重大贡献。在学术上与领导工作上他是一位对己对人要求极为严格的长者。

涂先生的治学理念是在重视理论的同时亦高度重视实践:他强调只有学科间的相互交叉、渗透、互融交合才能发展成具有生命力的边缘学科。他认为要根据时代需要,用不断求新求改革的思维方式,带领全所站到科学发展的前沿。

涂先生主张在我所建立单学科发展、多学科综合研究的体系,重视技术支撑系统的建设。体现在自60年代初他接受开拓地球化学学科,组建地球化学研究所的任务起,就制定了研究室设置与发展的规划。他首先在选择地学骨干的同时,特意汇集了一批涵盖核、电、理、化、机等诸多学科领域优秀的科研和技术人才。派遣人员到国外学习实验技术与方法,争取订购到当时属于先进而又完整配套的实验设备,为实验室的建设创造了人才和物质条件。

1979年，涂光炽认为地球化学所自建所以来，实验室建设虽然取得了很大成绩，但是对包括实验技术、人才培养、实验室管理、人员待遇等在内的技术系统的工作重视和研究还是不够的。为了发挥技术系统的作用，调动技术人员和辅助人员的积极性，涂光炽果断决策，采取了一系列得力措施，收到很好效果。

首先在领导科研管理上除学术委员会（他亲自兼任所学术委员会主任）外，决定成立所技术委员会，叫我兼任技术委员会主任。技术委员会与学术委员会具有一样的地位和作用，是咨询和参谋机构，对全所技术系统的发展方向，实验室建设，技术人员的培养、考察和晋升，以及技术成果的鉴定和奖励，技术研究课题的论证和确定，大型精密仪器的订购和改造等重大技术问题进行咨询和评估。并成立技术物资处，组织、管理全所的技术服务、技术开发、技术引进、实验设备的购置、维修与自主研制。那时在所内形成了具有地球化学学科特色的几大技术系统。科研人员与技术人员紧密结合，相辅相成推动着地化所的前进与发展，人们说，科研领方向，技术有保障。当时，在地化所逐步地衍生出十几个新的地球化学分支学科领域。70年代就不断接受慕名而来的国际友人和国内兄弟单位的考察与实习，还派往国内外去帮助兄弟单位建立实验室等。

二是制定了一些政策性的措施，以利于调动大家的积极性：①设立所内技术成果奖；②实验室工作实行超定额有奖的办法，鼓励多出高质量的数据；③多途径多标准考核技术人员，不要只看论文和外文水平；④加强对技术人员的培训，安排技术人员在国内或出国进修。

三是提高大型精密仪器设备的完好率和使用效能，提倡和安排地学研究人员直接上机操作。

涂先生在地化所的这一领导举措，受到院领导的重视，1981年中国科学院在北京召开技术系统工作座谈会，地球化学所在会上介绍了技术系统建设经验。1983年中国科学院地学部对地球化学所进行了学术评议。其中在实验室建设方面专门提出来给予很高的评价。

（陈毓蔚：《一位治学严谨的学者》）

欧阳自远：涂光炽教授不仅对矿床地球化学的研究造诣很深，开拓了若干新领域，还在同位素地球化学、实验地球化学、环境地球化学和天体化学等方面发表了许多真知灼见，为地球化学的各门分支学科开拓了广阔的前景。在他领导下，逐步建立和发展了我国地球化学和矿物学领域的许多新兴分支学科。地化所已成为我国重要的地学研究单位，并与世界五大洲四十多个国家和地区建立了科技联系，在国际上享有一定的声誉。

1999年，美国明尼苏达大学在授予涂光炽荣誉科学博士学位证书上写道："因为您被公认为中国地球化学之父，对中国地质科学的发展影响深远，通过创建与发展地球化学研究所而为中国的地球化学事业奠定了坚实的基础；在艰苦的环境下，您领导地球化学研究所取得了丰硕的研究成果，在国家矿产资源的勘探与开发和环境保护等方面起到了重要的指导作用，促进了国家经济的发展和环境质量的改善；通过您对国际合作与交流项目的不懈倡导，有效提高了中国科学的国际水平，并把地球化学研究所发展成为世界知名的研究机构。"

2006年为庆祝地球化学所建所40周年出版的《艰苦创业 铸就辉煌》一书，概括和总结了涂光炽带领地球化学所的全体科技人员和职工，为建设第一流研究所而呕心沥血、风雨兼程、艰苦创业的辉煌业绩。他为地球化学所和广州地球化学所的创立、建设和发展以及支持地球环境所的创立做出了杰出的贡献。在2006年6月16日举行的40周年所庆大会上，涂光炽被授予"地球化学研究所丰碑奖"。

3 组织学部委员"主动咨询"

1984年中国科学院学部的性质发生了变化，由科学院的最高决策机构改为国家在自然科学方面的最高咨询机构。对这个变化，无论学部委员还是学部工作干部都有个适应过程。我也曾反复思考，"咨询"的含义是什么？学部如何开展咨询？我想："文革"期间学部不能开展工作。现在学部如果不活动就没有理由了。学部委员们有意见，说明大家对学部工作关心，有积极性。"咨询"应该是自上而下，或受委托而进行。现在没有人要我们做什么，我们就把大家认为十分重要的问题提出来，归纳为意见和建议，提交给国家，就叫主动咨询吧！起参谋作用，尽科学家的历史责任！

孟辉[①]：1978年祖国大地迎来了科学的春天，春风吹到了停顿多年的学部这个聚集着科技精英的科学机构。在党中央、国务院直接关心过问下，学部开始恢复生机。1980年举行了中国科学院第四次学部委员大会，中央领导接见全体学部委员。大会向世界宣告：中国科学界的最高学术群体将在建设祖国四个现代化进程中，翻开新的历史篇章。

这次大会恢复了5个学部活动，重组和加强了各学部的领导机构。地

---

① 孟辉，曾任中国科学院学部工作办公室主任。

学部选举产生了新的领导集体，涂光炽先生继竺可桢、尹赞勋之后，当选第三任地学部主任。此后，在长达15年的学部领导岗位上，涂光炽主任和他的领导集体，为学部工作和组织建设，为推动地学科技进步和在国民经济建设中发挥重要作用，做出了卓越贡献。

（1）主动咨询的发起者

80年代初的中国科学院学部，作为最高决策机构，在中国科学院学部主席团的领导下，对科学院的计划与发展规划制定等一些重要方向问题起到决策指导作用。其中，组织学部委员为中国科学院各研究所进行评议是重要内容之一。

1981—1982年间，涂光炽主任与当时中国科学院一位副秘书长共同组织了对中国科学院地学口11个研究所的评议，从首都北京到南海之滨的广州，从云贵高原的贵阳到长江下游的南京，对十几个地学研究所的方向任务给予肯定和调整，使其更加健康地发展。在这项工作中，学部起到了重要的指导作用。

在1984年，中科院学部的性质，由"科学院的最高决策机构"改为"国家在自然科学方面的最高咨询机构"，这样一来，就像涂光炽先生说的："现在没有人要我们做什么，我们就把大家认为十分重要的问题提出来，归纳为意见和建议，提交给国家，就叫'主动咨询'吧！"

涂主任的想法，得到其他学部主任的支持，于是经过近一年筹备，1987年2月召开了中科院地学部首次研讨会，严济慈先生发表了热情洋溢、内容丰富的讲话，钱学森先生也到会作了报告。地学部全体学部委员，部分生物学部、技术学部学部委员和部分中青年科学家到会报告。经过几天讨论，大会一致形成决议，向国务院呈送地学部第一份咨询报告，即《黄河整治与流域开发研究工作需要总体设计和统一领导》和《关于海洋资源开发工作中若干问题的建议》。

对于地学部的活动，中科院给予全力支持，及时将两份咨询报告呈送国务院领导。不久国务院几位领导人和国家科委负责人均做了批示，对科学家的热情支持充分肯定并指示将所提两项建议列入"八五"计划加以实施。

从此地学部开展的主动咨询工作拉开了序幕。在以后十几年中，在地球科学重大问题和国民经济建设急需、紧迫的问题上都全方位地开展工作，从而使地学部成为一支十分有活力的院士队伍。

（2）宏观思想与战略指南

对于学部的认识，涂光炽先生一贯明确学部的优势在于它是集中了院士智慧的科学群体，群体出智慧，出力量。学部的组织工作应把主要力量用到组织院士针对国家层次的重大科学决策问题进行参谋、咨询。在许多重大问题上，首先要抓最紧迫的、影响到国计民生和科技进步的问题。做好为国家的咨询，是我们的责任和义务。

在这一指导思想下，十几年中，涂光炽主任和他的领导集体组织开展了丰富多彩的咨询、学术活动，向国家提交了多项具有重要价值的咨询建议，为国家在相关领域的宏观决策起到重要参谋作用。

1990年，涂先生邀曾庆存院士等组织进行"地学发展若干问题与对策"研究，成为当时国家确定地学重大科研项目的指南。

1991年，涂先生与学部其他领导程裕淇、叶连俊、施雅风院士共同发起组织了"上天人地下海——地学新技术新方法"研讨会；陈述彭、陈芳允先生等对发展我国空间科学有关问题提出咨询意见；在程裕淇、刘光鼎先生具体组织下，对发展我国固体地球化学，特别是开展大陆深钻和大洋钻探研究等提出咨询意见；在苏纪兰、汪品先等院士组织下，对加强我国海洋科学研究提出咨询意见。在地学部多次呼吁和有关部门共同努力下，得到了国务院对于开展大陆深钻的支持，这两项工作已开始启动运作。

地学部的咨询活动在注意抓学科前沿和战略指南的同时，更注意国家紧迫、急需的重大经济建设方面的问题。

1992年涂光炽主任支持黄秉维先生提议对三峡工程的有关科学问题进行调研。在孙鸿烈、张宗祜院士具体组织下，针对十分紧迫的库区移民问题提出了建议，经地学部常委会审议后交有关部门。事后几年证明，地学部提交的《中国科学院地学学部委员关于三峡库区移民问题考察报告》的五点意见均是十分中肯、务实和超前的。这份文件在1996年重庆市政府组织的专家咨询时被认为是一份"有充分说服力和有科学预见性的文件"。

地学部的活动还和西部地区的发展、广大贫困地区的人民联系在一起。1995年前后以刘东生院士为首组织了以我国几大生态脆弱地区的可持续发展为题的咨询活动，院士队伍来到西南贫困少数民族地区，在西北干旱地黑河、石羊河流域，在南方红壤丘陵地区，深入到贫困农户家，经过数十天的考察，先后提交了以上地区经济可持续发展的咨询报告，为国家有关部门和地方政府决策提供了科学依据。

对于经济较发达的沿海地区，地学部也根据施雅风院士的提议，由苏纪兰、任美锷先生等领导参与，针对全球变暖、海平面上升的问题进行了三角洲的考察，向沿海各省有关部门发出了预警研究信号。

对于重大洪涝灾害的研究，陶诗言、黄荣辉等院士也早在几年前呼吁加强大江大河洪涝灾害的预警研究，呼吁对火山灾害加强预警研究与预测观察。十几年来，地学部在涂光炽主任和他的领导集体带领下，履行院士职责，把学部的工作紧紧和国家经济建设、地球科学事业的发展联系在一起。

（3）凝聚力是智慧和胜利的保证

地学部不少院士为生活和工作在地学部这样的集体感到温暖和自豪，因而学部的工作理所当然得到广大院士的关心和支持。而这一切都与涂光炽主任为首的地学部领导集体的坚强领导和团结一致分不开，与涂先生尊重院士，善于吸收不同意见，团结各方面同志一道工作的作风分不开。

在地学部院士队伍中，老一辈院士十分受尊重。院士之间相互关怀，晚辈院士也十分注意吸收老院士意见。而不同年龄的院士中都有涂光炽主任十分尊崇和默契的朋友；他对年轻院士尤其关心，注意发挥他们在学部的作用。涂先生和领导集体充分民主的作风赢得了广大院士的信赖，从而使地学部成为有较强凝聚力的院士群体。

但是，涂先生和地学部领导集体又是讲原则，不失科学家风格的领导集体。

院士增选工作历来是科技界关注的热点。院士增选要严格按照《院士章程》和有关规定，贯彻"宁缺毋滥"的原则。这话说起来容易，遇到具体问题就有一定的难度。为了确保院士队伍的质量，把有真才实学、为国内外公认的优秀学者选进院士队伍，涂光炽主任和地学部集体做了很多努力。

1991年院士增选中激烈的辩论与热烈的讨论使许多人记忆犹新。在那种场面下，只使人感受到院士们对问题的探索，严格的追寻，据理深入的分析。那是出于对国家的责任和维护院士崇高声誉的神圣场面。在这场辩论与讨论中，带头人就是涂光炽先生和几位地学部副主任。

涂光炽先生讲原则、团结人，特别能团结和自己意见不一致甚至反对过自己的人一道工作。用涂先生的话说：有不同看法是正常的，没有绝对一致的真理。科学家要讲真话，唯真、求实。只要不是道德品质问题，有了不同意见也可以共同讨论，不要把有不同意见看成反对个人。涂先生对于科学工作者不讲真话、不实事求是，十分痛恨。相反，对于有真才实学、曾对自己有不同意见的同志力加保护，够条件的就积极介绍有关情况，推荐为院士候选人。因此，涂先生赢得了院士们的尊重。涂先生这一高尚品德影响着地学部领导集体。

寄语未来

第7章 寄语未来

1 "座右铭"与地学工作者共勉

1993年7月22日,我为自己和青年人提出了下面的八句座右铭:

　　设想要海阔天空,观察要全面细致;

　　实验要准确可靠,分析要客观周到;

　　立论要有根有据,推论要适可而止;

　　结论要留有余地,文字要言简意赅。

作为中国科学院矿床地球化学开放研究实验室成员之一,谨书此以自勉,并与全室同志共勉。

我强调,这是针对地学工作者的。地学的研究对象和实验室是广袤的自然界。固体地球科学要面向已生存和演化了长达45亿年的地球。这些背景要求地学工作者的设想和思路都要开阔一些，要着眼于整个地球，而不只是周边景观；面对当前，但要回顾过去亿万年发生的事。因此，不能拘泥于一时一地、一事一物。地学工作者要勤于思考，善于联想、对比、推理。

有人说，海阔天空的设想会不会导致不切实际的妄想、玄想？这是不会的。座右铭的八条是互相联系和制约的。由于立论要有根有据，分析要客观周到，就不会导致妄想、玄想。

推论要适可而止，结论要留有余地——这些也是针对地学工作者的。固体地球科学涉及地球及邻近天体各圈层，上下数亿年历史，从目前科学水平看，我们所认识、所理解的只是部分现象、事实和规律，尚待解决和深入研究的问题还很多，即未知世界还很辽阔，因此我认为地学工作者切忌推论过早过多，结论也不宜说得太死。但这绝非含糊其词，模棱两可。

我十分注重表达的本领，即言简意赅。科学工作者应当实事求是、恰如其分、恰到好处地阐述自己的思路、成果和结论，无论口头或文字表达，都要力求简明、扼要、确切、中肯。

座右铭的八条中，关于观察、实验、分析、表达、立论等五条的提法，

涂光炽在座谈会上寄语未来

我认为科技界是会同意的,但另外三条,即关于上述设想、推论和结论的提法是否恰当,我本人也觉得没有把握,希望能引起讨论和评议。

2 要做德才兼备的人

"做德才兼备的人",是宁波大学与《科学时报》主办的"做人、做事、做学问"名家论谈中,涂光炽先生演讲的内容之一。2005年3月15日《科学时报》上,发表了以此命题的文章。2007年3月21日,涂先生又做客"腾讯科技"网,与主持人郭桐兴漫谈德才兼备,和网友互动。主持人提出了"德""才"的定义、内容、涵盖哪些方面,以及对国家、集体和个人该有一个什么样的作用等问题。涂老先生均一一作了解答。

要做德才兼备的人,至于德育的内涵,在我们今天的社会条件之下,

怎样才算办好德育，怎样才算一个德育合格的人？我个人的体会，德育在今天应该包括几个方面，一是爱国主义，二是集体主义，第三是事业心和责任心。"才"，当然泛指才干、才能。

"爱国主义"不是一个空洞的名词。在战争时期，我们国家有那么多同志在战争中牺牲了，充分表现了他们的爱国主义精神。在今天，爱国主义在很多地方也都有体现。很多宁波人到海外创业，有了比较好的基础之后，在祖国的土地上办学，这就是爱国主义的最好表现。炎黄子孙要时时记得自己的祖国，这是根。很多国家虽然有比我们好的物质基础，但却没有这种精神。像包玉刚、陈嘉庚等，尽管在海外待的时间很长了，但他们还不忘自己是一个炎黄子孙，给祖国做出了他们力所能及的贡献。这些就是爱国主义的体现。今天的爱国跟战争时代的爱国是不一样的，跟20世纪六七十年代条件艰苦时期的爱国，也是不一样的。今天的科学人员爱国，第一最起码要搞好科研，注意培养下一代人才；其次是做好科普和参加学术活动等等。

搞好科研，一个较好的条件就是现在的学科比以前发展乃至完善。科研本身就是在不断发展，每门学科当然也在发展。从我们地学来看，近些年进展比较大，一些关键问题跟以前观点不一样了，这些发展对从事这方面工作的人都会有影响。

科学的发展对科研人员来说既是机遇，也是挑战。比如说30年以前地学界不知道地球有这么古老的年龄，现在有很多证据表明地球有40多亿年的历史。这个结论一出来，会引发很多需要思考和需要解决的问题。

关于科研经费和硬件设施问题，现在经费比过去多多了，硬件装备好多了，但是去野外考察、采集标本、数据的人比以前少了，或者就派个学生去一下，这种做法不能说是好吃懒做，也不能给他扣个不道德的帽子，只能说他的工作方法有问题，比较急功近利。

集体主义和爱国主义是德育的两个很重要方面。对于祖国应该有爱国主义；在所从事的单位和集体中，很多人都具备一定的聪明才智，但是在一个集体中，只有集体搞好了，才能把大家的积极性都调动起来，才能发挥最多数人的聪明才智，这就是集体主义。从个人角度来说，就是要有强烈的事业心。到了工作岗位，不要挑三拣四，觉得工作不如意，就不安心。要想办法爱你的工作，对你的工作负责，要在不太长的时间内，在自己的工作岗位上做出自己的贡献。我希望年轻同志在这方面一定要有坚定的决心，以后要做出一番事业来。不要怕别人说你好高骛远，也不要怕这样那样的批评，你看准了你的事业，就要努力把你的事业做好。这个"事业"可以是各种各样的，当农民、工人、教师、企业干部、机关干部等，都是一个人的事业，在每一个岗位上都可以把工作做好。所以，我把强烈的事业心、责任感作为德育的第三个很重要的方面。

"智育"也不是空洞的。我想，就智育问题给大家提一些建议。大家能有机会在学校学习，是一件很好的事情。我们要弘扬"两心"，即"爱国心"和"事业心"。一些青年上大学时，一心一意想出国深造，但出国深造就留在那里不回来了。20世纪50年代以钱学森为代表的留学生，克服种种困难回国，我们要学习他们的爱国主义精神。行行出状元，不能见异思迁，这山望着那山高。近些年，有的行业非常热，但我从事的地质工作，受到冷落，一些地质学院改名来吸引学生。地质工作非常重要，社会主义现代化建设离不开找矿，学生们应该选择艰苦事业，坚决走下去。另外，培养人才知识面应该开阔一些，不要一下子就钻到一个专业里头。大学生毕业后，还不足以决定你以后的主攻方向，可能还要摸索一些年。知识面应该尽量广博一些，不是提倡一专多能嘛，先多学一点东西，以后再在"多能"基础上，来求得"专""深"的发展。

在智育这方面要"与时俱进"。现代科学的发展速度确实很惊人，在各个学科领域，新的思维、新的方法、新的成果越来越多。我们的知识一定要能够赶上时代的步伐，要"与时俱进"，我们应该想办法多学一些知识。对于大学三四年级的同学、研究生，更应该做到这一点。研究生要学会独立工作，前辈也要大胆放手。研究生不同于大学生，要学会自学；要学会查文献，熟悉自己研究领域的进展。年轻的同志做科研工作，他可能会出些毛病，那不要紧，工作当中你要提醒他，你得不客气地指出，不能完全放手不管，他会改进，这样他会成长得快些。如果年轻同志有不同意见，应该欢迎，适当地组织讨论，让他说出自己的想法。对年轻人要言传身教。

目前，地学不能吸引年轻人，原因很多。我深感我国的中小学生普遍缺少像苏联和美国同龄人那样浓厚的对自然界的兴趣。我曾有机会多次到后者的小朋友家做客，他们常以珍藏的成柜成盒的各种矿物、岩石、昆虫、植物标本在客人面前展示，并以此自豪。他们有组织的或自发的野营、爬山、远足活动名目繁多。在我国无论社会舆论、家庭教育都缺少这方面有力的引导。在课堂教学中，地学的分量低、质量差，很难引起学生的兴趣。

寻根问底，青少年朋友对地学缺少兴趣还在于地学本身缺少吸引人的内在因素。回想许多年前，大学的生命科学各专业招生也遇到生源困难，但现在想报考生物学的中学生就多了。究其原因，近些年来微观生命科学领域，诸如分子生物学、基因工程、遗传学等所取得的辉煌成就吸引了年轻的学子。地球科学呢？应当承认：自愧弗如。但是低潮、高潮是会互相转换的。这是事物发展的规律。我坚信我们这样大的国家，需要地学，地学将会大兴。看看我们的东邻日本，大地震之后，它的地学研究工作有了改变，兴旺起来了。

一句老话还是很有用的，在这儿也想跟大家提一提，就是要尽量做到"活到老，学到老"，"学无止境"。学习确实是没有止境的，新的东西在不断地出现。

当院士不是科研人员的奋斗目标；奋斗目标是工作出色，有实绩。院士为什么越炒越热？我想可能是风气不好，像"唯文凭"一样，社会上普遍认为博士比硕士厉害，院士比一般的研究员讲话更有分量。正常的情况应该是，大家当然希望自己能够当选，但不要把当院士作为目标，这样的风气才比较正。院士增选应首先注重"德"。院士也要德才兼备。院士增选的时候应该多下基层，向群众了解这位候选人的人品到底怎样。而没有德的人当选院士影响会很坏，一般群众也不敢讲。因为没有院士退出机制，除非有站得住脚的依据，否则恐怕很难将他从队伍中清除。学部道德建设委员会也只是泛泛地议论一下，什么样的情况不适合，据我所知没有针对某个人的，都是分析某些情况不适合的，不应该这样做，要拎出典型来很难。总之，当院士并不是科研人员追求的奋斗目标，奋斗目标是工作出色。得荣誉称号是单位和学术团体的事，不是你自己考虑的。科研回报有两种：一种是公开的形式，比如论文专著发表和课题项目等；一种是自己做的科研成果出来了，可能别人不知道，但有实际用处，能解决问题，比如帮助山东找到金矿，这是实绩。

还有一个建议，就是我们应该多学一些动手本领。我们毕业以后一般都是从事脑力劳动，很容易养成重动脑不重动手的习惯，特别是中国的知识分子受传统士大夫教育的影响，勤于思考，动手能力比较差。这方面，我们确实比西方国家差得多。我可以举个例子。在我们国家，开汽车的一般都不怎么懂得修汽车，出了一点毛病就完了，就得往修车的地方送。在美国就不是这样的，很多车子出了毛病之后，车主都是尽量自己修。他们动手能力就比较强。很多家庭都有一个小的车间，一些工具家里都有，我们恐怕有了钱以后，不会买扳子、锯子一类的工具。在这方面，国外的一些东西是值得我们学习、借鉴的。另外，我觉得我们对于打工的态度，也还可以吸取他们的一些做法。据我所知，美国很多大学生都是边学习边打工的。学校里吃饭的地方，洗碗、切菜等好多工作都是学生在干，两个小时就可以把他一天的伙食问题解决了，还可以积攒些生活费用。美国的大学生并不以打工为耻辱，而是觉得这样很好，自力更生，自己解决一些生活问题。

最后，我想引用一句古训作为结束。这一句古训叫做"先天下之忧而忧，后天下之乐而乐"，能做到这个是很不容易的，但我们应该有朝这个方向努力的决心。这是德育的最高水平。

3 要学会运用唯物辩证法

要在自己的业务实践中力求自觉地运用辩证唯物主义思想。我曾多次强调，并力求自己做到，地学工作者应当自觉地运用辩证唯物主义指导自己的业务实践。但要做到这一点却绝非易事，要下大力气才成。我认识到有三种制约因素：（1）地质作用本身和地质体的形成是长期的（常有几千万年、几亿年的过程）、错综复杂的，我们现在只能看到这些长期作用的最后结果，要探索全过程，如果缺乏系统的理论、方法、手段，容易带上主观因素。(2) 地学的区域因素很强。某一地带的规律、现象不一定会出现于其他地带,但在一个地方工作时间长了,就容易把这一地方的看法推广到其他地方,这就可能带来一定的片面性。(3) 各种传统观念和习惯势力的束缚。要突破这三种制约因素,恰如其分地反映客观实际,就要讲究思维方法,处理好若干关系问题和矛盾问题。

我曾经提出地学工作者应当重视的八个问题,即:非此即彼与亦此亦彼;复杂成因与单一成因;将今论古与地球演化;突变论与渐变论;共性与个性;开放体系与封闭体系;野外观察与实验测试;均一性与非均一性。

80年代我多次探讨了这八个地学思维问题,并写成文章,发表于《自然辩证法研究》期刊(第五卷,第五期,1989年),题目为《地学中若干思维方法的讨论》。

这八个问题涉及地学在数百年的发展历史中的主要思想方法问题。这里,我们不可能全面予以回顾和讨论,但拟通过两个事例说明。比如,固体地球科学体系的重要组成部分是成岩成矿理论,但恰好在成岩成矿的某些关键认识上,长期以来主要是非此即彼论点占主导地位。从传统成矿理论出发,矿床被看做不是外生的、沉积的、风化的,就是内生的、岩浆或岩浆热液的、变质的。内生成矿与外生成矿被视为两种截然对立的成矿作用时,确实存在非此即彼,但不可能全部概括,过渡性、亦此亦彼的成岩成矿作用也是广泛发育的。现代洋底成矿作用,大量洋底块状硫化物矿床是在热液介质中主要以沉积方式形成的,这是一种亦此亦彼。另外,洋底之上的水体中成矿以沉积方式为主,而洋底之下的岩石介质中成矿方式主要是充填与交代,这又是一种亦此亦彼。

在地学的各式各样发育演化过程中穿插着渐变与突变。恰如其分地处理好这二者的关系也要讲究思维方法。我认为长期以来实际上是均变论占统治地位，因而不少地学人员不习惯于突变观点。在自然界各种灾害，如地震、火山爆发、洪涝等都是突变的表现形式。由于成岩成矿过程动辄以亿万年计，因而人们易于着眼均变而忽视突变。应当说在地球演化的历史长河中，许多矿种的形成过程都存在着渐变与突变。如铅和稀土元素在太古宙时不成矿，但到中元古宙大量成矿，形成一些著名的超大型矿床。这便是突变成矿的实例。

正如前面所谈到的，在抗大受到的启蒙哲学教育在思维方法上为我打开了大门。在我撰写的论文和主编的专著中常可以找到这方面的线索。如在讨论层控金属矿床与油气矿床的异同时，我尽量排除人为因素的影响，列举了活泼金属改造成矿作用与油气成矿作用的许多类似与不同之处，它们之间并没有截然界限。

怀念

20 世纪中国科学口述史

第 8 章

怀念

"涂光炽静静地与世长辞了。以中国科学院常务副院长白春礼为主任,周光召、朱光亚、徐冠华、张玉台、谌贻琴、陈宜瑜、李静海、孙鸿烈、孙枢、秦大河、司徒桂美、欧阳自远、刘丛强、范蔚茗、朱日祥等为副主任的治丧委员会发布了《讣告》,全文如下:

"中国共产党优秀党员、国内外著名矿床学家、地球化学家,我国地球化学事业的奠基人,中国科学院、俄罗斯科学院和第三世界科学院院士,原贵州省人大常委会副主任,中国科学院地球化学研究所和中国科学院广州地球化学研究所名誉所长,中国矿物岩石地球化学学会名誉理事长涂光炽先生,因病医治无效,于 2007 年 7 月 31 日 15 时 20 分在北京协和医院逝世,享年 88 岁。

涂光炽先生从事地球科学研究近 70 年。他把毕生精力都倾注在矿产资源的研究和地学事业的发展上,提出了一系列地球化学领域新理论和新观点,获得了 20 余项重大学术奖励。

涂光炽先生长期承担科技领导工作,并任中国科学院地学部主任多年，对中国科学院学部的恢复和建设做出了重要贡献。

涂光炽先生早年参加革命，有坚强的党性，对国家、对民族、对事业无限忠诚。他光明磊落、公道正派、严于律己、平易近人、艰苦朴素、无私奉献地做人；他兢兢业业、任劳任怨、扎实细致、勤奋拼搏地做事；他治学严谨、学风民主、勇于创新、实事求是地做学问。为我国的国民经济建设、科学和教育事业的发展，殚精竭虑，做出了卓越的贡献。

涂光炽先生遗体告别仪式定于2007年8月6日上午10时，在北京八宝山革命公墓一号告别大厅举行，骨灰安葬仪式于8月8日上午10时在贵阳市海天园公墓举行。"

党和国家领导人胡锦涛、江泽民、温家宝、曾庆红、吴官正、张立昌、贺国强、曾培炎、王刚、李鹏、朱镕基、李岚清、陈至立、路甬祥、韩启德、周光召、朱光亚等以不同的方式进行了慰问并送了花圈。国家有关部委、贵州省、湖北省、广东省、云南省等单位和主要领导人送了花圈。中国科学院和中国工程院两院93名院士也送了花圈。

共计284个单位以及国际、国内好友、同事、校友、学生、社会知名人士及亲属、亲友等483人分别送了花圈或发了唁电。

涂光炽用他的德、他的行、他的爱、他的情，谱写了光辉的一生。他的品德永远垂范，人们对他的敬仰无限、怀念延绵！

（据地化所黄志龙、温汉捷统计、整理涂先生遗体告别时的花圈、唁电、挽联等的大型汇编资料）

欧阳自远： 1956年，我从北京地质学院金属与非金属矿床勘探专业毕业，在全国轰轰烈烈向科学进军的洪流中各高校和研究机构开始招研究生，我被分配留校做地球化学研究生。由于苏联地球化学家拉蒂斯提前回国，学校领导动员我报考中国科学院的研究生。作为年轻地质工作者，我早就热切渴望能选择从苏联学成归国、年轻而学识渊博的涂光炽教授为导师。涂先生在地质学院刚开设过"找矿勘探"和"矿床成因"课程。他的讲授内容新颖而丰富，论证严谨、深刻。听涂先生的课是知识和思维的升华，是一种高尚的学术熏陶，我为他讲的每一堂课而倾倒，激发出对他深情的崇拜。

我有幸在众多竞争者中被录取为涂先生的矿床学副博士研究生。得到涂先生要和我谈话的通知后，我很拘谨地走进了他的办公室。记得他说的第一句话是："请坐，很高兴你有志于研究矿床学，你想做哪方面的研究？"第一句话就言简意赅，开宗明义。他态度和蔼，说话亲切，像真诚的挚友在倾听我的心声。我毫无拘束地谈了自己的设想：学校的毕业论文在徐国风先生指导下研究寿王坟夕卡岩型铜矿的成矿规律与找矿勘探方向，夕卡岩型矿床在我国很有前景，它的成因理论更是一个难题。我很想深入作这方面的研究。能不能选择以长江中下游夕卡岩型铜、铁矿的成因与分布规律为题目，重点解剖安徽铜陵铜官山一带的夕卡岩型铜矿和湖北阳新、大冶的夕卡岩型铁、铜矿。他快捷地说，"很好，就做这个题目。"接着他安排了我的研究工作计划。

第一次谈话后我久久不能平静。一个刚出校门的学生，基本上还不大懂矿床学，仅仅表达了对一个研究领域的兴趣和向往，却能得到他明确的支持与鼓励。毫无疑问，涂先生对当代矿床学的现状与发展有透彻的了解，对我国矿床学研究的关键、突破点、布局与安排早已深思熟虑，也许我幼稚的设想符合他的战略部署。但使我最受感动的是他尊重人、尊重知识，即使是他的学生，在学术思路上有一点可取之处，他都倾注热情与关切去理解和支持。

每隔一段时间，涂先生都要亲自主持全室的学术会议，要我们做各自领域相关问题的调研报告。这既活跃了学术空气，又使大家能相互了解、相互学习、启发思路、扩展知识，还使我们每个人学会组织材料、综合分析、准确表达、提高水平……

涂先生还要求我们，要重视野外工作，观察要仔细，记录要客观，要善于独立思考，将各种现象联系起来找出规律。每次野外工作之后，我们都要写出文字总结，并向全室作报告，听取评论与建议，最后由他做综合总结。我理解涂先生的学术指导，不仅关注对个别学生的具体指导，也力求提高科研人员的学术素质与水平。

对于室内的实验工作，涂先生要求我们必须亲自动手，既要了解仪器的工作原理，又要学会操作，通过自己的实践获得可靠的数据。一切从"学徒"开始。记得那时候野外采集的标本我都要自己到磨片车间切片、磨片，在实验室做显微镜观察、拍摄和冲洗照片。在重砂实验室选矿、鉴定矿物，在 X 射线粉晶实验室制样、拍照和鉴定矿物，在化学分析室溶样和测定元素等。通过实践，不仅使我们了解仪器，操作仪器，更加深了我们对数据的获取和可靠性的认识。

对一系列基本功的训练，涂先生的要求是极其严格的。野外和室内工作是理论研究的基础，是一切正确认识的源泉。40 年前的严格训练，是我一生中受用不尽的宝贵财富……

（欧阳自远：《终生感激的教诲，永远崇敬的表率》）

李朝阳：自 1962 年我参加工作以来，一直是在涂先生属下工作，40 多年来先生的言行给我留下了深刻印象，也是我终生学习的榜样。

一、工作拼命干

涂先生对自己要求很严格，只要认为对工作有利，天寒地冻、烈日炎炎和自身体质不好等不利条件他就都不顾。他对我们这些常陪他出差野外的同志说：元旦和春节之间出差最好，因为这期间地质队的同志都收队了，这期间我们找人和收集资料都比较方便。大家知道，元旦和春节之间是全年最冷的季节，属于数九寒天，全国很多地区都是冰天雪地，这时不仅工作条件艰苦，而且出行路上也很不安全。1980年1月，我、张宝贵、赵振华三人陪涂先生考察黔、桂、湘三省的一些矿床时，旅途中涂先生一直感冒、咳嗽。为了不麻烦我们，沿途他偷偷地到各处的医务室打针、吃药，希望感冒快点好，一直等到达广西宜山时，他才突然告诉我们说他的右耳听不见了，认为可能是打针打的，这时我们才后悔对他关照不够。尽管这样，他还是带着我们冒雪继续进行野外工作。在考察湖南醴陵潘家冲铅锌矿时，大雪都已经把矿床的地质露头盖住了，我们只有扒开雪才能看到地质现象。冬天翻越湖南雪峰山是非常危险的，有次我们的汽车好不容易爬到雪峰山公路段的山顶时，眼前的情景确实把我们吓呆了：公路前进方向的右边是山，左边是10多米深陡壁；路面结了一层滑溜溜的、厚厚的冰；路旁电线杆上的电线已冻成了一根根直径足有2~3厘米的粗大的冰棍；前面约50米处的公路右侧躺着一辆大概是前一天翻的公共汽车。山上静悄悄的，我们陷入了前进不得、后退不成的危险境地。此时涂先生却像一个军事家那样，叫大家保持镇静，亲自指挥我们一个个下车，先照一张相，留下这种美景，然后叫大家把身上穿的棉大衣脱下来，抱着它走在汽车前轮的旁边；同时要司机开着车门（为了司机的人身安全，出现问题时好跳车），让汽车慢慢地向前移（滑）动，打算当汽车控制不住时，大家就把大衣丢到轮胎底下阻止汽车打滑。当时山上的气温虽然是在零摄氏度以下，大家又没穿大衣，但我们每个人都紧张得全身发热。不知经过了多长时间，我们才通过了危险地段。这时大家才感到肚子很饿了，下午三点来钟才吃上午饭。

每次野外出差，涂先生总是把时间安排得特别紧。他提出：我们白天上山，晚上看资料，礼拜天赶路。一点休息时间也未安排，几个星期下来，我们这些比他年轻的同志都感到有点吃不消，涂先生本人也就可想而知了。有次考察途中，赵振华同志不愧当过涂先生的秘书，知道涂先生喜欢看电影，他趁等吃饭的时间，偷偷地买了几张电影票，回来他说今晚这里有好电影，涂先生只好笑嘻嘻理解地接受了，我们几人皆大欢喜，捞到了一个晚上的休息。还有一次，我们一行在考察完滇西潞西上芒岗金矿后，大家觉得那里离边境开放城市瑞丽只有一百零几公里，提出是否到那里去看看。涂先生不同意干这种与地质无关的事，很诙谐地说：那里是做买卖的地方，我们又不做买卖，我看就算了吧。当时我见涂先生也很理解大家想去的心情，就临时提了一个建议，增加一个中型富铁矿的考察。该矿床距瑞丽仅15公里左右，而且就在潞西至瑞丽的公路旁，当天考察完后可以到瑞丽住一个晚上，涂先生同意了。晚上大家去瑞丽街上逛了一圈，只有涂先生没有出去，一个人在宿舍里回忆当天所看到的铁矿情况，等我回来后他马上对我说：这个沉积变质铁矿是否和惠民的铁矿是同一层位，但它的矿石品位比惠民铁矿要富多了。这再次反映出涂先生是不放弃任何一次地质考察机会的。1978年他考察广西兴安县3105铀矿就是利用在桂林参加富铁矿会议的机会。涂先生还有一个特点，就是每考察完一个矿床或地质点之后，就要大家在现场或住地进行讨论，并要求每个同志都要发表观察后的看法（包括他自己），这就迫使我们每个同志在观察地质现象时一点也不敢马虎，否则就不好"交差"。这种严格要求既可提高大家的业务水平,又充分发扬了学术民主,现场统一了认识,不至于等到最后总结时出现那种"瞎子摸象"的争议,我本人对此受益匪浅。

二、教我如何培养博士生

从1992年到2007年我作为副导师帮涂先生带了8名博士生。1992年,涂先生找我,说:老李,我有一个博士生叫邓海琳,请你帮我带一带。我同意之后说:这是您的研究生,如何带还要请给我说一说。他想了想,认真地对我说:一专多能,以适应社会发展的需要。我听后感到很新鲜,因为当时一谈到培养博士的目标首先是如何创新,如何具备独立承担科研任务的能力等。后来我把涂先生的这种提法告诉了有关人员,当时有的人还不大理解,似乎要求太低。为此我也琢磨了很久,发现涂先生的这种提法概括性很强,看得很远、要求很高,因为"一专"就把"创新"、"独立承担科研任务"都包括进去了,而且培养目标明确,要"多能"才会适应社会发展的需要,不是书呆子。紧接着涂先生又说:对于学生的学术观点,不要强求和导师一致,只要他能自圆其说。这段话不仅对我震动很大,而且也很受感动。因为在通常情况下,学生的学术观点是要跟随导师的学术思想的,如果学生的学术思想、实验结果和导师的不一致,情况就比较复杂了。若师生各自坚持自己的观点,其结果是学生不服,导师不悦,严重的是师生对立。涂先生的这种学术民主和他的宽阔胸怀是做导师的典范。

20世纪80年代以来,尽管涂先生的每个学生都找了1~2个副导师,但他不是把学生都托付给副导师,自己就不管或少管,而是认真履行其导师职责,一定要和他的每个学生进行多次交谈,亲自听取他们的汇报,检查他们的学习情况,进行面对面的指导,特别要参加每个学生的两个读书报告的考试评分。他一回到贵阳就一个个地听取研究生的汇报,包括论文进展、存在问题，提交论文的大致时间等，然后他有的放矢地进行指导，每天的时间都是排得满满的。如果学生已提交了论文，他都要仔细审阅，提出修改意见，最后和研究所教育处商量安排具体答辩时间。对他的每个研究生的答辩，他都非常认真负责，亲自参加答辩会，听取评委们的意见。若遇特殊情况他不能到会时，为了不延误学生的毕业，他也会做出可行的安排，并打电话告诉地化所教育处。这充分体现了他对地化所教育处的尊重和对学生负责到底的态度。

三、刚正不阿，不徇私情

20世纪90年代初，以涂先生为首申报的"与寻找超大型矿床有关的基础研究"国家攀登项目，经过了半年多的立项论证，总是未能最后敲定，大家心里都有点着急。有一天涂先生和我们几个人在一起讨论这个事时，我们当中有一位同志提议："涂先生，您和国家科委（即国家科技部）××副主任很熟，您是否去找找他，争取尽快把项目立上。"涂先生当即严肃地说："××同志我确实熟悉，但为了我们的项目立项去找他，我不干，我希望你们也不要去找他。"涂先生这种刚正不阿的精神对我教育很大，特别是当前很多人都在想方设法走后门、拉关系，而涂先生拥有这种现成的、"宝贵"的关系资源而不用，这是多么难能可贵啊！1996年，涂先生领导的中国科学院矿床地球化学开放研究实验室，在评审过程中，评审排名次序被不公正地一降再降，当时中国科学院基础局有位同志说：人家各个实验室的老先生都亲自出马了，就你们涂先生从未来过。实际上，涂先生这种严格要求自己的作风是他长期建立起来的、一贯的，并以自己的实际行动强烈反对拉关系、走后门的不正之风。

四、对自己要求很严，心里却总是关心别人

1989年，为庆祝涂先生的七十岁生日，地球化学研究所欧阳自远所

长在征得涂先生的同意后，组织了所内外一部分同志编写了一本纪念性质的论文集，但当论文集定稿之后，涂先生却拒绝出版，弄得一些所领导工作很被动。欧阳所长找我，要我帮着劝说一下，我拿着稿子去找涂先生，问他为什么又不同意出版。涂先生板起面孔对我说：他们吹捧我。我说这好办，我们再看一遍，看哪段、哪篇是吹捧的就把它删掉，您看怎么样？涂先生想了想，才勉强同意出版，可是他紧接着就说：你们为什么不给郭（承基）先生写？这时我才意识到，涂先生不同意出版，除了他自身谦虚外，另一个重要的原因就是没有给郭先生出版纪念文集（郭先生的七十岁生日比涂先生早），我把涂先生的意见立即转告给了欧阳所长。

上世纪90年代初，我陪涂先生去东北辽宁、吉林考察铀矿、金矿，我和他同住一个"标准间"，晚上都是他睡得早，我睡得晚。有时我晚上串门回来悄悄地到卫生间一看，洗澡盆里已为我灌满了干净的热水，我对此非常感动，因为当时涂先生已是70岁的高龄了，按理说我照顾、服侍他才是正常的。第二天早起，当我向他表示歉意和感谢时，他却只对我笑了笑，好像他已习以为常了。涂先生关心同志、平易近人的事例还有很多。如有一次，我陪他乘火车出差江西，大概到了中午12点钟左右，他微笑着用湖南话对我说：呷饭了啊！当我正要去拿我的包取食品时，涂先生却先把他带的提包打开了，从里面拿出了两盒方便面和一小玻璃瓶水煮花生米往小桌子上一放，然后又各自分了一双筷子。我们愉快地吃完了那顿午餐。涂先生平易近人、暖人心怀的一举一动至今一想起来仍觉得很感动。

还有一次我和他坐在一起聊天，涂先生突然对我说：老李，我给你提点意见。我听后心里有点紧张，以为自己犯了什么错，但还是马上表态说：您说嘛！我尽量争取改正。他说：你每次吃完饭后一定要刷牙，保护好牙齿，这样就保护好了胃；第二，你不要抽烟了，以后喝点酒；第三，要早睡早起身体好。我听完后说，您的意见很好，第一、二点可以考虑，第三点现在我做不到，因为我晚睡已成习惯了。此事虽然已经过去快20年了，可是涂先生给我的这种无微不至的关怀，至今想起来仍历历在目。

五、节约的典范

涂先生虽然享受 VIP 的待遇，但他为了给国家省钱，乘飞机时从不坐头等舱。1995 年他在南非共和国考察中生了病，在那里延期一星期才回国。回国时，科学院孙鸿烈常务副院长来电指示，要我和刘秉光同志陪涂先生一起乘头等舱，但头等舱的票价为经济舱的两倍，涂先生坚决不同意坐头等舱，后经我们劝说和"威胁"（给他买一个氧气袋），最后才达成一个协议：他坐头等舱，我和老刘坐靠近他的经济舱。

1990 年，我陪他从东北出差回北京，我提出要他的车到车站来接我们或者打的去中关村。涂先生没有同意，却说："我看到有一辆从火车站开出来的中巴车要经过我家的门口（海淀黄庄），我们就乘这个车回家好了。"我只好同意他的意见，下车后就上了这趟中巴车，由于车上的座位没坐满，车子在车站整整等了40多分钟才发车，我们花了两个多小时才到达黄庄。

涂先生在南非住院期间，我上医院去看他时，他悄悄地把一个小纸包塞给我说：医院发给我一些吃的东西，我没有牙齿吃不了，是干净的，你拿去吃吧。我打开一看，里面是一个油炸饺子（比一般我们所见的饺子大一点，呈焦黄色）、一些杏仁和腰果。从这件小事也可以看出，涂先生是最怕浪费的，他决不把可用的东西随便扔掉，真不愧是一个热爱劳动人民的无产阶级知识分子。

尹汉辉[①]：涂光炽院士是著名的矿床学家，地球化学家。不过，地质所和地球化学所老一些的职工，大家都称呼他"涂先生"。喊多了，时间长了，也习惯了，还感到亲切。

在这里，以我自己的亲身感受谈谈涂先生是如何发展中国矿床学和地球化学的。

涂先生到中国科学院地质研究所岩石矿床室当主任，李璞当副主任，在所内大力开展了地球化学研究和相关实验室建设。1960年为贯彻调整、巩固、充实、提高方针，在地质所内建立了包含岩石、矿床、矿物和地球化学在内的科研队伍和若干名专家的研究室，也称"大二室"，涂先生任主任。接着地质所又承担若干国防项目，研究实力迅速壮大。60年代中期，在中国国土上，经涂光炽先生之手，由大学讲台到国家科学发展规划，再到建立专门研究机构——地球化学研究所，仅用了十年多时间，怪不得叶连俊先生说：涂光炽是一台不知疲倦、永不停息运转的机器。涂光炽学了十来年的矿床学，但参加工作后，却辛苦奋斗了十来年的地球化学。据说，有人曾问他为何不抓矿床学而抓地球化学时，他回答的大意是，二战后，西方先进国家为发展现代化工业而兴起地球化学，以解决现代化工业所需的稀、贵矿产资源材料。新中国的工业化建设也将需要大量稀、贵工业矿产资源。在旧中国，矿床学还是有些基础，而地球化学还是

---

① 尹汉辉，原中国科学院地球化学研究所研究员，1984年调到中国科学院长沙大地构造所任研究员。从地所开始，就在涂先生领导下，从事矿床学方面的研究工作。自1959年至1984年跟随涂先生25年，随堂聆听涂先生讲话、报告，有记录稿共31篇。2003年，当地化所决定撰写建所40周年发展史的时候，尹汉辉先生于2003年7月8日，将这31篇约44 000字的记录稿重抄出来，请涂先生过目，并分送贵阳、广州两地地化所领导参阅。涂先生讲话一贯是层序清楚，用词严谨，简洁明了，该记录基本保持了涂先生讲话的"原汁原味"。除可重温涂老先生的教导外，还可寻觅涂先生创建地球化学研究所、率领大家发展地球化学学科的历程和足迹。对本书的撰写很有参考价值。

空白,且国家迫切需要。作为一位新中国的科学家,应以国家需要为自己的科学行为准则,要适应国家经济发展形势。随后,他大力支持有机地球化学、环境地球化学成长和发展成为国家重点实验室。大力支持同位素地球化学的发展,支持成立广州地球化学研究所。当地球化学学科在国内研究取得重大发展,其丰富成果和资料为众多同行工作者所共识的时候,再回头来反观中国经典矿床学,我们的认识更加提高。在 70 年代后期,涂光炽出席在巴黎召开的国际地质大会,宣读的文章《碳酸盐地层中的某些层控铅锌矿床成因——以中国矿床为例说明》就是十分典型的例子。铅、硫同位素,矿物气液包裹体,岩矿鉴定,地质观察都证明这类矿床与岩浆岩无明显联系而与区域内的地层、岩性有关;是沉积—改造作用成矿,是中国层控矿床中的一部分。这些深层次的研究成果,不仅填补了中国经典矿床学中的空缺,又提高了矿床学的科学水平。70 年代初,一天傍晚散步时,涂先生同意我关于研究铅锌矿床的意见。1973 年,我偕同任英忱出差湖南、广东考察铅锌矿床,1974 年任英忱调往天津,我们这里又先后补充喻茨玖、张国新、张乾和搞成矿实验的卢家烂等。在涂先生亲自指导下,考察过不少典型铅锌矿床,有些矿床是涂先生先去现场踏勘之后,我们才在后面去做具体工作的。1973 年,他亲自带领我们考察并深入研究了贵州西部地区的铅锌矿床。

1983 年底《中国层控矿床地球化学》第一卷定稿。层控铅锌矿床地球化学,工作时间较长,参加人员也较多,资料也较丰富,放在了第一章。当《中国层控矿床地球化学》第二、三卷也出版、评审、获奖之后,涂先生又接着参与编写《中国矿床》一书。涂先生分担铅锌矿床的章节。对那些曾经研究过的非层控铅锌矿,如云南北衙碱性岩铅(锌)矿,山东香夼闪长斑岩铅锌矿,湖南水口山、黄沙坪、柿竹园,辽宁桓仁铅锌矿

1973年，涂光炽先生（前左3）带领尹汉辉（前蹲者）一行在贵州西部考察铅锌矿床

等，都从矿床地质学的角度，做了深入、细致的补充工作。涂光炽先生就是这样分别从地球化学的角度和地质学的角度，交替剖析中国金属和非金属矿床的若干特色，从而大大提高了矿床学的研究水平，丰富了矿床学的理论宝库。

（摘自尹汉辉：《怀念涂光炽先生》）

杨蔚华[①]："文革"结束后，涂先生在生产组打杂。当时地质部宜昌地质矿产研究所请我所派人参加湖南砂岩铜矿讨论会，所里派我去。因为我对那个矿的特殊矿物不熟悉，就去问涂先生愿不愿意去，他表示愿意。我与当时所领导协商后，所里同意涂先生和我同去湖南。这次出差，火车票不好买。我所管财务的人说："那就给涂先生买软卧，他还是所长嘛，谁撤了他的职？"从这件小事可以看出，涂先生平日是非常得人心的，他的学者声望依然存在。所乘火车到达怀化已是晚上11点钟，开会的人听说涂光炽教授来了，就来车站迎接。其中一个年轻女子大声喊："涂教授来了！涂教授来了！"出站口验票的人都愣住了，连票也没看就让我们出去了。使我深受感动的是，涂先生那样一种处境刚结束，头一次出门在外边，人家还是照样对他很尊

[①] 杨蔚华，中国科学院广州地球化学研究所研究员。

重,一定要他作报告。

会后涂先生想到地质队和矿山去考察,问参加会议的湖南吉首队同志,能否与大队联系一下。这位同志打电话到大队,当时大队长和书记都不在家,生产科长不知道涂先生是何人,就说,来就来吧,没有派车来接。多年不能出来工作,涂先生想抓紧时间多考察一些矿床,但汽车座票已经没有了,涂先生不想等,于是我们就买了两张站票。车子在湘西山路上行驶,一路颠簸得很厉害,就这样我们从怀化一直站到了吉首,全程一百多公里。下了汽车,我们自己找到地质大队,见到生产科长,我指着涂先生给他介绍。他一听就愣住了,看到我们一路风尘仆仆的样子,这哪像个坐软卧的人啊!晚上队长、书记和工程师从外地开会一回来,就来看我们,并对没有派车接我们表示歉意。工程师是我的同学,也是涂先生的学生,他对我说,请到涂大专家来真不容易,我们队上的人都很高兴。队长和书记了解到涂先生想到下面各小队和矿山考察,就派一辆小车让生产科长陪同跑野外。这次野外考察了多个汞矿。我没想到这么多年没出过门,涂先生的声望还是那样高。涂先生来湖南开会并考察地质的事让湖南地质局知道了,该局工程师专程来到吉首请涂先生作报告,并通知各大队派人来吉首听报告。当他作报告时,矿上的小厅里座无虚席。涂先生讲的是创新课题——层控汞矿床,大家都聚精会神地听。贵州铜仁专区地质大队得知涂先生在吉首作了学术报告,也专门请涂先生云铜仁考察了中国最大的汞矿,并请他作了学术报告。那是1972年初春,而涂先生已将这一重要新课题观察、思考、研究很久了,成竹在胸。这可能是他复出后首次讲他的新课题。这也是1984年至1988年出版《中国层控矿床地球化学》一至三卷的前奏,该项研究是涂先生深思熟虑的结果。

这回跟涂先生出行,还遇到一件事,说明他对贫苦农民特别关切、爱护。矿上的事情结束后，我们仍乘那辆小车回城去。我们前面走着一辆陈旧的拖拉机，上面坐着一些农民。走了约半个时辰，那拖拉机忽然翻了。我们的车赶紧停下来。只见从拖拉机上摔下来的一个农民伤势较重。涂先生说，赶快下去救助一下。司机背着那个满身是血的农民放在我们车上。涂先生说人命关天，快送他去医院。我和涂先生就步行往前走，等车转回后，发现车上有血迹，涂先生不嫌脏就坐下去了，于是涂先生的裤子也沾上了血。我了解他非常同情那个重伤的农民。

傅平秋①：涂先生离开我们几个月了，先生的音容笑貌常浮现在我的眼前，我自1955年从长春地质学院分配到中科院地质所工作后，1966年随涂先生到地化所，五十年来，我一直是涂先生的学生，先生学识渊博、治学严谨、学风正派、思维超前、严于律己、善待和关心他人，永远值得我学习。现回忆几件事，以表达对先生的深切怀念。

（一）

"文革"后期的一天，涂先生对我说："我可能要去滇西一带跑野外，你是大理人，有什么要我去办？"我说："老父已逝，现有七旬开外的老母一人在大理。"先生说："只要有机会我一定去看看她老人家。"当时就我的处境而言，我是很难回家探视老母的，先生这番心意使我深受感动，心里暖融融的。事隔不久，先生遗憾地对我说：大理去不成了。1976年涂先生又一次告诉我，他很快要去滇西大理一带工作了，还说，一定去看看我的老母亲。我伤感地回答：老母去年已长逝。涂先生顿觉惋惜，并问我，滇西那边还有亲人吗？我说：有个大哥，"文革""解放"后，被派到滇西山区永平县中学教书。当即先生要我把大哥的名字告诉他，虽然我

---

① 傅平秋，中国科学院地球化学研究所研究员。

想先生到滇西与大哥见面的可能性很小，但我给大哥写信时仍将此事顺告他。不久，大哥给我来信说："涂先生到滇西路经永平县在县委招待所作短暂休息时给我打了电话，并约我到县委招待所与他见面，我当即欣然到招待所见到了涂先生。涂先生问及我的近况，并告诉我你在贵阳一切均好，不必远念……"大哥信中还说："我没有想到一位知名的科学家、一位中科院的教授穿着如此简朴，待人如此和蔼可亲，我由衷地对先生产生敬意……"涂先生从云南回贵阳后，我向他道谢时，他用昆明话说："莫谢、莫谢。"涂先生与大哥在永平见面之事是我一生中难忘的记忆。

（二）

我和涂先生是近邻，我们同住一个单元一栋楼，涂先生住左三层我住左四层。一次涂先生从北京回贵阳见到我时风趣地说："顶头上司你一向可好？"我一下愣住不解其意，但转念一想，我住四楼不就成住三楼先生的顶头上司吗？我大笑着说，"我过得不错。"先生对学生对群众的关心是让人称道的。一次我和老伴因患感冒在家休息，上午九点多忽听到一阵敲门声，打开一看，原来是身着背心、脚踏拖鞋的涂先生从三楼到四楼来看视我们，霎时我心中涌起一股暖流，我说："先生看学生真是不敢当。"先生笑着说："看顶头上司嘛，是应该的……"当时我右膝因患创伤性骨关节炎，膝关节僵直，行动不便，先生在我家小坐时，一方面要我们注意冷暖，不要感冒，一方面叮嘱我尽快去北京看看腿病，不要耽误治疗。先生的句句关切之语饱含了师生之情，如今想起这些仍使我感动不已。

（三）

涂先生特别关心耄耋之年的几位离休老同志，先生见到我时常逐一问起每个老同志的近况。一次先生对我说："老邵同志年迈体衰，腿脚不便，我觉得他悲观情绪较重，你们要多多关心他。"又说："请转告老邵要放下包袱,愉快地安度晚年,暮年之人心情好是最重要的……"我将涂先生的话转告老邵,老邵听后深情地说:"涂先生与我同庚,他也一天天老了,还来关心我,真太谢谢了……"(邵继桐88岁,参加过多次战役并受过伤,现已去世)

唐春景①:20世纪70年代,我有幸和涂先生做邻居数年,且共用一间不到3平方米的厨房,又有幸参加由他率领的地化所南岭科学考察队,该队参加的人员有我和王联魁、尹汉辉、朱正强、任英忱等。在出发前,蔡大夫(涂先生的夫人)反复叮嘱我在外面要照顾好涂先生,千万不要出什么安全事故。因为当时他已年近花甲,而我又是考察队成员中最年轻的一员。我深感责任重大,所以在为期一个多月的野外考察中,我一直像警卫员一样紧紧跟随着他,同他有过一段较长时间的共同生活和密切接触,使我深深感受到他在学术、工作上的严肃认真和在生活中的平易近人,也使我们之间建立了深厚的情谊。在整个考察期间,我们走遍了广西、广东和江西、湖南的南部地区,行程数千公里,考察了几十个不同时代、不同成因或不同类型的花岗岩和矿床。不仅使我学到了许多在学校学不到的地学知识和工作方法,而且有幸听到他每到一地都被地矿部门邀请所作的联系当地实际、高瞻远瞩的学术报告。真可谓是"考察一月余,胜读十年书"。可惜那时我既没有摄像机也没有照相机记下他那一幕幕生动感人的事迹。

涂先生在学术上的丰功伟绩是众所周知的。我在此只简述和他在一起时,那些难以忘怀的生活点滴。

---

① 唐春景,中国科学院地球化学研究所副研究员。曾任矿床研究室、矿床地球化学开放研究实验室副主任兼党支部书记。

从不以自己是著名科学家自居

在南岭考察出发不几天，涂先生因事被叫回所，我们约定在南宁再相会，那时也没有手机可随时联系。涂先生先到南宁，在自治区地质局，他没有表露自己的身份，被接待人员安排在几十人睡的大厅里住了两晚，后来地质局负责人在接待室发现"涂光炽"的名字，急问："涂光炽住在哪里？"答曰："安排在大厅内。"负责人知道后又气又急，忙叫人腾房安排给涂先生住。涂先生却若无其事，也没有对我们谈及。直到地质局请涂先生作学术报告时，负责人一开始就责怪接待人员无知，反复对此表示道歉，我们才知道。我们离开南宁时，局长还一个劲地说："对不起，对不起……"我开玩笑地问他："睡在大厅内有什么感觉？"他笑着说："没有什么，只是蚊子太多和打呼噜的声音太大了。"

艰苦奋斗的榜样，严谨治学的楷模

在出野外考察期间，涂先生都是和我们一起同吃、同住、同乘一辆卡车或当地接待部门提供的北京吉普车，他从来没有坐另外的车和另开小灶。每天的日程都安排得非常紧，他比我们更累，因为每到一地，都要请他作学术报告，经常在我醒来时他还没有睡觉。在广西大厂锡矿，在井下工作已经很累，但涂先生还要坚持去看龙箱盖隐伏花岗岩；在考察元宝山花岗岩时，因为道路艰险，广西区测队的同志劝涂先生不要去，他硬是坚持要亲自去看，在很多路段，我坐在车上都有些害怕，生怕把我们从车上颠出掉下悬崖，但涂先生却镇定自若；在考察天堂山花岗岩时，烈日当头，他带着我们步行仔细观察整个由浅到深的变质带，直到太阳下山看到中心的花岗岩；在湖南香花岭，上顶峰没有什么路，又很陡，我们劝他在下面等着，我们采样下来，他坚决要自己上去；在邓阜仙钨矿，他带着我们从最深的井下粗粒黑云母花岗岩，逐层观察，直到最顶上的细粒白云母花岗岩，下午3点多钟才回驻地吃午饭；在湖南瑶岗仙钨矿，天黑后照明很差，冲凉（洗澡）时，我说去给他提水，他也要自己去提。在江西大吉山钨矿考察时，正逢国庆节，同志们叫我问问他，今天是国庆节，我们是否改善一下生活。当我问他时他笑着回答："现在我们天天吃得比困难时期过节还要好多了。"

这些年来在外面吃饭比以前多，但涂先生的饮食非常简单，什么山珍海鲜他都不感兴趣，也不吃任何动物的内脏。他最爱吃的也就是鱼和绿色食品，宁肯喝白开水，也不喝什么饮料，更不喝酒。每次在外用餐，他都叫大家把剩下的菜打包带回，坚决反对任何浪费行为。

关心群众生活和疾苦

1978年，计算站的软件和硬件人员全派到北京院计算中心和重型电机厂学习，我们夫妇连儿子都带去了，我们住在北京大学西南门对面一个破旧平房的"海淀旅馆"。一天我下班回到旅馆，看到门缝中插着撕下的一块牛皮纸信封，拿起一看，上面写着：

唐春景：

  我是第二次来看你们，你们都不在，只有改日再来。

涂光炽

我真没有想到，他那样忙，还一次一次来看我们。我马上到他家，向他简单汇报了在京学习的情况。

我儿子七岁后发现有癫痫病，久治不愈。涂先生每次回到贵阳时都问："儿子现在怎样了？"有次涂先生请我们到他家吃晚饭，儿子也带着去了。他看着儿子对我说："他现在比以前安定多了，能否安排他做点适当的事情。"我说："他现在还不能自己独立生活，还要常带在身边。"涂先生听了心情沉重地说："他将来怎么办呀！"

幽默、风趣、乐观

涂先生在学术上和工作中都是非常严肃认真的,凡和他接触过的人,都深有感受。但他在生活中的言谈却是非常幽默、风趣和乐观的。

在南岭考察期间,从郴州去香花岭的途中,涂先生上厕所,很久没出来,我有些着急,担心出了什么事情,我走进厕所就问:"怎么了?"他笑着说:"难产了。"还说:"你们湖南人真厉害,餐餐吃辣椒没有事,我比不上你们湖南人。"

70年代初,所里住房很紧张,三代人住一个单间的不少,后勤部门为解决我的住房问题,就把党委书记杨敬仁同志的外面一间隔出一条过道,让我住在里面,总共不到7平方米,正好摆下一张双人床和一个三屉桌,厨房则是和涂先生共用。杨老夫妇就叫我老母亲住在他家。这样的日子过了数年。有次涂先生很幽默地对我说:"你的房子是太小了,但你是核心的核心,任何东西核心是不会大的。"因为当时六单元二楼全是住的研究所所级领导干部,西面是所党委书记,东面是驻所军代表第一把手吕代表,南面是涂先生和所党委委员尹汉辉同志,我正住他们中间。如今想起这句话,还有一种苦中有乐的滋味。

凡有涂先生参加的文娱活动,他都献上他在美国和苏联留学时学会的美国或苏联歌曲或我国的老红歌,和大家同乐。就在2007年年初,矿床开放室在金阳国际会议中心召开学术讨论会结束的那天晚上,他还为大家唱了两首歌。万万没有想到这竟是我最后一次听到他的歌声。写到这里,我不禁已热泪盈眶……

涂先生虽然离开了我们,但他的光辉形象将永远活在我们心中。他的崇高品德和严谨治学的态度将永远是我们学习的榜样,他艰苦奋斗的精神将永远激励我们前进。

1990年武警黄金部队蒋志邀请涂先生考察山东牟平金矿

蒋志[①]：涂光炽先生于2007年7月31日（农历丁亥年六月十八日）病逝于北京协和医院。时逢京城连日大雨，其中竟然出现一次夏日飘雪。痛而为诗《悼念涂光炽先生》，以寄哀思："天下心中万壑峰，高山流水响清声。音容笑貌仍犹在，六月雾飞泪雨倾。"此诗作于涂先生病逝后的第三天，即2007年8月2日。本应在遗体告别时送去，但因不知此事的做法和规矩，怕失了礼节，唐突先生，也就没有在遗体告别时同时带去这首诗。

诗的最后一句，意思是最明白不过的：涂先生的病逝感天动地，农历六月的炎热夏天，还没有立秋，北京竟飘起了雪。因此，老天也与我一起痛悼涂先生。诗的倒数第二句，是因为涂先生1962年为我们上过专业课——铀和钍的地球化学。那时，涂先生是40多岁的中年人，中国科学院地质所的科学家；我们是20多岁，正在中国科学技术大学地球化学系读三年级的青年学生。

凑巧的是，我毕业后所从事的就是放射性矿产的勘查和研究，涂先生的讲课对我大有裨益，开始的阶段，我几乎是一一照着讲课笔记去做。后来我调到黄金勘查部门工作，因为进了京，和涂先生碰面的机会多起来。

---

① 蒋志，中国人民武装警察部队黄金指挥部副主任，少将。

并且，涂先生又是我们单位的顾问，谋面的机会就更多。因此，涂先生虽已病逝，却有许多涂先生的音容笑貌留在我心里。

在大学讲课时，涂先生戴个前进帽，穿着蓝色工作服，浓眉下一双炯炯有神的眼睛，逼视着全场，废话不说，本来以材料堆积见长的地学课程，最容易被讲得枯燥乏味，却被他一环套一环地用逻辑扣住，有声有色地讲出来，回头复习看记得并不完全的笔记时，还能感觉到涂先生思想的力量所在。

不过，在这个专业课讲完后，最出乎我意料的是，本以为涂先生会在最后一课教我们要言妙道，没想到他却给我们讲实习课。涂先生对我们说，你们以后工作要认真抓住剖面，剖面是地质工作的基础，是地球化学工作的基础。后来，工作多年后，我才理解到涂先生要我们抓住剖面，是真正的要言妙道。

1978年，在贵阳召开中国矿物岩石地球化学学会成立大会暨第二届全国矿物岩石地球化学学术会议。我向会议提交两篇论文：《地球的长周期脉动》和《地质体中微粒的随机运动》。会议安排我在地球化学组发言，报告《地球的长周期脉动》一文。涂先生还是穿着蓝工作服来听，还在笔记本上记，还提问，对晚辈一片至诚。在老师面前，讲我不成熟的看法，既感到手足无措，又感到受宠若惊。

会议期间，去中国科学院地球化学所为我们过去大学的老师、地球化学所的研究员李璞和司幼东两位先生补开追悼会，他们都是在"文革"中含冤谢世的。我们大学过去的系副主任、系党总支书记、时任中科院地球化学所党委书记的杨敬仁，为李璞先生致悼词。待到身为地球化学所所长的涂先生为司幼东先生致悼词时，念了一半，就号啕痛哭起来。一向逻辑严明、镇定自若的涂先生，在这沉痛的场面中，对同事、战友的真情也难于控制而自然流露。

在学术问题上,就我所知,涂先生总能先人一步提出问题。原冶金部地质局总工程师姚培慧先生最近还说,20世纪70年代大搞富铁矿的时候,涂先生指出了国外风化壳型铁矿的重要性,但在讨论国内风化壳型铁矿的找矿问题时,涂先生又指出,中国不大可能有重要的风化壳型铁矿。理由是中国的古老铁矿暴露的时候,地球的大气缺氧,风化壳型铁矿不容易形成;待到地球大气富氧时,中国的古老铁矿又被盖层盖住了,无由形成风化壳型铁矿。

前一种意见是对的,国际上风化壳型铁矿确实重要。后一种意见被后来的勘查实践证实也是对的,中国确实没有发现重要的风化壳型铁矿。可惜的是,后一种意见没有被足够地、及时地重视,以至于国家空耗了许多人力、物力和财力。

还有一次,我和我的同窗伴侣张燕石去看望涂先生,师母蔡大夫针对我是军人而开玩笑说我是"大帅"、"土八路"。我看到墙上涂先生的一张黑白照片,20岁左右,身着八路军军服,是在延安抗大时照的。我就指着那张照片说:"土八路在这里!土八路在这里!"涂先生和蔡师母都笑起来。

又有一次,我在《科学时报》上,看到涂先生得了贵州省的科技奖,把20万元科技奖奖金全都捐给了希望工程,在贵州的山区建立了一所希望小学。当地为了纪念涂先生的义举,特地命名这所小学为"光炽希望小学"。

特以这些音容笑貌的印象,献上诗一首:

抗敌投笔迎烽火,建设超前铺路新。

彻地查山千岭秀,失声恸友一天昏。

真情底是奇男子,早步恒能先领军。

博爱兼及村子弟,书声琅琅伴吹埙。

以此告慰已在云天的涂光炽先生，算是学生的深切怀念！

刘丛强[①]：1982年春，我作为涂先生在"文化大革命"结束后招的第一批硕士研究生见到了我仰慕已久的老师。涂先生话语简单直率又语重心长，表现似乎严厉但心底和蔼善良，这是涂先生给我的第一印象。

三年的硕士研究生经历，深知先生育人以启发教育，方向性指导和德育为先、为精神。进入硕士课程，先生首先教学生的是如何做科研，在漫无边际的科学研究领域中如何确立自己的研究方向，而不是简单吩咐我们开展既定的研究项目工作。工作中没有具体指导，只有方向性的建议。当时很不理解，希望从老师那里得到更多的具体意见，后来醒悟，先生是在培养学生们了解如何开展科研工作和真正获得科学发现，而不是简单培养一个硕士或博士研究生。

先生关心学生，把学生放在心里，而没有多的语言表述。多少年来，涂先生对自己学生的关心都一如既往。平常少说，也没有多念，但心里却时常装着，关键时刻的关心让学生感动一辈子。我在日本学习工作10年，和涂先生的联系不多。博士毕业了，毕业后的工作、工作中的进展等关键时间和事件，先生却是留意的。1995年1月17日，神户发生大地震，在20秒的时间里，6 433人死亡，4万多人受伤，消息让世界震惊。当时我在东京电气通信大学化学系任副教授，接到涂先生及地化所时任领导的慰问信，心里久久不能平静。

先生科研工作求真求实，在业务实践中自觉运用辩证唯物主义思想，先生认为科学研究就是追求真理的过程。层控矿床的多阶段、多物质来源、多过程叠加等多成因理论的提出充分体现了先生在科学研究中的辩证

[①] 刘丛强，中国科学院地球化学研究所所长，研究员。

唯物主义思想。先生瞄准学科前沿，重视国家需求，不断提出新方向和新课题。20世纪70年代后期，先生提出层控矿床研究的重要性，其研究成果《中国层控矿床地球化学》3卷专著展示了中国矿床学家们世界领先的研究工作；80年代末先生从科学前沿和国家需求出发提出超大型矿床成矿理论的研究，提出低温成矿过程以及分散元素成矿作用的研究，高度体现了先生科学研究的前瞻性，在很大程度上、在过去并在将来一段时间仍是我国矿床地球化学的研究方向。作为矿床地球化学家，先生以科学的锐眼发现环境地质地球化学在我国的发展前景，更前瞻性地提出地球化学对研究我国西南喀斯特环境问题的重要性。学生目前作为首席科学家开展的973项目（西南喀斯特山地石漠化与适应性生态系统调控）的研究工作和中国科学院地球化学研究所环境地球化学国家重点实验室的主要研究方向的部分工作，正是当年先生所预见和希望的。执著追求科学真理、严谨治学、对科学甘于奉献的精神，使先生成为我国地学界深孚众望的著名科学家，是学生在科学研究中永远崇敬和学习的楷模。

先生不仅是一位著名的地球化学家，也是一位卓越的科研组织和管理家。先生是中国科学院地球化学研究所的主要创建者之一，并从建所后至他逝世前历任地球化学研究所所长和名誉所长，在我国经济、文化、科技教育及其他社会条件都相对落后的西南地区，创建发展地球化学研究所和我国的地球化学研究事业，并使其发展壮大，这充分说明了先生在科研组织上的卓越管理才能和贡献。涂先生在管理上，作风民主、廉洁自律、团结群众。先生组织过不少全国性的重大科研项目，都充分发挥了所有项目参加人员的积极作用，每一个科研项目都取得了好成果。我担任地化所所长已近11年，先生作为该所名誉所长给了我充分的信任和支持。涂先生很关心地化所的发展，但从不指手画脚，从不向我们强加他个人的任何意见，只有实实在在的建议。向先生征求意见，先生经常这样回答：我名誉所长就是名誉了，不管实事；向我征求意见，不如你自己多想想，多和领导班子商量，做出的政策和决定，我同意、我支持。先生的热情关心、积极鼓励、充分信任、正确肯定，这就是我担任地化所所长近11年来，先生作为名誉所长、作为导师对下属和学生的豁达磊落态度。

先生是一位真正的学者，一位崇高的科学家，是一位出色的科研组织和管理家，又是一位真正影响我做人做科研和做所长的良师。先生永远活在我的心中。

（刘丛强：《怀念我的导师——涂光炽先生》，2008年2月22日）

陈衍景①：涂先生走了，留下了太多值得深思的问题。是什么支撑着他在难以置信的艰苦环境下创造了那么多的奇迹？应该是一种精神——"光炽精神"！

我有幸于1991—1993年期间师从涂先生做博士后研究，其后有一些接触先生的机会，从中受益无穷，在此追忆先生的一些事情，与大家一起分享和学习先生治学之特点，做人之品格，做事之策略，从有限的侧面共同感悟"光炽精神"。

师从涂先生——梦想成真

我于1980—1990年期间在南京大学地质系攻读了学士、硕士和博士学位。南京大学地质系是我国地学领域最早培养博士的单位之一，在南京大学地质系最早培养的博士（杨树峰、顾连兴、陈俊、叶瑛、贾承造、徐世进等）答辩时，答辩委员会或评阅人名单中总有涂先生的名字，这就使

---

① 陈衍景，中国科学院广州地球化学研究所成矿动力学实验室主任，北京大学地球与空间科学学院教授。

我等同学逐步关注涂先生及中国科学院地球化学研究所，听涂先生报告或发言，目睹一下涂先生的风采，慢慢成为我和同学们参加博士答辩会或其他会议的主要兴趣或动力之一。同时，梦想着自己学位答辩时也能够聘请到涂先生作为评委，更梦想自己能成为涂先生的学生。

然而，由于对涂先生过分敬仰，我1990年博士学位答辩时反而不敢提出请涂先生作为委员或论文评阅人的要求；在联系中科院地球化学研究所做博士后研究时，也未敢请涂先生作为导师，而拜师于时任贵阳地球化学研究所所长的欧阳自远院士，从事23亿年左右的环境灾变事件研究。

进站后，即1991年春，贵阳地化所开始举办每周一次的晚间"青年学术沙龙"，所领导们也积极参加活动，其中一次是我主讲华北克拉通地区绿岩带中的金成矿规律。当时，涂先生负责的国家"七五"攻关项目《中国金矿床主要类型、找矿方向》进入结题和编写报告阶段，但"中国绿岩带型金矿床"（五种重要金矿类型之一）的课题负责人却移民国外，一时没有合适人选接手工作。协助涂先生组织项目实施的副所长高振敏研究员参加了我主讲的那次学术沙龙，发现我的工作和认识符合涂先生的学术思想，觉得我可以接手"中国绿岩带型金矿床"研究，他向涂先生作了电话汇报。不久，涂先生回贵阳，点名召见我，与我讨论华北克拉通金矿床问题（实为面试），然后指派我接手绿岩带型金矿研究，并提出两点要求："找高振敏老师解决细节问题；涉及你过去的研究工作时，要征得南京大学和胡受奚先生、刘英俊先生的同意。"

在面试之前，我并不知道"中国金矿主要类型、找矿方向"的研究情况，也不知道涂先生在面试我，原因是高振敏老师为避免我面试不合格之后的尴尬，没有事先向我说明情况。因此，我是在稀里糊涂的情况下被面试和指派任务的。接任后顾虑三个问题：（1）能否把涂先生交给我的工作做好；（2）如将精力投入中国绿岩带型金矿床研究，又如何对待博士后进站时的研究计划——23亿年环境灾变事件研究；（3）欧阳老师能否同意。

带着顾虑，怀着歉疚（先斩后奏），我找欧阳老师求教。没想到，欧阳老师听完汇报后十分赞成和高兴！他说："很多人想拜师涂先生都不能如愿，而你却被涂先生看上，是多难得的好事啊；矿床研究是社会的长期需要，而天体研究要靠'天'吃饭，你矿床基础这么好，应该以研究矿床为主，干脆请涂先生作为你的指导老师。"他见我有些迟疑，又补充说："23亿年事件继续做，涂先生和我都作为你的合作导师。"就这样，我成了涂先生的学生，未敢争取的梦想成真。

先生之光芒

（1）重要的研究创新

提起涂先生，人们会立即联想到"中国层控矿床地球化学"、"中国紧缺矿床"、"中国金矿类型"、"中国超大型矿床"、"中国分散元素矿床"，以及"华南花岗岩与成矿关系"、"中亚成矿域"、"西南低温热液成矿域"等富有特色的研究成果。因为这些大手笔的集团军作战，都是在涂先生组织和带领下完成的。

在上述研究中，涂先生凭借扎实的理论功底、宽广的学术视野、细致的观察研究，突破国际和前人的传统观点，得出了一系列前瞻性或原创性的重要认识，例如：国际上一般认为分散元素不能形成独立矿床，而涂先生通过大量实例研究确证分散元素能够独立成矿；认识到超大型矿床的形成过程往往具有多期、多因复成的特点；提出秦岭—中亚西亚是三大全球性汞锑矿带之一；提出了富碱侵入岩的概念，发现富碱侵入岩沿深大断裂分布并有利于成矿的特点；发现了中国东部燕山期成矿的多样性和爆发时成矿的特点；揭示了热液矿床与油气矿藏之间的成因联系；提出了改造作用概念。对于改造作用，补充说明如下。

　　国内外学者和教材均将成岩和成矿地质作用分为岩浆、变质和沉积三类。岩浆作用的温度下限为573 ℃，岩石变质的下限温度变化于200～300 ℃，而沉积成岩作用的温度上限为50 ℃，那么，在沉积作用与变质作用之间存在50～300 ℃的温度空隙。事实上，地表至地下10公里范围内（设地温梯度为30 ℃/km）不可避免地发生着50～300 ℃范围的地质作用和成矿作用，并形成大量金属或非金属热液矿床以及绝大多数油气藏、煤藏等。然而，涂先生注意到，恰恰是导致大量矿床（藏）形成的发生于50～300 ℃范围或地下10公里范围内的地质作用被长期忽视，甚至没有一个名称概括，于是创用改造作用（reworking）的概念，予以概括50～300 ℃范围的地质和成矿作用，从而将成矿地质作用分类方案由"三分法"拓展为更完善的"四分法"，即岩浆、变质、改造和沉积。显然，改造作用的认识和概念提出，是我国学者对世界固体地球科学的重要贡献。

　　涂先生不但在矿床和地球化学领域的研究享誉海内外，而且在大地构造研究方面也有不少鲜为人知的独到见解。例如：很多学者主张天山和秦岭是古生代造山带，但先生指出秦岭造山带形成于三叠纪中期的南北板块对接，南天山是海西-印支期造山带（地球化学文集，科学出版社，1986，8～13页）。先生独到而前瞻性的认识被大量最新成果所证明，特别是南天山地区二叠纪末和三叠纪放射虫硅质岩的发现，以及三叠纪榴辉岩年龄的测定，有力地证明了南天山主要形成于印支期。对此，国家973项目"中亚造山带大陆动力学过程与成矿"首席科学家肖文交研究员感叹道，"若早读大师的文章，就少走21年的弯路"。

　　其实，先生创新意识强烈，创新观点可见于他的任何一篇论文、一次报告或者一部著作。听过先生学术报告的人多有"我怎么没有想到呢"的感叹。

（2）周密深邃的思维

先生之治学，重视野外调查，观察现象细致，分析问题周密，因果探究深刻，而不是停留于简单的现象罗列或测试数据报道。关于这一特点，可以从先生大量的著作和论文中感受到，此处不再说明，只补充一些故事。

在编写《中国绿岩带型金矿床》的研究报告时，玲珑等产于花岗岩中的脉状金矿床是划归"绿岩带型"还是"富碱侵入体内外接触带型"使我困惑，于是求教先生。先生分析了玲珑等矿床与产于胶东群地层和国外著名绿岩带中的金矿床的相似性，分析了玲珑金矿与产于富碱侵入体内外接触带的矿床的差异，分析了玲珑花岗岩与富碱侵入体的差异，还分析了玲珑花岗岩与胶东群的成因联系，坚定地认为这些金矿虽产于花岗岩体，但仍属绿岩带型。现在看来，随着研究深入，特别是随着造山型金矿研究和对比的深入，先生的认识十分准确。

涂先生 1992 年为《豫西金矿成矿规律》作序时，提了 10 个问题让我思考，其中一些问题是我当时未曾想到的，因此触动很大，至今仍觉得需要琢磨。例如，硫、碳、铅、锶、氢、氧等同位素常用于示踪成岩、成矿物质的来源，先生的问题是，即使知道了这些元素的来源，能否以这些元素的来源代表金等成矿元素的来源？再如，碰撞能够导致矿床形成，但如何界定碰撞的起止时间和碰撞所成的矿床的特点？

20 世纪 90 年代以来，国际范围共识造山型（变质热液型）矿床成矿流体以富含 CO_2 为特征。事实上，先生早在 1986 年就撰文指出变质热液型矿床以富含 CO_2 为特征，并以此区别改造热液矿床。然而，先生认为这只是现象，很多问题，特别是 CO_2 与金等金属元素之间的作用关系，尚需研究解决。因此，2006年他在江西南昌全国矿床会议上呼吁重视CO_2相关的成矿机制研究。

以上说明，与国外众多学者相比，先生思考问题更为周密和深刻。

其实，先生"亦此亦彼"的哲学思维是更重要而实用的解决问题的法宝，因先生已有专文介绍，此处不重复。

（3）高尚的学术品德

工作上严于律己，宽以待人；观点上相互尊重，兼容并蓄；成绩面前淡泊名利。先生的这些学术品德可由以下小事说明：

前已述及，在指派我接手"中国绿岩带型金矿床"研究的同时，先生特别强调"涉及你过去的研究工作时，要征得南京大学和胡受奚先生、刘英俊先生的同意"。这充分体现了先生对他人劳动的尊重。

1998年在中国地质科学院矿床所召开全国地幔流体成矿作用会议，杜乐天老师作了主题报告，接着是涂先生做报告，我按照先生准备好的胶片顺序为先生播放胶片，突然先生走到投影仪前，紧紧按着了我正准备播放的胶片，而改放下一张，并说"我同意杜乐天同志对石油含金的介绍"。先生的举动促使我仔细研读先生故意跳过的那张胶片内容，发现是关于一些石油金含量数据和出处，而杜老师的报告也谈了石油的含金性。虽然事后我没有问先生跳过此胶片的原因，但能断定他是出于对杜乐天老师的尊重，而临时放弃演讲已经准备好的材料的。

涂先生是国家305项目的发起人之一，也是国家973计划"中亚型造山与成矿"项目的最主要建议人。在1986年至今的20多年的项目执行期间，绝大多数学者主张天山是古生代的褶皱造山带，而先生却在1986年专文指出南天山是海西-印支期造山带，但先生从不讲述自己的观点，更不干涉他人观点，以至于一些学者最近论证南天山是印支期造山带时，竟不曾知道先生早有此前瞻性的结论。这种兼容并包、学术民主的博大胸襟，似乎前无古人，后难有来者！

先生之论文，多为独立作者，少为第一作者；先生之著作，多为主编，各章节执笔人均清楚说明；先生署名第二或更后位次的论文，实难发现。其原因是，先生非亲笔所写或亲笔大量修改，是绝对不署名的。我编写的《中国绿岩带型金矿床》的每一部分都渗透着先生的智慧，其有关内容还分别发表于 1998 年的《中国科学》、2004 年《岩石学报》和 2005 年的 International Geology Review。考虑到先生的实际贡献，每次我都邀请先生作为作者之一，但先生每次都以调侃方式谢绝，即"陈教授的绝世之作，涂某不敢高攀"，或者"我虽然现在完全赞成你的观点，但恐以后有变，不好收场"。因此，我师从先生 17 年，竟没能与先生合作发表一篇论文！熟知先生此特点之后，每当评审有涂先生署名的学术论文时，我总是请先生核实。

注重野外调查，注重实验模拟，注重解决实际问题，是先生治学的重要特点。在我接触先生的 17 年里，从没有听到先生在任何场合赞誉某某发表了多少文章或在某某杂志上发表了文章，先生也从没有询问过我发表了什么文章，更没有推荐我发表任何文章；相反，先生多次对以论文数量或刊物级别评估研究能力和贡献的做法表示不满。先生关注的是观察到了什么现象，得出了什么认识，解决了什么问题！1993 年，当我手提新疆金窝子金矿围岩中的石燕类化石和马桩山金矿围岩中的热泉喷砂及泉华样品请教问题时，先生兴奋地提醒我，金窝子金矿的围岩地层不是早古生代，热水沉积再"加一刀"就往往是金矿。当我 2004 年向他汇报在岗底斯成矿带和普朗成矿带的考察感受时，先生不但询问了很多问题，而且还孩童般地流露出羡慕。先生知我在秦岭做了较多野外工作，2003 年将

"秦岭王"的绰号册封于我,调侃中带着先生的满意和期待。2006年7月,我到贵州省人民医院看望先生时,介绍了甘肃阳山金矿的勘查进展,代表黄金部队邀请先生野外考察,先生不顾夫人和大夫的反对,欣然接受,并具体询问了海拔,讨论了行军路线。非常遗憾的是,因黄金部队工作安排的改变,未能成行。所有这些,都说明先生对野外地质工作的重视和热爱。

(4) 不渝的事业追求

先生慎思笃行,执著追求真理。一旦认定正确的道路,就不顾一切地走下去;一旦认定不该做的事情,便一尘不染。举例如下:

先生认定科学家应该学习科学,从事科学研究和交流,这使得他不顾挨批斗的危险,于1970年代初,即"文革"期间,在贵阳组织举办全国性地质学术讨论会。

"无矿"是矿床地质学家或找矿预测工作者维护自己学术声誉的禁忌,但涂先生淡泊名利,多次突破禁忌而得出"无矿"的结论。作为科学人,他坚定地尊重科学、尊重事实,决不随波逐流。在1974年掀起全国富铁会战时,他不怕学术名誉扫地,也不怕被扣上"无矿论"的帽子和遭受再次批斗,否定了中国寻找"古风化壳型富铁矿"的前景。他还根据我国早前寒武纪地壳演化的特点,否定了我国兰德式金铀砾岩型矿床的找矿潜力。相反,他根据国外绿岩带型金矿床开采的深度,在玲珑金矿资源危急时实地考察,于1990年代明确指出了山东玲珑金矿、河北金厂峪以及其他类似金矿床的深部资源潜力,多次呼吁加强深部资源探查,为这些矿山深部找到接替资源做出了巨大贡献。

涂先生认为,我国作为13亿人口的大国,在矿产资源问题上必须走自力更生为主的道路;广州地球化学研究所作为中国科学院的地学研究大所之一，应该在矿产资源研究中有所作为，在研究人员上应有一定规模的配备。因此，他在85岁高龄时，敦促广州地球化学研究所重建中国科学院知识创新工程实施过程中撤销的矿床研究室，并建议由我负责具体重建工作。重建期间，他几十次详细听取我的组建方案和发展思路。成矿动力学重点实验室的组建，得到中科院院长路甬祥院士和科技部副部长程津培院士的充分肯定和高度评价。成矿动力学实验室成立之后，他又鼓励并竭力支持申报国家973项目。

先生对事业的忠诚，还体现于他根据国家需求及时调整自己的研究方向。针对我国核工业发展需求，他于1960年代初研究铀矿床。1960—1970年代我国一些地区发现地方病，他多次撰文呼吁加强环境研究和保护，并对官厅水库等关键地区进行实地考察研究；同时为找矿需要，展开层控矿床和与花岗岩有关的有色、稀有金属矿床研究。1970年代，他将大部分精力转入富铁会战研究。1980年代，在总结层控矿床地球化学研究成果的同时，针对黄金价格上涨和国家西部大开发的需求，他转入中国金矿床和新疆成矿规律、找矿预测研究。1990年代，他转而研究对经济发展起关键制约作用的超大型矿床和紧缺矿床的形成规律。21世纪初，针对振兴东北老工业基地的政策实施，他高度重视华北大陆边缘造山与成矿作用研究，特别是大兴安岭地区的研究。可见，先生的研究方向与国家发展需求血脉相连。

（5）奖掖后辈

先生长期重视对青年人的培养和扶持。

在担任中国矿物岩石地球化学学会理事长期间，为奖掖年轻科学工作者，先生倡议设立了侯德封奖，至今已鼓励了近百名青年地球化学工作者，他们多已成为相关领域的学术带头人。

我在地化所做博士后时，拟筹建矿物岩石地球化学学会的青年工作委员会，向所领导汇报后，得到大力支持；再向理事长涂先生汇报，先生大加赞赏，并大力支持，后来青年工作委员会的学术活动开展得有声有色，锻炼了一批青年学者。

大凡青年学者请先生推荐申请求职，出国留学，申请奖励，或者申请科研项目，先生几乎是来者不拒。国家 973 计划实施以来，他先后推荐多名青年学者申报，并给予热情指导，出谋献策，期望青年学者早日担当国家重大科研计划的重任。

先生得知我在北京大学不能做出应有贡献时，即推荐我回到贵阳地球化学研究所做百人计划研究，继而又推荐我到广州地球化学研究所组建成矿动力学重点实验室，随后鼎力支持我组织申请国家 973 计划项目。这一过程使我倍感先生对后辈关心之深，期望之大。

（6）独立自强

先生对待论文和著作的署名态度，在科研工作中的创新成果，反映了他独立自强的一贯态度。众多日常生活的琐事中也体现出他这一坚定的原则。

无论你是否熟悉先生，你很难见到先生被搀扶而行的场面，即便是越台阶或爬楼梯，他总是坚持自己走。2006 年 12 月，广州地球化学所成矿动力学实验室与江西核工业地质局举办双边学术交流，会议室设在江西核工业地质局的 4 楼，而且没有电梯，87 岁高龄的他硬是坚持爬上走下，令人感动。参加会议和出行，先生总是自己提着手提袋，即使身边有一群空手伴随的年轻人，先生总以"里面有黄金"而幽默地拒绝别人的代劳请求。先生这一习惯，直到他最后一次躺倒在病床，始终坚持！

热情为他人著作作序，似是先生一大乐事。恐怕很难清点先生作序的数量，至少逾百本书。先生作序与众不同，拒绝作者提供初稿，先生必认真阅读之后，经过思索提炼，方提笔写序，然后附带给作者提供一些进一步斟酌或研究的问题。常常发生的情况是，先生所写序言比书稿摘要或前言对著作之精华内容概括得还要准确、全面和精辟，使作者从更高层次领略自己工作的价值所在，对先生由衷佩服。至少，在《豫西金矿成矿规律》的序言中，我深深体会到这一点。

（7）热爱生活

在人们印象中，科学大师之家一定到处是书。但是，走进涂先生家，鲜花异草和妙趣横生的饰物、玩偶充满了客厅的每一个角落，头顶还时不时地响起鸟鸣，稍有不慎就碰掉花瓣或碰到花盆，上阳台更需收腹猫腰。这一风景，即使在年轻浪漫之家也难以达到。

某日早晨我到先生家取本书，适逢先生到户外小区漫步健身，便与师母及保姆闲聊，说话间门铃响起，开门见先生夹着一大块泡沫塑料板进来，保姆大叫："涂爷爷拣了块垃圾！"师母忙去问个究竟，先生回答："放花盆用呀。"于是大家对先生充分表扬。

我住中关村934楼时，晚饭后经常和夫人、儿子到先生家门口散步、玩耍。某日见先生家灯亮，便按门铃顺访。先生见胖乎乎、好奇、调皮的小顽童进来，竟然不理会我和夫人，径直与小顽童捉迷藏逗乐，二人大谈"天文地理"和"人生哲学"。我和夫人被严重忽视，只好与师母一起欣赏老少顽童上演的"二人转"。

1998年先生的孙子大海从美国回来，先生和师母带孙子去碧螺寺游玩，邀我夫人、儿子一同前往。一到目的地，先生带着两个小家伙四处狂奔，师母和我夫人担心他们摔跤和走失，只好前追后赶，左挡右拦，还时不时地大声呼喊。一天下来，我夫人叹曰：他们仨欢死啦，我们俩累死啦、担心死啦。以上足见先生对生活的无限热爱。

秉先生遗志，承先生事业

涂先生家的厅堂里，始终挂着卢嘉锡先生1992年冬月所赠的一幅字："吾日三省吾身，为四化大局谋而不忠乎？与国内同行们交流学术而乏创新乎？奖掖后进不落实乎？"

涂先生用其毕生的实际行动，对这幅字做出了最为肯定的回答！

广州地球化学研究所成矿动力学实验室是在先生85岁高龄时倡议组建的，在他生命最后的3年里，时刻心系成矿动力学实验室的生存和发展。先生在弥留之际，耐心听取我关于实验室人才引进、仪器购置、2007年项目争取情况以及973项目执行情况的详细汇报。也正是在我的汇报声中，先生安详地走了。

先生走了，留下了博大厚重的"光炽精神"，激励着我等成矿动力学实验室的后辈，励志延续和发展先生开拓的矿床研究事业，为国家和社会做出贡献。

（陈衍景：《恩师涂先生光芒永炽》，2008年8月3日）

曹裕波[①]：我是1982年8月19日到中国科学院地球化学研究所报到的，当年涂先生在地化所只招2个硕士研究生，一个是丁抗，搞层控汞锑矿床；一个是我，搞层控铅锌矿床。1984年下半年我的学术兴趣有些转移，对思想文化问题产生了兴趣。1985年上半年地化所教育处让丁抗在我们这届研究生中物色一个毕业后愿意到教育处工作的人，主要从事研究生的教学管理工作并给研究生开"自然辩证法"课程。我与丁师兄经常在一起，他知道我的情况，建议让我去教育处。我也比较想去，就去找涂先

---

① 曹裕波，中国科学院广州地球化学研究所政策研究室主任。

生商量。我担心他不会同意，没有想到他说："你有这个想法很好啊，但教育处工作要能坐得住，有很多琐碎的事情要做。"我说："做事没有问题，只是还要给研究生讲'自然辩证法'课程，这个难度比较大。"他说："你有地学基础，能够把普遍原理联系地学实际，这是一个优势，那些搞哲学的人往往这方面欠缺。到时候我可以帮你联系去系统科学研究所进修一段时间。"1985年夏秋季节，我身体不好，休息了一个月，主要怀疑是因为在贵阳水土不服。随后，听说北京钢铁学院（现北京科技大学）到地化所要硕士毕业生，我知道后想要去北京，教育处让我问涂先生，涂先生又同意了我的意愿。1986年初我向北京钢院询问去后教什么课程，他们回答说教矿山勘探等课程，我没有学过，也并不喜欢。这时地化所已经确定毕业的研究生都去广州，我想到广州也行，就不再想去北京了。这样我又去找教育处要求留在所里，但有关领导告诉我，你回来可以，但要涂先生同意，并且你不能去教育处，或者回研究室，或者在党办。我又一次去找涂先生，并告诉他，不能去教育处了，只能回研究室或去党办。我表示不去党办，愿意回研究室。涂先生深知我的兴趣与心情，就安慰我说："再慢慢培养对地球化学的兴趣吧。"这样，从1986年毕业到1990年期间，我又从事了5年的矿床地球化学研究工作。

1990年底，我到广州后就在科技处从事基金项目管理工作，第二年地化所广州分部获得国家基金面上项目列全国科研机构第一名。涂先生知悉后，专门写信给广州分部领导表示鼓励。后来，他就称我为管理专家。我知道自己离这个称呼的要求还相差很远。但先生的鼓励则时刻鞭策着我向这个方向不断努力。2002年1月马薇芳与我在《科学时报》发表了广州地球化学研究所创新试点科技创新与改革成效的总结报道。涂先生随后来广州过春节时，一见到我，就说："最近看到了你在《科学时报》上的大作。"他对我们的小小成绩是那样的关心与敏感，令我们颇为感动。有一次，我当面跟他说："我不是您的好学生，没有继承您的地球化学专业。"他严肃地说："管理也很重要，科技管理需要既有专业背景又有管理知识的人来干。"听到这话，我多年对涂先生的愧疚之感才开始有些消解。同时也稍微明白一些他为什么对人都那么谦虚，那么尊重，那么宽容的原因。可能有两个方面，一是涂先生高度理解人，理解人的平等与尊严，理解人的内在兴趣，能看到每个人的长处；二是他的事业胸怀无比宽广，什么人都有他的独特价值，什么人都可在他的事业中找到发挥作用的位置。从我的经历中，我认为他已经是一位得道的圣人。虽然作为涂先生的学生没有在地球化学专业上继续做下去，但在做人、做管理工作等方面，同样从涂先生的榜样之中汲取了无穷的精神资源。从这一点来说，我也不愧为先生之弟子。

（曹裕波：《涂先生对我改行的理解与支持》）

周永章[①]：涂先生是中山大学的兼职教授。2007年8月6日，与涂先生告别仪式在北京八宝山革命公墓一号大厅举行。告别仪式分三个队伍依次进行。首先是国家有关部门的领导，然后是来自全国各地的院士，最后是纷纷从各地赶来曾经与涂先生共同工作过的同事和学生，共约500多人。在纷繁的花圈中，来自中共中央和国务院的花圈以及党和国家领导人胡锦涛、江泽民、温家宝、李鹏、朱镕基等赠送的花圈十分庄重地摆放在涂先生遗体的两旁。据参加者介绍，这种规格是中国学者得到的最高荣誉。

我十分有幸，从20世纪80年代中期开始，师从涂先生门下，亲身感

---

① 周永章，中山大学教授、博士生导师。

受大师的风采和人格魅力。至今，仍有许多片段情不自禁地涌现在心头。

上世纪80年代是崇尚学习的时代。我和许多同龄人一样，十分敬仰科学家，决定报考涂先生的研究生。但心里总是有些忐忑不安，于是决定亲自拜访涂先生。在丁抗师兄的引导下，来到涂先生的办公室。只见目光炯炯的涂先生稍作欠身，然后目光落在一张沙发上，示意我坐下。我说明来意，并特别讲到我的担心：我报考的专业是地球化学，但我喜欢数学，希望以后能应用数学方法研究地质地球化学问题。涂先生毫不犹豫地回答："我没有反对你搞数学地质嘛！"后来才慢慢地体会到，涂先生的治学是十分开明的。在他指导的学生中，几乎涉及岩石学、矿床学、地球化学的所有重要分支。大师兄欧阳自远院士因为是第一批研究月球地质学的中国学者，后来担任中国登月计划的首席科学家。

1986年是中国科学院地球化学所建所20周年。所里抓住机会，隆重庆祝。当时我以研究生刊物《地化新声》主编和地化所研究生会副主席的身份去采访涂先生。他爽快地答应了。临采访结束，他还专门通过《地化新声》转达给学生们一段"共勉"话语："设想要海阔天空，观察要全面细致；实验要准确可靠，分析要客观周到；立论要有根有据，推论要适可而止；结论要留有余地，文字要言简意赅。"这是学贯中西的涂先生严谨治学思想的缩影。这段话后来成为中国科学院矿床地球化学重点实验室的座右铭。

青藏高原被誉为地球的第三极，是研究地球动力学与地质成矿效应的天然实验室。2003年，我终于如愿以偿，深入西藏考察印—亚陆的地质成矿效应，执行承担的国家科技部973项目专题、国家自然科学基金、教育部博士点基金研究课题。我进西藏首先应该感谢涂先生。20世纪70年代，中法联合进行西藏科学考察。涂先生是中方科考队的队长。但因他的心脏不好，中科院地化所党委背着涂先生开会作出决定，涂先生不能进藏，谁批准他进藏谁负全责。作为西藏科考队队长，最终未能亲自进藏，变成涂先生的终生遗憾。师母讲起此事，极大地激起了我深入西藏作研究的愿望。

涂先生帮助晚辈的方式是非常独特的。2002年，在北京召开一次规模不大但规格高的研讨会，参加者可以说是国内各路诸侯。会议主题是酝酿一个重大项目的立项。中间有过一个短暂的冷场。此时，只见涂先生指着我说：中山大学周永章教授你谈谈。我看到许多与会者突然把目光转移到我身上。我意识到他是在介绍我呢！

2005年，国家科技部矿产资源领域973项目立项进入关键阶段。从不同的系统上报的题目，经过重重评审和筛选，只剩下少数几项。大家意见存在明显分歧，科技部的有关部门领导也显得为难，为此事专门咨询涂先生的意见，80多岁高龄的涂先生非常平和地提出"搞大陆增生成矿吧"。一锤定音，"大陆增生成矿"成了当年扶持的973项目，显示了涂先生对重大科学问题的把握能力以及崇高的人格魅力。

听涂先生身边的人讲，改革开放的初期，中央举办中央领导人知识讲座，主讲人是各科学领域的著名学者。涂先生的演讲主题是"地球科学的发展方向及如何适应中国的现代化建设"。当涂先生演讲完后，中组部部长胡耀邦立即到前台握住涂先生的手，激动地说，"涂先生，谢谢您，您的讲座我们听

涂光炽在中山大学发表学术演讲

明白了。"也许是前面有些科学家用词太深奥,没有充分阐述清楚,而深入浅出、思路清晰、言简意赅的确就是涂先生的一贯讲课风格。因为这次演讲,第二年涂先生被任命为中国科学院学部主席团成员、地学科学部主任,并一任就是15年。当时涂先生的年龄是59岁,在院士中是资历尚浅的。深入浅出、思路清晰、言简意赅也因而成了涂先生对学生的无形要求。

涂先生非常关心中山大学地球科学系的发展。1999年初,我从中科院系统调回阔别20年的中山大学。自此以后,几乎每次涂先生到广州过年,都来学校或我家中做客。在一次送别时,他用目光注视我足足30秒钟。顿时,我深深感受到一股暖流涌上心头,涂先生在期待我们做得更好。这使我想起他在办公室的亲笔题词:"深入研究地球环境与地球资源,实施可持续发展战略"。他一直在关注、在激励我们!

谨以此文纪念涂先生。

(周永章:《感受科学大师涂光炽先生》)

倪师军[①]:我初次知道涂光炽先生的大名,是1978年在成都地质学院读大学一年级时。当时在图书馆看书,从书本上知道了有个地球化学专家叫涂光炽。后来在上地质地球化学专业课的时候,我所敬佩的三系系主任金景福教授(国务院学科评议组成员)、教研室主任罗朝文教授、王剑峰教授等(都是留苏回国的教授),他们一提到涂光炽先生,都肃然起敬。我们放射性地质与勘探专业的学生都议论说,这个涂光炽先生真是一个了不起的人物。

到了1990年我取得博士学位,想找个地方做博士后研究。金景福教

---

① 倪师军,工学博士,教授,博士生导师,成都理工大学副校长。

授说，要去就去中国科学院地球化学研究所，贵阳地化所有个地球化学大科学家涂光炽，你跟着涂光炽先生学习，会终身受益。1990年12月，经金景福教授向涂光炽先生推荐，我如愿到了贵阳。记得那天晚上，李朝阳研究员带我去见涂先生。开始我有点忐忑不安，不知道见到这位大师，该说什么，又不该说什么。没有想到的是，见面后，涂光炽先生很耐心地听了我的汇报，他态度非常和蔼、语气非常亲切，一下子就打消了我的所有顾虑。原来我敬仰了12年之久的一代宗师是这么平易近人的。

谈到博士后研究方向时，我说想研究小秦岭金矿。涂光炽先生说你先不要那么具体，先要从宏观着眼，然后从微观着手。一定要从学科前沿找问题，要有创新意识，要有宽广的视野。涂光炽先生从国外讲到国内，给我讲了一些地球化学学科前沿的重大问题，也讲到要重视野外工作，要重视实践，要重视分析问题和解决问题的能力。涂光炽先生渊博的学问、敏锐的眼光、宽广的思路、明晰的表达，至今还深深印在我的脑海里。那天晚上的那堂课，加上金景福教授和李朝阳研究员后来不断的诠释和指导，慢慢地形成了我的学术思维风格。

学风严谨　崇尚实践

那是在1991年，我们在地球化学所工会大楼的大礼堂听涂光炽先生作学术报告。那天，涂先生报告的题目是《矿床地球化学的新进展》。涂光炽先生讲了一个上午，给大家介绍了国内外新发现的矿床类型。讲到了超大型矿床，也讲到了典型的新类型矿床。对每一类新类型矿床，涂先生都要结合中国的地质背景加以分析和评述，并指出矿床地球化学研究的许多新的生长点。大礼堂里座无虚席，大家听得聚精会神。会后，地球化学所科技处处长王兴理交给我几盒录音带，让我整理一下涂先生的报告，并告诉我可以去找涂先生要报告讲稿。我找到涂先生，涂先生给了我报告讲稿，就一页纸，上面只有一个题目和报告大纲。我感到惊讶，仅一页纸的大纲，就给我们讲了一个上午。后来我听了几遍录音，发现涂先生的学术报告内容丰富，逻辑性强，环环相扣，引人入胜。他的演讲用词严谨，言简意赅，没有一点重复，干净利落。涂先生知识渊博、才华横溢、记忆超凡、演讲精彩，让我彻底折服。学生对涂先生的记忆，永远是高山仰止。

2003年10月，涂先生来到成都，参加"峨眉地幔柱与资源环境效应学术研讨会"。会议结束后，涂先生做了两件事。一件事是带着我和他的一些学生何明友、李泽琴等进行了野外考察。他当时已有84岁高龄，还坚持带我们看地质剖面，结合野外现象给我们讲玄武岩岩浆活动和地球化学问题。在他的坚持下，我们一起登上峨眉山金顶，恰逢太阳出来，视野大开。这种重视野外、崇尚实践、不畏艰难、勇于登攀的地球科学家精神，当时鼓舞着我们，也永远激励我们为地质科学事业勇攀高峰。另一件事是涂光炽先生应邀到成都理工大学为师生做了一场学术报告。记得他在报告中特别强调大学生要注重实践能力的提高。他的报告深入浅出，他举例说，我们买了汽车，大多数人会驾驶而只有少数人会维修，车坏了怎么办？送进修理厂维修。美国情况不是这样的，很多美国人自己有一套修理工具，车有小毛病都是自己修。而且，更重要的是，小孩子也参与其中，这不是一个修理问题，而是一个从小就重视动手能力的培养的自然过程。我们大学的实践教学，是不是也有这样一个重视动手能力的培养的自然过程？这个问题实际上是一个教育理念和教育模式问题，也是大学的教风和学风问题。涂光炽先生的报告引起我们的思考，也引起我们的共鸣。整个会场气氛非常活跃，掌声不断。

不拘一格　关心后生

1992年，国家自然科学基金委在中科院地球化学所组织"低温地球化学"项目立题论证答辩会议。"低温地球化学"是国家自然科学基金重点项目,涂光炽先生是项目负责人。这个项目分5个子课题,每一个课题由一个小组申请。其中有一个子课题的内容是"沉积物埋藏成岩过程活性元素低温地球化学行为研究",我做过前期研究工作。但是,当时我还在博士后流动站工作,一年后工作去向不明,所以从理论上我不具备申请子课题负责人的条件。但是在那天答辩会上,我的汇报得到评委的认可。这就给管理部门出了难题。会后,研究所科技处处长通知我,是涂光炽先生坚持让我担任第5课题负责人的。我博士后出站后回到成都理工大学工作,将此课题带到了新的工作单位。后来,我负责的这个课题成果得了四川省科技进步奖二等奖,也是中国科学院自然科学奖一等奖中的重要成果。这是我学术生涯中第一个担任负责人的课题,也是年轻时期起步的第一个学术台阶。要不是涂光炽先生不拘一格地关心后生,我就得不到这么好的锻炼机会。

(倪师军:《一代宗师 平易近人——怀念敬爱的涂光炽先生》)

刘家军[①]:涂光炽院士于2007年7月31日在北京逝世了。在老人家弥留之际,我经常去探望。尽管老人家临终前我也在医院,但最后那一刻到来时,我还不认为是真的。十余年来,我在先生身边学习与工作,学习做人、做学问的道理,当年的情景历历在目。追忆往事,以表达对先生的崇敬怀念之情。

(一)

1996年10月我到地化所做博士后。在我进入地化所之前的大学学习与工作阶段,已早闻涂先生的为人与学术成就,并盼望有朝一日能目睹我

---

① 刘家军,中国地质大学(北京)教授。

国矿床学界学术大师的风采。这一天终于盼来了！那是 1997 年 4 月下旬的一天，涂先生与李朝阳、高振敏、裘愉卓等老师在云南考察时，我有幸在涂先生去云南地矿局作学术报告的路上见到他老人家。当李朝阳老师向涂先生介绍我时，我当时既激动，又紧张。激动的是，我梦寐以求的愿望终于实现了；紧张的是，在大师面前说什么好呢。正当我犹豫时，涂先生说："你的博士论文摘要，后来才转到我手上，但因时间太迟而没有给你写评语。"（涂先生住北京，但我把论文摘要寄到贵阳了）真没想到，一年前的事情，涂先生还记忆犹新。

（二）

1998 年夏天，由时任地化所副所长胡瑞忠召集，涂先生会见地化所的在站博士后人员。当时，在地化所的七八位博士后听说后，感到十分振奋。我也不例外，并事先打了腹稿。可在座谈时，因心情紧张，事先准备要说的话忘得一干二净了。涂先生可能感觉到现场的紧张气氛，他面带微笑地说道，"博士后是我们所的一支主要科研力量，你们为地化所默默地奉献，但可惜我这个老头子对你们还不是完全了解，你们能否先介绍一下各自的情况？"就这样，座谈的气氛一下就轻松了许多。大家你一言，我一语，交谈工作与生活。涂先生也不时地认真解答我们提出的一些学术问题，或给出进一步的建议。最后，还特别向我们交代，你们在生活、工作中遇到什么问题，可直接找室里、所里解决。

（三）

2002 年 4 月初，新疆国家 305 办公室在北京客座公寓举行了一次学术交流会。在这次会议期间，我第一次有机会单独与涂先生进行了较长时间的交流。当我汇报新疆关于"穆龙套型金矿床"研究成果时，他指出，对于地层年代光靠同位素分析结果还显得依据不是很充足，但你在赋矿地层中发现标准化石这很重要；有关这一类型矿床的低温成矿作用问题，你还需要进一步研究与讨论。在谈到分散元素硒的成矿作用时，涂先生让我结合一些变价元素的地球化学性质与成矿特点来讨论金与硒的共生分异问题。同时，我在这次与老人家交流的过程中，透露了我打算调动的事。当时我心情很矛盾，担心说出后老人家不高兴。没想到的是，当我说出此事后，老人家问明了我调动的原因，不但不生气，还关心地说："事业重要，家庭也很重要。只要有利于你的事业发展，家庭幸福，我本人不仅不会有意见，而且还应该支持你。"由此可见，老人家心胸宽广，对人关心备至。

（四）

涂先生平时不仅待人真诚热情，而且平易近人，从不以专家自居，并不时带有一点风趣和幽默感。记得在2001年4月上旬，胡瑞忠、高振敏和我随同涂先生、蔡师母一起在俄罗斯参加国际会议以及对莫斯科大学等数个单位进行访问期间，在一次回宾馆的路上，涂先生一边与我们一起欣赏雪景和莫斯科的人文景观，一边与我们交谈在莫斯科访问的感受。他首先谈到了俄罗斯地质工作者扎实的工作作风，希望我们能够多查阅一些俄文资料，以便进行对比研究；其次谈到了俄罗斯的经济发展对该国地质工作的影响。老人家谈完以后，问我们对莫斯科的印象和感想。当问及胡瑞忠老师和我时，分别称呼我们为"老胡"、"老刘"，在场的人都不约而同地开怀大笑。

（五）

自我调入北京以来，与涂先生单独相处的机会就更多了。我每次带着有关矿床学或矿床地球化学的问题去涂先生家请教时，他总是认真听，能回答的就马上回答，或沉思片刻后给予解答；不能回答的他也给我指明思考的方向。在2006年元旦前夕的一天下午，在涂先生家我用多媒体向他老人家介绍有关大巴山一带重晶石矿床与毒重石矿床的地质特征，一起讨论钡矿床的形成机制问题。那天我俩不知不觉地讨论了两个多小时。2007年春节前夕，在一次我们一起吃饭时我又向他老人家展示钡矿床流体包裹体研究资料，进一步探讨重晶石-毒重石共生、分异的原因，就我提出的"喷溢作用热化学硫酸盐还原交代成因"观点进行了深入的讨论。最后，当我们乘车快到涂先生家时，他突然想到并叮嘱我："要是有现代热水沉积作用形成毒重石矿床的实例就更有说服力了。"因此，他建议我多收集现代海洋矿产地质调查方面的资料。

（六）

涂先生一直关心后生们的工作、生活。涂先生见到我后的第一句话时常是："最近工作忙吗？生活怎样？"当谈到我的教学任务时，他询问我教的具体课程，并嘱咐我"要讲好课，不仅要理论结合实际，而且还需要有丰富的知识作后盾"。在生活中，他总是不愿给别人增添麻烦。在2007年3月27日中午，我们在协和医院与老人家共进午餐后，临走前我说："我们下星期六再来看您。"但老人家马上就说："你们工作忙，不要经常来看我这个老头子。"说着说着，老人家就呛着了（因当时涂先生正在喝水），我马上轻轻地捶着他的后背。没想到，这是涂先生生前我们之间最后一段直接对话。7月17日，我在重症监护室看望昏迷中的涂先生时，说到了甘肃寨上卡林型金矿床的情况。当提到该矿床的储量时，涂先生的眼睛眨了几下，脸上也似乎露出了微笑。陪护人员说，涂先生心里明白了，这也是那几天少有的表情。可见，涂先生即使在最后时刻，还惦记着我国黄金事业的发展。

（刘家军：《涂光炽院士风范使人诚服》，2008年1月25日）

温汉捷[①]：涂先生是国内外地学界著名的矿床学家，地球化学家，虽然久闻涂先生的大名，然而作为地学界的新人和后辈，当时尚是硕士研究生的我是很难想象能得到涂先生的亲自指导的。记得我还在昆明理工大学地质系就读研究生期间，大概是1994年的秋天，系里通知我们到学术报告厅听报告，是我们系的特聘教授涂光炽先生来我校讲学。可以说，我们是怀着激动的心情和一种对偶像的崇拜去听的。果然，涂先生精彩的学术报告、大家的风度以及谦逊的态度深深折服了我们。这是我第一次见到涂先生，给我留下了深刻的印象。

下一年，我有机会报考博士研究生，毫不犹豫地，我报考了当时国内地学界知名的中国科学院地球化学研究所，报考的博士生导师就是涂光炽先生。幸运的是，我成了涂先生1996级的博士研究生。也是在1996年秋，在地化所涂先生的办公室我第一次向涂先生汇报我的情况。当时涂先生已七十有余，但看上去身体很好，精神矍铄。当时涂先生还在科研的第一线，作为地学界的领军人物，起着指导大方向的重要作用。与涂先生的第一次见面，既兴奋又紧张，可能紧张的成分多些，毕竟作为后辈能与当时地学界的大家有机会面谈是多么幸运的事。涂先生可能也看出了我的紧张，问了我一些家乡的事、学校的事，使得我慢慢放松了下来。接着，我汇报了硕士学习阶段的一些情况，涂先生边听边问了一些问题。最后，涂先生根据我的情况，安排我做分散元素的一些研究工作。第一次见面大概有一个多小时，可以说，这一个多小时是我真正迈入地学大门的开始。在此后的几年中，我一直在做分散元素，特别是其中硒的有关研究工作。每一次涂先生回所，我都要向他汇报工作的进展，涂先生虽然很忙，但每一次都要详细地给我指导，建议下一步的工作。

---

① 温汉捷，中国科学院地球化学研究所研究员。

涂先生作为地学界的大师和领军人物，尽管有很高的地位，却总是很谦虚，对我们这些小辈提出的一些问题也是不厌其烦地给我们解答，一些问题建议我们去参阅一些参考书，不要求我们的观点一定要与他一致。

在我进入地化所前，涂先生带领地化所及国内地学界的研究人员就层控矿床、低温地球化学、超大型矿床等研究领域做了大量开创性的工作，研究成果获得了国家自然科学奖一、二等奖。在晚年，涂先生仍十分关注国际和国内地学的发展，先后提出了"分散元素可以成矿"、"暗色岩的成矿作用"，这些指导性的建议，带动了国内分散元素地球化学的研究，同时也推动了目前的热点研究方向——"地幔柱及成矿作用"的研究。可以说，涂先生既高瞻远瞩地提出科学问题，同时对这些科学问题的解决也一直关注和提出指导意见。

中国科学院地球化学研究所矿床地球化学国家重点实验室是涂先生带领建立和发展的。从20世纪80年代建立，到90年代发展为中科院开放实验室，再到2006年正式升格为国家重点实验室，其中无不凝聚着涂先生的心血。我印象最深的有三件事，一是我刚进入地化所时，矿床室在科学院实验室评比中被评为B类最后一名，面临被撤销的危险，同时，这一时期也正是国家资源领域最低潮的时期。面对这样的形势，尽管已不在一线工作，涂先生还是利用各种机会给大家鼓劲，希望大家把眼光放长远，要看到国家对资源的需要必然带动相关学科的发展，同时，希望研究室的同志卧薪尝胆，团结一致，矿床室一定会走出低潮。正是在涂先生的领导下，研究室及时调整了领导班子，制定了发展规划，通过各种手段稳定人才和引进人才，十年的奋斗，矿床室终于走出低谷，并被科技部升格为国家重点实验室。二是矿床室升格为重点实验室后，在一次学术讨论会上，胡瑞忠主任宣布了这一好消息。尽管涂先生早已知道，但仍掩饰不住心中的喜悦，对大家说，只要矿床室需要，他将鞠躬尽瘁，死而后已。如果身体允许，他希望和大家一起再工作十年，甚至更长。

最后一件事则深深震撼了每一个人。2007年年初在贵阳的金阳国际会议中心召开了研究室的内部学术讨论会，当时涂先生身体看起来不是很好，可能毕竟年纪大了，行动有些迟缓。然而，两个整天的学术讨论会，涂先生一直坚持参加。我从旁边观察，发觉涂先生确实有些疲倦，但他依然为每一个报告提出了问题和建议。在最后一天，全体研究人员讨论关于研究室升格为重点实验室后的发展方向，涂先生让大家先谈。尽管大家发言很踊跃，却始终没有特别好的建议，总的感觉是对如何将矿床室发展为有自己特色、有独创性的实验室把握不准。涂先生在最后发言，话不多，然而他的第一句话就是"对大家的发言感到很失望"。当时所有的人都十分震惊，因为绝大多数人和涂先生共事这么多年，从来没有听到涂先生讲如此重的话。然而，每一个人也意识到确实这句话是对的，每一个人都能感觉到他对矿床室深深的热爱，就像对自己的小孩一样，希望他茁壮成长。后来和蔡阿姨的谈话中，知道涂先生预感自己的时间不多了，他希望矿床室在任何情况下都能顺利发展，所以，也希望用自己的言行激励大家更加努力。

涂先生桃李满天下，学生分布世界各地。早期的学生和涂先生接触多些，晚期的学生相对少些。然而，不管时间长短，都能感受到他渊博的学识、宽广的胸怀，正如他留给我们的八句话。文如其人，一代宗师离我们而去，然而他的精神却永远留在我们心中，正如他的学生，我们的师兄丁抗在涂先生的追悼会上所说：他，平淡而伟大，因为他是一个真正的学者。

（温汉捷：《地学大师，人生楷模——追忆恩师涂光炽先生》）

黄琳[①]：2007年7月31日清晨，从涂勘（涂光炽先生的儿子）的Email知道涂先生走了，而且走得很安详。尽管知道先生病了有一段时间，但他走的消息对我还是一个很难接受的事实。眼泪已止不住往下掉，我跪下为先生祷告，愿他的灵魂走好，安歇在那个充满永恒爱的天国。二十多年前，越过崇山峻岭千里为我的生身父亲奔丧，今日远涉重洋万里为待我似父亲般的导师最后送行，为的是献上发自心底的悼念和爱。

我的生身父亲去世很早，先生是对我的人生及事业影响最深的人之一。自1982年考上先生的研究生至今已有25年，与先生相处的时间虽然不算多，但每一次都难以忘怀。这些珍藏在心底的记忆又一幕一幕地出现在我的眼前。

1986年，中科院地化所派出代表团出席法国一个花岗岩地球化学研讨会。会前每一个代表都反复练习自己的英文发言。当时我是最年轻的代表团成员，也是第一次在国际会议上作报告。在一间小会议室里，在灯下，先生帮我逐字逐句校正发音，修改讲稿。先生那一丝不苟的认真劲和专业精神永远刻在了我的记忆中。自那以后我对每一个报告和讲座，不论大小我都尽全力准备，常常到最后一刻我还会修改。不仅对自己这样要求，对学生及博士后也鼓励他们这样。因为我深知做学问做研究是一种追求严谨、追求完美的过程，需要无数代人传承接力。非常幸运我有机会得到先生的直接指点和传承。

也是1986年左右，我考取了先生的博士生但又决定不读了。原因是：在法国参观了许多一流的实验室因而大开眼界。我希望能有机会出国深造。我找了当时地化所主管教育的各级负责人谈了我的想法。这可真是为难他们了。一是没有先例，二是关系到人人都敬重的涂先生（当时的所

[①] 黄琳，加拿大环境部大气与气候科学研究署官员，稳定同位素研究实验室的负责人。

长），他们不知道该如何跟先生说。我便直接找了先生而且编了个显然不能站住脚的理由。听完我的叙述，先生慈祥地笑了，其实我那点理由在他那里完全就是一个孩子的把戏。他表示理解甚至都没有劝我再想想。在之后很短的时间内，我便开始申请去国外读博士，需要请他写推荐信。找他时，我真有点不好意思，但他仍然那样慈祥地笑着，示意没有问题，为我亲笔写了封推荐信。接下来就是考托福。我的英语不算好，一连考三次，每次进步几十分。每当分数下来知道没过线的时候心中很是懊悔，当先生问起时会脸红，很不好意思。可先生却微笑着说："小黄，祝贺你啊，又进步了。"我那尴尬心情顿时烟消云散。在他眼里我看到的永远是信任和鼓励。他就像一个慈父搀着一个学走路的孩子，每当这孩子摔跤时都感到有一双慈爱而有力的手在拉着她，于是这孩子就大胆地走起来了。

80年代末期，我收到了美国芝加哥大学入学通知书。我永远不会忘记的是先生在当时为一个无助的孩子遮风挡雨，使我顺利出国深造。

来到北美十多年，见过先生两次。无论是他专程到我的住处坐一坐（1990年在芝加哥），或是我赶到机场去见他（1998年，他和老伴在底特律转机回国），我们都聊了很多很多，话题很广，就像父女聊家常。从学习、生活到文化适应，多数时间是我在说，就像一个离开家门很久的孩子想把所见所闻，包括所有委屈和挫折，得意和骄傲，一股脑地都叨叨给父母。先生总是在静静地听，他偶尔会问些问题，更多的时候是在微笑地点头。见到先生宽慰和理解的笑容，我也就聊得更起劲了。

虽然不能常见到先生，但我们每年都会通上一两次电话。通常是春节或他的生日。遇到特高兴或特烦恼的事也一定会跟他讲。我们的谈话总是非常开心。先生认真而幽默的语调，常让我开怀大笑，即便是心情不好时，也很快多云转晴天。知道先生喜欢唱歌也喜欢听我唱歌，说到兴头上时，我会情不自禁对着话筒唱歌。记得不久前我唱一支圣歌给先生听，电话那头一点声音都没有，他在听赞美神的歌。我在心底里默默地祷告希望这飞过大洋的歌声能传递神的爱，愿神的爱能陪着先生走过在地上余下的时光。

在电话中，他经常说："回来看看吧。"2005年秋天是我离开中国多年后第一次回国，其中主要目的之一是看望先生。在北京大部分时间住在先生家里，这让我有机会比较近距离地了解他和夫人的平日生活。他们还住在黄庄小区十几年前分的单元房，基本设施几乎没变，除了活动空间变小了（由于多年积累的东西占地方），洗手间的浴缸旧了而且也破了。说实话，在北美生活久了，我还真有点不习惯。尽管先生的生活比我想象中的要俭朴平淡得多，但与他的闲聊中，没有感到他对自己生活的丝毫不满意。他关心的仍然是：过去这么多年，我的生活和工作。不管是饭桌上或是散步时，他始终很高兴地听我滔滔不绝地讲。似乎孩子多大在父母眼里永远是孩子。

让我最难忘的是：有一天我需要去北大作个学术报告，他坚持要陪我走去，怎么说都不能改变他的主意。从他们家到北大东门，听上去不算远，走起来可不近啊。吃过早饭，八十多岁的先生及夫人陪着我，三人相互搀扶着，在早晨熙熙攘攘的上班人流中向北大东门走去。一路上没有什么话，那时我的感受就像高考时，父亲陪我去考场；下乡时，父母送我去出发点的路上。这么多年来，先生就像一个慈父拉着我的手在走人生的路。他的呵护和关爱都洒在了这一路。

再见了，敬爱的先生，跟着你我明白了：要做学问首先要学会做人。因为你，我非常清楚该如何走前面的路。

（黄琳：《像父亲般的导师》，2008年2月28日于多伦多）

丁抗[①]：二十五年前的8月里，我从江南穿越了崇山峻岭来到筑城求学于先生的身旁。二十五年后同是8月的今天，我漂洋过海万里奔丧，来到黔岭深处先生的墓前。我心痛欲裂、悲伤至极，我来替先生送行，来祭奠他的亡灵。

记得二十多年前的一天，先生走进办公室，非常感慨和高兴地对我说：小丁，我今天干了一件十分重要的事，我结束了历时四分之一世纪的行政历程。我说，我在广播里听了您辞去所长职务的讲话。望着他，我不禁问道：那您以后干什么呢？他没有回答，反以平和却十分认真的神态问我：小丁，你知道什么是学者吗？当时望着他，我未能回答。

二十多年来，我一直都感受到先生在用他漫漫的岁月向我讲述着这一问题的答案。今天，站在他的墓前，我要用我全部的心声告诉人们：涂光炽先生是一位真正的学者，他的治学生涯和他留下的足迹，体现了学者的崇高。今天，站在他的墓前，我要纪念他这可歌可泣的人生，我要颂扬天下所有像他这样的学者。

学者，是一个很普通的称号。但在人世间无数的称号和职业中，它属于那最崇高的一类。学者自有学者的精神、学者的品格，自有他对社会独特的义务。在学者的心里，那些强调高低贵贱的理念永远都得让位于区别真假与是非的准则。因此，他追求的不是利益，而是自然界的真理、人世间的公正。他以他辉煌的智慧和不可撼动的执著记忆过去、召唤未来，将社会的昨天、今天与明天连接在一起。

学者无需权力来显示他的威严和力量，他拥有的基于真理和公正的智慧足以折服权力所不可触及的人心；学者也无需金钱来显示他的财富，他所代表的精神和所拥有的知识从来就是人类进步和社会财富最大的源泉；

[①] 丁抗，美国明尼苏达大学地质与地球物理系研究员。

学者更无需荣耀的头衔、艳丽的光环来标志他的成就和贡献。一篇文章、一本论著、一个论断、一种学说就是一个个历史的丰碑。岁月可以轻而易举地抹去辉煌的称号、荣耀的头衔，却总是使这些铭刻在人类进步史上的丰碑更加灿烂坚实。权力和财富从来都难以被长久地继承，名号更是如此。只有学者的精神、学者的智慧和学者所建立的知识可以被历史久远地承传下去。

的确，学者是普通的、平淡的。他不是一时一刻的英雄，也没有一朝一夕的显赫。观察、实验、阅读、讲授，日复一日年复一年，这些平凡而清苦的操劳通过他的思考、陈诉和写作，冶炼出人世间的无价之宝。他时常处于社会的边缘、处于人们的淡漠之中。可是，他对真理的热情、执著和坚定，对千千万万普普通通的人们的深情厚爱却可以泣沥鬼神、震撼天地。强大的权力可以移走高山截断河流，也可以使林木枯萎草原荒芜，但无法征服学者的思想；富足的金钱可以挺起高楼，也可以买下城池，但无法换得学者的良心；荣耀的名号可以使许许多多的人为之喜悦、为之叹息，但无法使学者为之动颜。你可以说他淡泊人生，可是为了求真求是，为了护卫那些以种地做工来养育他的人们，他会挺身而出、据理力争！

社会不能没有求真求是的学者。这正如社会可以放弃追逐财富的豪华，但不能终止向自然索取真理的努力，不能涣散维护社会公正的力量。一个缺失学者的民族，无论她的今天是多么的富有辉煌，她的明天都难以逃脱荒芜黯淡的结局。

一个学者静静地走了。他用他顽强的人生替他的学生解答了一道难题，替成千上万立志成为学者的人们树立了一个不朽的榜样。涂先生，您一路走好，在人世间有着许多理解和敬重您的人，并且永远都会有。您所实践和坚持的学者的精神和品格将由许许多多的人们继承下去,将在历史的长河中与人类的文明同在!

(丁抗:《学者——悼念我的导师涂光炽先生》,2007年8月8日于贵阳海天园)

附 录

留美回国学生名单

涂光炽年表

涂光炽主要著述目录

人名索引

留美回国学生名单

下面是"回国留美学生名单"(因中途被扣3人,现有118人):

姓名	学科	姓名	学科	姓名	学科
黄明慎	机械工程	杨文鸿	音乐	钟 鹏	土木工程
朱铭麓	教育	茅福谦	机械	陈绍澧	油脂工业
朱和周	气象	张增年	音乐	冯 慧	化学
李万英	土木	顾家杰	图书馆	张炳熹	地质
刘联宝	玻璃工业	李瑞震	煤焦	袁 宏	教育
陈德明	动物生理	曹锡华	数学	涂光楠	政治
王传志	土木	郑伊雍	经济	方文均	造船
唐孝宣	油脂化学	何 宇	化工	徐 里	戏剧
叶笃正	气象	朱浩然	生物	池际尚	地质
陈顺理	食品工业	宋秀圻	地理	梁守滨	统计
肖刚柔	昆虫	陈文训	园艺	赵 澧	英国文学
戴汉笠	经济	周少松	英国文学	吴各周	教育
向恕人	社会	张祖华	护士	葛果行	电机工程
陈百屏	应用数学	唐学乾	经济	金荫昌	药理
陈爱琴	教育	涂光炽	地质	丘立宗	牙医

续表

姓名	学科	姓名	学科	姓名	学科
石晨云	经济	李家琨	经济	陈 誉	社会
赵英新	教育	陆蔡梅灵	营养	朳冠彬	农村教育
金国琮	化学工程	金唐冀雪	细菌	陈维新	教育
孙宝华	教育	邓先仁	土木	邱曾畿生	小儿科
艾国英	心理统计	马育华	农艺	杜 度	经济
李明俊	医学	周绍禹	经济	朳凤藻	教育
陈文耀	社会	彭司勋	药学	伍林冰峰	新闻
薛贻源	地理	马作舟	会计	马何佩芬	家政
郑扬德馨	化学	伍丕舜	试验设计	何广扬	经济
王家祥	经济	吴金榕	冶金	郭兆仪	社会
蔡慕莲	社会	武建峰	经济	鲍文奎	生物
傅君诏	冶金	董晋炎	工程	谢家铣	地理
申恩荣	英国文学	陈炳辉	经济	淘愉生	化学
李观华	化学	范恩琨	土木	潘绍周	医学
饶鸿雁	土木	武泰昌	地理	朱康福	化工
章志鸿	经济	徐璇	经济	吴寒欶	政治
王河林	经济	赵美琪	英国文学	戴延曾	经济
郑 炽	化工	吴振华	政治	廖韵玉	小儿科
吴崇筠	地质	周 镜	土木	冀彝伦	畜牧
沈萼先	农艺	劳远琇	医学	潘修华	医学
陆子敬	机械	邓稼先	物理	陆善华	化学
章马璧如	家政	茅於美	英国文学	吕秀贞	政治
彭兆元	机械	费近仁	经济	王雪勤	建筑
徐炳华	土木	丘中杰	小儿科	徐章周芬	建筑
罗福祯	经济				

涂光炽年表

1920年　4月2日（农历二月十四日）生于北京（生日沿用为1920年2月14日）。

1926年　入汉口四小读书。

1928年　入武昌实验小学读书。

1931年　先就读于天津浙江小学，后入南开中学。

1937年　入读长沙临时大学（西南联大前身），但随即赴西安郊县参加抗日救亡宣传工作。

1938年　在延安抗日军政大学第五期四大队学习。

1939年　化名王育之在陕西蒲城中学从事党的地下工作。

1940—1944年　在西南联合大学地质地理气象学系读书。

1945年　入美国明尼苏达大学研究院学习，于1949年毕业，获博士学位。

1948年　参与发起留美中国科学工作者协会，组织动员留美学生回国。

1949年　在美国宾夕法尼亚大学应聘为副研究员。参与发起留美中国科学工作者协会。8月，在美国纽约加入中国共产党。

1950年　年初被选为留美科协干事，负责联络工作。8月乘威尔逊总统号轮船归国。回国后，任清华大学地质地理气象学系副教授。

1951年　8月与朱瑞亭结婚。

1951—1954 年　赴苏联莫斯科大学进修，获副博士学位。

1955 年　先在北京地质学院任教；后调中国科学院地质所工作，任研究员。

1956 年　被聘为所学术委员会委员。参加制定国家十二年科学技术发展规划，地球化学列为重点发展学科之一。受命担任祁连山地质考察队队长。

1958 年　被聘为北京大学兼任教授。

1959 年　任地质所矿床研究室主任。

1960 年　参与组建铀矿研究队，开展铀矿资源调查和铀矿地球化学研究工作。

1961 年　任地质所副所长。

1963 年　作为中国代表团成员出席布拉格第一届国际矿床成因讨论会。

1964 年　到河南省许昌县参加"四清"运动。

1965 年　被提名为地球化学所领导班子成员。参与起草《关于组建中国科学院地球化学研究所（204）所的请示报告》及设计任务弓。

1966 年　2 月 1 日正式成立地化所（贵阳）。此后"文革"爆发，受到冲击。

1967 年　由北京迁到贵阳，责令交代问题，被关进"牛棚"。

1969 年　获得"解放"，出"牛棚"。11 月妻朱瑞亭从北京来贵阳探亲，突发心脏病去世。

1970 年　被下放到铀矿床地球化学研究室，做一般铀矿地质的室内研究工作。12 月与蔡凤英结婚。

1971 年　出席中科院计划工作会议，确定地化所的科研任务。

1972 年　出席在贵阳召开的中科院地学科研工作座谈会，确定地化所的方向任务是成岩、成矿和地球发展史。12 月在贵阳主持召开"全国稀有稀土元素地质科研工作交流会"。由其主编的《地球化学》创刊号出版。

1975 年　动员和组织科研人员参加中国科学院富铁矿科研会战工作。出席在贵阳召开的第一次全国同位素地质工作经验交流会。

1976 年　就 3 月 8 日发生的吉林陨石雨，提出开展多学科综合研究及国内外合作的意见。

1977年　任地化所第一届学术委员会主任。参加《全国基础科学发展规划纲要（1978—1985）》的制订工作。

1978年　出席全国科学大会。被任命为中国科技大学地球和空间科学系副主任。在贵阳主持召开中国矿物岩石地球化学学会大会，当选为首任理事长。

1979年　率中国地质学家代表团出席在日本召开的花岗岩浆作用及有关矿化国际讨论会，并作学术报告。被任命为地球化学所所长。

1980年　当选为中国科学院学部委员（院士）。

1981年　在中科院第四次学部委员大会上当选为中国科学院主席团成员，第三任地学部主任。

1984年　获竺可桢野外科学工作奖。由其主持编纂并亲自承担主笔的《中国层控矿床地球化学》（第一卷）出版，后获1987年国家自然科学奖一等奖。

1985年　辞去地化所所长职务，任名誉所长。

1986年　被美国地质学会授予终身会员称号。

1987年　组织学部委员完成地学部第一批主动咨询报告上报国务院。

1988年　当选为贵州省第七届省人大常委会副主任。

1989年　出席在日本东京召开的第一届中日同位素地球化学和宇宙化学讨论会。出任矿床地球化学开放研究实验室首届学术委员会主任。

1990年　出席在北京召开的第十五届国际矿物学大会，并在大会上作学术报告。

1991年　当选为中国科学技术协会第四届全国委员会委员。

1993年　当选为第三世界科学院院士。

1994年　率团出席在台湾召开的第一届海峡两岸资源与环境地球化学研讨会。

1995年　率中国科学院地球化学代表团在南非进行矿产资源考察，得重病脱险。获1995年度何梁何利基金科学与技术进步奖。

1997年　获中国科协授予的"全国优秀科技工作者"荣誉称号。

1999年　被美国明尼苏达大学授予荣誉科学博士学位。

2001年　获贵州省首届最高科学技术奖。

2002年　赴上海参加大洋深海钻探会议，参观极地研究所和南极考察船雪龙号。
2004年　参加由其捐款建设的光炽希望小学（贵州省水城县发箐乡）落成典礼。
2006年　在庆祝地化所建所40周年大会上被授予丰碑奖。
2007年　7月31日在北京协和医院逝世。

涂光炽主要著述目录

1. 涂光炽主编. 祁连山地质志（第一卷）. 科学出版社，1960.
2. 涂光炽主编. 华南花岗岩类的地球化学. 科学出版社，1979.
3. 涂光炽. 铁的地球化学. 科学出版社，1981.
4. 涂光炽等著. 西藏南部花岗岩类地球化学. 科学出版社，1982.
5. 涂光炽等著. 中国层控矿床地球化学（一）、（二）、（三）. 科学出版社，1984，1987，1988.
6. 涂光炽等著. 地球化学. 上海科学技术出版社，1984.
7. 涂光炽等著. 地球化学文集. 科学出版社，1986.
8. 涂光炽主编. 中国矿床（上册）. 地质出版社，1989. 114~206.
9. 涂光炽. 金的经济地质学. 科学出版社，1991.
10. Tu Guangchi, Xu Keqin, Qiu Yuzhuo. *Petrogenesis & Mineralization of Granitoids — Proceedings of 1987 Guangzhou International Symposium*. Science Press, Beijing, 1992.
11. 涂光炽. 新疆北部固体地球科学新进展. 科学出版社，1993.
12. 涂光炽等著. 华南元古宙基底演化和成矿作用. 科学出版社，1993.
13. 涂光炽. 庞然大物与寻找超大型矿床有关的研究. 湖南科学技术出版社，1995.
14. Tu Guangchi. *Geochemistry of strata-bound deposits in China*. Science Press, 1996.

15　Tu Guangchi. *Low-Temperature Geochemistry*. Science Press，1996.

16　Tu Guangchi，Chow T. J. Chow. *Isotope Geochemistry Researches in China*. Science Press，1998.

17　涂光炽等著. 低温地球化学. 科学出版社，1998.

18　涂光炽等著. 中国超大型矿床（Ⅰ）、（Ⅱ）. 科学出版社. 2000，2002.

19　涂光炽等著. 分散元素地球化学及成矿机制. 地质出版社，2003.

20　涂光炽著. 成矿与找矿. 河北教育出版社，2003.

21　涂光炽主编. 地学思想史. 湖南教育出版社，2007.

22　涂光炽. TiO_2 系中相变之初步探讨. 清华大学科学报告，第三种，地质地理气象. 1950，2（1）：72~87（英文）.

23　涂光炽. 七十年代自然科学领域中一个新生长点——环境科学. 环境地质与健康. 科学出版社，1973，1~3.

24　涂光炽. 广开门路，多找富铁矿. 自然科学争鸣. 1977，(4)：32~37.

25　涂光炽. 白云鄂博矿床和石碌矿床. 中国科学. 1980，(10)：983~989.

26　涂光炽. 地球化学和行星学研究的新进展. 地质报. 1981，1月2日第4版.

27　涂光炽. 西藏南部花岗岩类的特征和演化. 地球化学. 1981，(1)：1~7.

28　涂光炽. 构造与地球化学. 大地构造与成矿学. 1984，8（1）：1~5.

29　涂光炽. 地学中若干思想方法的讨论. 自然辩证法研究. 1989，5（5）：1~11.

30　涂光炽. 我国原生金矿类型的划分和不同类型金矿的远景剖析. 矿产地质. 1990，4（1）：1~10.

31　涂光炽. 成煤、成油、成气、成盐和成金属矿之间的关系. 有色金属矿产与勘查. 1994，3（1）：1~3.

32　涂光炽. 分散元素可以形成独立矿床——一个有待开拓深化的新矿产领域. 中国矿物学岩石学地球化学新进展. 兰州大学出版社 1994，234.

人名索引

A

艾思奇 29

杰克·奥德尔曼 41

B

贝尔 41

包玉刚 169

C

蔡凤英 25，119，120，128，129，132

蔡元培 3，6

陈 康 38

陈 浚 22

陈一鸣 46，49

陈秀霞 46

陈秀英 46

陈庆宣 58，62，66

陈毓蔚 83，156，158

陈先沛 101

陈世桢 116

陈国达 105

陈述彭 161

陈芳允 161

陈嘉庚 169

陈衍景 203，214

陈 俊 203

成忠礼 25

程津培 211

曹日昌 48

曹裕波 214，216

池际尚 52，62

程裕淇 161

D

丁文江 20

丁 傲 48

丁 抗 214，217，228，232，234

迪 克 40~42

邓稼先 49，153

邓海琳 184
董仰之 15
杜连耀 49
杜乐天 208

F

范长江 22
范德廉 117
范鸿泰 7
范瑞珍 7,8
冯景兰 36,37
冯平贯 49
冯玉祥 47
耶尔·佛曼 41
傅家谟 117,135
傅平秋 192

G

郭文昭 22
郭星桥 24,34
郭桐兴 168
顾以健 47
顾连兴 203
葛春霖 47,48
葛庭燧 48
高振敏 204,223,224

H

胡庭印 16
胡耀邦 32,218

胡霭琴 139,142
胡受奚 204,208
胡瑞忠 223,224,227
贺 龙 30
黄宏熙 39
黄葆同 49
黄秉维 162
黄荣辉 162
黄志龙 179
黄 琳 229,231
海 曼 41
何功楷 41
何诚志 48
何明友 221
侯祥麟 48
侯德封 56,57,67,101,151,211
洪业汤 86

J

蒋 志 198
金荫昌 49
金景福 219,220
贾承造 203

K

凯 丰 26
孔祥熙 39

L

尤金·莱西 41

刘秉光　106，187

刘东生　17，89，90，155，162

刘晓稀　22

刘静宜　49

刘永康　70，152

刘忠光　111

刘金钟　117

刘铁庚　127

刘丛强　178，201，203

刘光鼎　161

刘英俊　204，208

刘家军　222，225

李长生　87

李　璞　18～20，22～24，34，35，56，
　　　　58，61，62，66，67，71，73，
　　　　101，188，199

李　明　21，22，24～26，34，35，39，
　　　　42，51

李曦休　42

李　廉　22

李　浩　34

李储文　40，41

李肇基　47

李道揆　48

李恒德　49

李锡林　64，65

李朝阳　67，84，109，181，220，223

李文达　70

李四光　20

李泽琴　221

路国华　47

罗元铮　47

罗朝文　219

吕　骥　26

梁植权　49

卢焕章　105

卢家烂　117，189

卢嘉锡　214

M

孟　辉　159

孟志孙　15

米　士　17，37

马识途　40～42

马薇芳　215

马以思　38

么自兴　22

茅于宽　39，46

莫里斯　41

梅祖彦　49

毛河光　143

N

尼　柯　107～109

倪集众　126

倪师军　219，222

O

欧阳自远　144，145，147，148，158，178，
　　　　　179，181，185，204，205，217

P

彭兆元　49，52
浦　山　47
浦寿昌　52

Q

钱学森　160，170
乔玉楼　94
秦大河　178
裘愉卓　223

R

任美锷　162
任英忱　189，194

S

沙川一郎　143，144
邵继桐　194
申宪文　22，23
史迪文　64
施雅风　161，162
司幼东　199
苏纪兰　161，162
孙云铸　37
孙蔚如　23，39
孙　枢　82，178
孙鸿烈　105，147，162，178，187

孙贤钛　153
S. Ghose　143
S. S. Hafne　144

T

涂长望　48
涂福田　2，8
涂允檀　3，4，6~8
涂光涵　10，21，48
涂光群　7
涂　勘　229
唐炳亮　16
唐明善　16
唐孝宣　47，52
唐春景　194，196
滕国定　22，23
汤季芳　48
陶诗言　162

W

万国江　90
汪品先　161
王大纯　18，20，22，23，34
王道德　72，73，147，148
王　羿　23~26，34，36，39
王恒升　37
王剑峰　219
王　明　25~26
王联魁　194

王松声　22
王兴理　220
王秀芳　63
王秀璋　100，112
王楹生　22
王曾壮　48
温汉捷　179，226，228
吴　明　41
吴熙武　20
吴学益　91
吴兆苏　48

X
徐　鸣　43，49，52
徐文园　22，23
徐欣堂　39
徐克勤　70，86
徐国风　180
徐世进　203
许师潜　22，35，39，42
许德佑　38
许寿谔　22，24
许乃炯　41
肖森山　49
肖文交　206
薛宝鼎　51
解广轰　65
谢先德　142，144，148

Y
殷　琰　4
殷汝棠　22，24~26，34，39，42
叶进甫　15
叶笃正　22，52
叶连俊　56，67，68，101，161，188
叶　瑛　203
袁成源　42
袁复礼　36，44
袁翰青　48
杨　棨　23，34
杨蔚华　190
杨敬仁　56，57，197，199
杨树峰　203
严济慈　160
于津生　137，139
姚培慧　200
尹赞勋　160
尹汉辉　188，190，194，197
喻茨玖　189

Z
曾庆存　161
张伯苓　14，15
张炳熹　52
张锋伯　22，23，34，35
张　鉴　16
张信达　39

张慎余	48	周锦荪	39，41，42
张 焘	69，85	周世勋	48
张 彦	40~42	周恩来	85
张祖还	70	周永章	216，218，219
张竹如	116	朱 德	30
张立豫	144	朱光亚	153，178，179
张劲夫	151	朱淇昌	49
张宗祜	162	朱正强	194
张宝贵	182	赵 斌	73
张国新	189	赵大升	60
张开运	22，23	赵同芳	47
张 乾	189	赵景德	143
张燕石	200	赵振华	92，94，134，182，183
郑楚生	69	竺可桢	94，160
郑怀之	22，34	章振根	126，129
郑新亭	16		

涂光炽回忆与回忆涂光炽
Tu Guangchi: Reminisces and Reminisced
后　记

　　涂光炽先生不愿意让人写他的传记。他曾说过，"我还有好多工作要做。我的事应由后人评说，在我有生之年，不宜写我的传记。"2007年初，湖南教育出版社的编辑李小娜和曹卓卓去南昌见了涂光炽先生，她们居然说服了涂先生接受访谈。后来从蔡凤英夫人处得到证实：他答应回北京后，每周约谈一次，到五月他出差开会前，访谈即可终止。此时，涂光炽院士已经八十七岁高龄了。访者是著述颇丰的涂光群先生，又是与他相知较深的堂弟，他们抓紧时间制订了访谈计划，但因他回北京后每天的日程都是安排得紧紧的，好不容易见缝插针安排了几次访谈。可万万没想到他2007年3月26日住进医院后，却一病不起。在最后一次访谈临别时他还说："我抽屉里有一些相关的材料，可以拿去参考。"这竟成为前去采访的涂光群听到他的最后一句话。

　　原来的访谈计划不能实现了，出版社根据情况的变化，在商请涂先生遗孀蔡凤英女士同意之后，决定按《20世纪中国口述科学史丛书》的主旨要求，将书稿的体例做出调整，并将书名定为《涂光炽回忆与回忆涂光炽》，并要我在涂光群先生已有工作的基础上继续完成此项任务。

　　作为堂弟的涂光群和作为老同事、老部下的我，在涂先生生前都有过很多与他相聚的机会，我们总要向他问这问那，做点交流，默默收集了一些有关他个人的素材，有时也向他要点有关资料看看。如2004年他写过一篇文稿，很细致地写出了他在南开中学喜爱的课程和喜欢的教师。

2007年12月至2008年1月，涂光群先生分别采访了中国科学院在贵阳和广州两地的地球化学所光炽先生的同事、学生，以及他的亲属、友人等，做了补充性录音访谈。还有光炽先生的老同事、老朋友，也应邀寄来了他们对光炽先生的回忆文章。

刘秉光和他的夫人王志泰，送来了一些资料，其中有一大袋是宋云华女士从网上下载并经过她分类归纳的与光炽先生有关的全部文字资料，有西南联大北京校友会提供涂光炽署名的《穷则思变》的文章，还有近年来光炽先生应某些大学、研究机构或大企业之邀所作的精彩讲演，以及有关新闻媒体采访的文章，都是过去没有见过的。

光炽先生的夫人蔡凤英，将她自1987年至2006年的二十年日记，也慷慨地交了出来。

为了完成这项任务，地化所原副所长孙静溪，同蔡凤英一起，帮助搜寻到涂先生的弟子、同事、亲属、战友们提供的文字、图片信息，尤其是涂先生家中及办公桌抽屉里保存的个人文书档案，包括多种自述类文稿，抗大四、五期几个学员所写"我们在延安抗大学习的日子"的回忆材料，涂先生的书信和1956年写的自传底稿。这些都是非常珍贵的史料。

此外，我重新细读了庆祝涂先生70、80华诞时的《开拓·创新·奋进》和《资源环境与可持续发展》两本书、中国院士书系《成矿与找矿》（涂光炽著，其中有"小传"）、地化所成立40周年发展史《艰苦创业 铸就辉煌》4本书，还参阅了中科院长沙大地构造所尹汉辉研究员提供的"涂先生谈话、报告录"（4万多字），以及由黄志龙、温汉捷整理和汇编的涂先生逝世时的全部唁电、挽联及悼文。经过整整一年的加工、增设，终于完成了任务。

地化所的领导一直关心和支持本书的出版。在后期编写中，蔡凤英、孙静溪和李加田给予了积极鼓励和帮助。李加田和张肖华还提供和加工了有关照片。

本书的完成，主要源于涂先生本人的口述、演讲、论著、书信、回忆文章及自传手稿。还仰仗于涂先生的夫人蔡凤英和贵阳、广州、北京等全国地学界、教育界、企业界的同事、朋友、学子们的鼎力相助。在此，对所有关心、支持和帮助过本书的女士们、先生们表示诚挚地感谢！由于时间和水平所限，对涂先生丰富而传奇的人生经历和深邃而厚重的学术素养，探寻不够周详，理解不够透彻，把握不够准确，恐难满足读者需求，恳乞批评指正。

成忠礼

2010 年 1 月 25 日

图书在版编目（CIP）数据

涂光炽回忆与回忆涂光炽 / 涂光炽口述；涂光群访问整理；成忠礼编定整理．— 长沙：湖南教育出版社，2010.3（2017.7重印）
（20世纪中国科学口述史 / 樊洪业主编）
ISBN 978-7-5355-6505-1

Ⅰ．①涂… Ⅱ．①涂… ②成… Ⅲ．①涂光炽（1920—2007）— 生平事迹 Ⅳ．① K826.14

中国版本图书馆CIP数据核字（2010）第046997号

书　　名	20世纪中国科学口述史
	涂光炽回忆与回忆涂光炽
	Tu Guangchi Huiyi Yu Huiyi Tuguangchi
作　　者	涂光炽口述
	涂光群访问整理　成忠礼编定整理
责任编辑	曹卓卓
责任校对	殷静宇
出版发行	湖南教育出版社（长沙市韶山北路443号）
网　　址	http://www.hneph.com
电子邮箱	hnjycbs@sina.com
客　　服	电话 0731-85486979
经　　销	湖南省新华书店
印　　刷	长沙超峰印刷有限公司
开　　本	710×1000　16开
印　　张	17.75
字　　数	218 000
版　　次	2010年3月第1版　2017年7月第1版第2次印刷
书　　号	ISBN 978-7-5355-6505-1
定　　价	46.50元